国家社科基金项目
“影像暨图像的叛逆：法国当代哲学的艺术之思”
（12CZX079）成果

影像的叛逆

法国当代哲学的艺术之思

LA TRAHISON DES IMAGES

la pensée de l'art dans la philosophie française contemporaine

董树宝　著

北京大学出版社
PEKING UNIVERSITY PRESS

图书在版编目(CIP)数据

影像的叛逆：法国当代哲学的艺术之思 / 董树宝著. —北京：北京大学出版社，2023.5

ISBN 978-7-301-34084-4

Ⅰ. ①影… Ⅱ. ①董… Ⅲ. ①哲学–研究–法国 Ⅳ. ①B565

中国国家版本馆CIP数据核字(2023)第101420号

书　　名	影像的叛逆：法国当代哲学的艺术之思 YINGXIANG DE PANNI: FAGUO DANGDAI ZHEXUE DE YISHU ZHI SI
著作责任者	董树宝　著
责任编辑	吴宇森
标准书号	ISBN 978-7-301-34084-4
出版发行	北京大学出版社
地　　址	北京市海淀区成府路205号　100871
网　　址	http://www.pup.cn　新浪微博：@北京大学出版社
电子信箱	wuyusen@pup.cn
电　　话	邮购部010-62752015　发行部010-62750672 编辑部010-62759634
印 刷 者	三河市北燕印装有限公司
经 销 者	新华书店
	650毫米×980毫米　16开本　22.25印张　261千字
	2023年5月第1版　2023年5月第1次印刷
定　　价	98.00元

法文文献引用目录及其缩写

基于行文脉络与避免重复的考量，在引用福柯、德勒兹、德里达、鲍德里亚、索绪尔、朱利安的法文著作或法文文章时，本书将采用文中夹注形式注明法文版缩写字母和页码，如法文著作则采用法文版缩写字母的斜体形式。

DR Gilles Deleuze, *Différence et répétition*, Paris: PUF, 1968.

《差异与重复》，安靖、张子岳译，上海：华东师范大学出版社，2019 年。

LS Gilles Deleuze, *Logique du sens*, Paris: Minuit, 1969.

AO Gilles Deleuze, Félix Guattari, *L'Anti-Œdipe – Capitalisme et schizophrénie*, Paris: Minuit, 1972.

Kafka Gilles Deleuze, Félix Guattari, *Kafka, pour une littérature mineure*,

Paris: Minuit, 1975.

MP Gilles Deleuze, Félix Guattari, *Mille plateaux – Capitalisme et schizophrénie 2*, Paris: Minuit, 1980.

《资本主义与精神分裂（卷 2）千高原》（简称《千高原》），姜宇辉译，上海：上海书店出版社，2010 年。

IM Gilles Deleuze, *Cinéma 1: L'image-mouvement*, Paris: Minuit, 1983.

IT Gilles Deleuze, *Cinéma 2: L'image-temps*, Paris: Minuit, 1985.

QQP Gilles Deleuze, Félix Guattari, *Qu'est-ce que la philosophie?*, Paris: Minuit, 1991.

E Gilles Deleuze, *L'épuisé*, Paris: Minuit, 1992.

CC Gilles Deleuze, *Critique et clinique*, Paris: Minuit, 1993.

MC Michel Foucault, *Les mots et les choses*, Paris: Gallimard, 1966.

CNP Michel Foucault, *Ceci n'est pas une pipe*, Montpellier: Fata Morgana, 1973.

PA Michel Foucault, "La prose d'Actéon", in *Dits et écrits I. 1954–1969*, Paris: Gallimard, 1994.

AP Michel Foucault, "Ariane s'est perdue", in *Dits et écrits I. 1954–1975*, Paris: Gallimard, 2001.

TP Michel Foucault, "Theatrum philosophicum", in *Dits et écrits I. 1954–1975*, Paris: Gallimard, 2001.

PP Michel Foucault, "La peinture photogénique", in *Dits et écrits I. 1954–1975*, Paris: Gallimard, 2001.

DG Jacques Derrida, *De la grammatologie*, Paris: Minnuit, 1967.

《论文字学》，汪堂家译，上海：上海译文出版社，1999 年。

MLP Jacques Derrida, *Marges de la philosophie*, Paris: Minuit, 1972.

LD Jacques Derrida, *La dissémination*, Paris: Seuil, 1972.

SM Jacques Derrida, *Spectres de Marx*, Paris: Galilée, 1993.

ETEF Jacques Derrida, *Échogrephies de la télévision: Entretiens filmés*, Paris: Galilée, 1996.

CLG F. de Saussure, *Cours de linguistique générale*, Paris: Payot, 1983.

《普通语言学教程》，高名凯译，北京：商务印书馆，1980 年。

CEPS Jean Baudrillard, *Pour une critique de l'économie politique de signe*, Paris: Gallimard, 1972.

ESM Jean Baudrillard, *L'échange symbolique et la mort*, Paris: Gallimard, 1976.

《象征交换与死亡》，车槿山译，南京：译林出版社，2006 年。

SS Jean Baudrillard, *Simulacres et simulation*, Paris: Galilée, 1981.

CP Jean Baudrillard, *Le crime parfait*, Paris: Galilée, 1995.

PC François Jullien, *Procès ou creation: Une introduction à la pensée des lettrés chinois*, Paris: Seuil, 1989.

目　录

导论　柏拉图与影像哲学

除了那些人造物的影子之外，他们不会把任何其他东西当作真实的东西。

——柏拉图《理想国》

因此摹仿的技艺与真实隔得很远，它恰恰是表面上出于这个原因才能制造一切事物：它实际上只取了每个事物的一小部分，而这一小部分本身还只是一种拟像。

——柏拉图《理想国》

就像那些囚禁在新挖洞穴里的人们/从未看见过阳光，但在那座阴影绰绰的地穴里/某种愚昧的力量蒙蔽了他们的眼睛……

——亨利·摩尔

影像的幽灵在我们周围徘徊，无时不在，无处不在，如影相随，挥之不去，我们正生活在影像弥漫的世界中。[①]影像制造现实，影像建构我们的世界，我们变成影像的动物，或者说我们就是“生成–影像”（devenir-image）。尽管科学与技术的进步使我们不断对神话和宗教曾制造的幻觉、幻像（phantasme）进行祛魅，让我们更接近现实和真相，但我们同时也不得不面对形形色色的影像。现实世界越来越多地被呈现为影像的叛逆、拟像（simulacre）的狂欢[②]，这促使我们向“像”而思，通过影像认识和思考周围的世界。曾经主导自柏拉图以来的西方形而上学的洞穴隐喻面临前所未有的挑战与冲击，柏拉图主义贬斥和驱逐的影子、映像（reflet）、梦、绘画不再是理念世界的镜子，反而能够矛盾地制造一种比当下现实更真实的虚拟现实的拟像效果。因而，法国当代哲学对影像的探索顺应当代影像发展的整体趋势，揭示出与各种影像共存的我们类似于洞穴里痴迷于影子的囚徒，同时呈现出某种“颠倒柏拉图主义”（renversement du platonisme）或反柏拉图主义的趋向。

---

① image（希腊语是eidôlon）是一个极难进行汉译的西语词，难以找到准确的中文对应词，本书主要译作“影像”，同时根据具体语境采用“像”“图像”等译法。柏拉图的image是指广义的image，既包括绘画、造型艺术和舞蹈，也包括戏剧和音乐，也就是来自摹仿和影像制作的具象的和再现的艺术活动。影像指的不仅是影子、水中影、镜中像、画像和雕像，还有现代意义上的各种“视像”，即摄影、电视、电影、网络、手机等各种媒介影像。

② 法语simulacre来源于拉丁语semulacre，有“影像”“相似”“类似”“伪装”“假象”等含义。柏拉图基本上从贬义、否定的视角来审视与思考拟像，用来指称远离了真理与实在的堕落的影像，是“摹本的摹本”“影子的影子”。

一、影子的魔法

在拉斐尔的名画《雅典学院》中，柏拉图和亚里士多德居于画面的中心，柏拉图指着天，亚里士多德指着地，他们并肩而行，边走边谈，众多思想家位列左右，形成众星捧月的恢宏场面。如同他们建立人类思想的两种模式一样，他们确立了西方哲学的两大阵营。英国诗人柯勒律治曾说过，一个人生来要么是柏拉图主义者，要么是亚里士多德主义者。博尔赫斯重新改写了柯勒律治的评论，他指出："柯尔律治认为每个人天生不是亚里士多德派就是柏拉图派。后者认为理想就是现实，前者则认为理想是普遍化的概念。对于柏拉图主义者来说，语言只不过是符号的任意游戏，而对于亚里士多德主义者来说，语言则是世界的地图。柏拉图主义者知道，宇宙在一定程度上就是一种和谐，一种秩序：这种秩序对于亚里士多德主义者来说，可能是由我们的片面认识而产生的一种错误或虚构。"[①]尽管亚里士多德没有盲目地接受柏拉图的哲学，而且他的哲学与柏拉图的哲学存在着明显的分歧，但他不得不在柏拉图主义的影响下展开他的思考和探索，他的哲学无不带有柏拉图主义的痕迹，因而英国哲学家怀特海声称欧洲哲学传统只不过是柏拉图主义的一系列注脚，柏拉图的著作犹如"一座取之不竭的富矿"[②]，启发着一代代哲人。柏拉图通过对话形式探讨哲学，以辩证法为手段，

① [阿根廷]豪·路·博尔赫斯，《济慈的夜莺》，《博尔赫斯全集》（散文卷·上），王永年、徐鹤林等译，杭州：浙江文艺出版社，1999年，第441页。

② Alfred N. Whitehead, *Process and Reality: An Essay in Cosmology*, New York: Free Press, 1978, p. 39.

以二元论为方法，区别理念与摹本、灵魂与身体、存在与生成、意见与知识、一与多，由此区分感官知觉的可见世界与理智认知的可知世界。尽管理念论是柏拉图主义的基石，具有高度的抽象特征和逻辑可论证性，但柏拉图采用生动的比喻和诗性的象征展开形而上学的探索，"洞喻""线喻""床喻""日喻"这些隐喻有机地融合文学、艺术与哲学，具有诗化哲学的鲜明特点。其中"洞喻"（《理想国》，514a—517a）是柏拉图最重要、最为人熟知的隐喻之一，意味深长、发人深思。[①]柏拉图通过苏格拉底（Socrates）与格劳孔（Glaucon）的对话，构想了一个地下洞穴，长长的、向上的通道连着地面，光线可以从外面照进去。有一群人从小就住在洞穴里，他们的腿脚和脖颈始终像囚徒一样被捆绑着，他们不能走动也不能转头，只能坐在同一个地方直视着前方的洞壁。他们身后有一堆燃烧的火，火光从他们上方和高处照过来。在火堆和这些囚徒

---

① 本书引用柏拉图著作时采用夹注形式注明引文著作的名字和斯特方标准码，参照中译本、法译本和英译本改动相关引文。主要参考的中译本有：1. [古希腊]柏拉图，《泰阿泰德 智术之师》，严群译，北京：商务印书馆，1963年；2. [古希腊]柏拉图，《柏拉图文艺对话集》，朱光潜译，北京：人民文学出版社，1963年；3. [古希腊]柏拉图，《柏拉图全集》，王晓朝译，北京：人民出版社，2003年（后文引用的《政治家》《斐德罗》《泰阿泰德》《蒂迈欧》《斐莱布》《斐多》均出自此书）；4. [古希腊]柏拉图，《柏拉图对话集》，王太庆译，北京：商务印书馆，2004年；5. [古希腊]柏拉图，《理想国》，顾寿观译，长沙：岳麓书社，2010年；6. [古希腊]柏拉图，《智者》，詹文杰译，北京：商务印书馆，2012年。主要参考的法译本有：1. *La république*, traduction et notes par Robert Baccou, Paris: Garnier-Flammarion, 1966; 2. *Sophiste-Politique-Philèbe-Timée-Critias*, traduction et notes par Emile Chambry, Paris: Garnier-Flammarion, 1969。主要参考的英译本有：1. *The Dialogues of Plato*, trans. Benjamin Jowett, Oxford: Oxford University Press, 1892; 2. *Plato Complete Works*, ed. John M. Cooper, Indiana: Hackett Publishing Company, 1997。

之间横亘着一堵矮墙，就像木偶戏演员在自己与观众之间设立的一道屏障一样。其他一些人住在洞穴里，却不知道这些囚徒的存在，他们举着器皿、人像、石制的或木制的动物形象以及各种人造物，就像表演木偶戏一样在这堵矮墙后面走来走去，有的人边走边说，有的人沉默不语。火光将这些物件投影到对面的洞壁上，形成了各种各样的、变动不居的影子，类似皮影戏或电影播放机投射出来的影像。这些囚徒一生就这样看着眼前变幻的各种影子，他们一直把这些影子当作世界上最真实的东西；他们所听到的只是那些举着人造物走动的说话者的回声，一直把这些回声当作世界上最真实的声音。他们一生就好像在看皮影戏一样，既不能相互观看彼此的模样，也不能回头探寻影子形成的根源，他们以为眼前变幻的各种影子就是真实的事物，而且还给它们起了不同的名字，仿佛这些影子就是真实的人、动物和植物。格劳孔对此惊叹不已："一幅奇怪的图景和一些奇怪的囚徒！"（《理想国》，515a）而且苏格拉底强调说："他们与我们挺相似。"（《理想国》，515a）如果有一个人被解除了捆绑，突然站起来，他可以起身走动，转头环视，他第一次抬头看到令他眩晕的火光，一阵阵刺眼的疼痛令他难以忍受，原来习以为常的影子变得模糊不清。他不得不面对真实具体的人造物，陷入不知所措的境地。如果有人硬拉他沿着崎岖的、陡峭的向上通道走出洞穴，他开始看到洞穴外的阳光，看到太阳照耀下的一切事物，他同样也会感到眼花缭乱，无法直视各种真实的事物，但经过一段时间的辨别与学习，他逐渐就学会辨别太阳投下的阴影和水中的倒影，学会抬头观看天上的星光和月光，最后他能够直接观看太阳，直至洞观那“是其所是”（ce qui est）的东西。此时他宁愿忍受任何苦楚也不愿回到洞穴里过囚徒式的生活。如果他突然离开阳光普照的大地回到洞穴，坐回到原来的位置上，他就会感到两眼一抹黑，不能辨别洞壁上的影子，他需要相当长的时间才能适应黑暗。其他人会讥笑他，说他到洞穴外走了一遭，结果眼睛变坏了，因而他们不会有任何离开洞穴的念头。如果他想释放其他囚徒，把他们带出洞穴，那么他有可能会引起众怒，惨遭杀害。

总的来看，“洞喻”如同一出错综交织的四幕剧，呈现了从低到高、从感性到理性的四个认识阶段，对应着灵魂的四种状态——想象、信念、理智与知识。“如果人们从解放了的囚徒（哲人）的视角来考虑内部的神话，那么，人们将会辨认出四个由洞穴到洞外世界和由洞外世界到洞穴的过渡所标出的片段，抑或更准确地说，是从影子到日光和从日光到影子的过渡。”①如果说洞穴是哲学的开端，那么影像则是柏拉图主义的起点。在认识的第一个阶段中，囚徒们痴迷于人造物投射到洞壁上的影子，那些目光敏锐、善于记忆的囚徒能够记住影子出现的惯常次序，他们能够辨别出洞穴自由人说话的回声，还能根据过往的影子预测后面将出现什么样的影子，他们由此就会受到嘉奖，倍感荣耀。

> 囚徒们虽然看见了阴影，但没有将其作为某种东西的阴影。如果我们说：阴影对于他们来说是无–遮蔽的东西，这话就

---

① Jean-François Mattéi, *La puissance du simulacre: Dans les pas de Platon*, Paris: François Bourin Éditeur, 2013, p. 32.

> 是模糊的，而且我们其实已经说得太多了……在这里无蔽的东西“是什么”，是可以被追问的话，那么，这就不是囚徒们所能够提出来的问题；因为就他们的此在的本性而言，这些在他们面前所具有的无蔽的东西，对于他们来说足够了——足够得以至于他们甚至不知道“这对于他们是足够的”这件事情，他们只热衷于那些直接与他们相照面的东西。[①]

久而久之，他们就错把影子当作真实，画地为牢，以假当真，沉湎于感官的舒适与事物的影像，丧失了追求真理的信念与动力。殊不知，这些影子和这些回声只不过是拟像而已，也就是人造物的影像与洞穴自由人的声音的影像，与真理和实在相去甚远。在认识的第二个阶段中，一个囚徒被解除捆绑，获得自由，如果他不得不观看那些矮墙后被移动的人造物和那些投射在墙壁上的影子，那他也许会认为这些人造物不如影子悦目，也不如这些影子有意义。如果他不得不直视火光，他的眼睛就会感到疼痛，他就会立即逃离，他由此认为影子比他看到的人造物更真实、更清楚。不过他在洞穴中的这种行动自由还不是完全的自由，尽管他接近了更真实的存在，但他还不具有真正的认识，他不得不向更高的世界攀登。在认识的第三个阶段中，他来到洞外，起初他无法适应太阳的光芒，无法看见真实的事物，但他从地上的影子、水中的倒影开始学会观看真实的事物，他还能夜观天象，看星星和月亮，最终他能直观天

① [德]海德格尔，《论真理的本质——柏拉图的洞喻和〈泰阿泰德〉讲疏》，赵卫国译，北京：华夏出版社，2008年，第26页。

上的太阳，洞察世界的真相，也就抵达认识的第四个阶段——烛照万物的善的理念。按“日喻”所示，太阳是宇宙的主宰，是善的儿子，善的理念不仅美不可言，而且是知识和真理的源泉；不仅能够赋予认识对象以真理，而且还能赋予认识主体以认识能力。

耐人寻味的是，柏拉图让走出洞穴的囚徒重新回到洞穴，这个囚徒辨别影像的能力远不及那些始终被禁锢在洞穴里的囚徒，他必然遭到讥讽和嘲笑。如若他想解救昔日的同伴，他甚至可能会被杀害。这不就是当时雅典政治文化的缩影吗？洞穴隐喻雅典城邦，囚徒影射雅典民众，木偶表演者是城邦统治者，走出洞穴、认识世界真相的囚徒则是爱智慧的苏格拉底，是柏拉图主义的化身。柏拉图通过“洞喻”表达他对苏格拉底被处死的强烈不满，批判了雅典民众的平庸无知，他们受惑于城邦统治者的甜言蜜语，难辨真假，任由统治者摆布。他们就如同被捆绑的囚徒，抱着那些虚假的影子不放，丧失了思考和判断能力。因而，从柏拉图主义的视角来看，苏格拉底与雅典民众（即洞穴里的囚徒）之间的冲突就是理念与影像、真知与无知之间的冲突，是柏拉图主义能否确立的殊死之争。

洞穴里的囚徒是否真如柏拉图所批判的那样，沉湎于影像而愚昧无知？是否他们不具备认识世界的能力和做出判断的能力？毫无疑问，柏拉图为了建构理念论和突出理念的优先地位，一再贬斥洞穴里的囚徒和沉湎于影像的人，确立世界的等级秩序与分有方式，以二元对立的思维模式强化德里达所谓逻各斯中心主义，确保同一之于差异、理念之于摹本、摹本之于拟像的优先性，最终凸显理念作为万物之根据的本源性。然而，在柏拉图一再贬斥洞穴囚徒的论调中，尼采率先从洞穴传来的回响中发现了柏拉图主义的难题，指出洞穴里的囚徒实际上是不愿意被拉到洞外的永恒回归的思考者，他甚至发现了另外藏身于洞穴更深处的思考者，从而深入柏拉图主义的内部，进行“颠倒柏拉图主义”的伟大事业。洞穴思考者“甚至会怀疑哲人能否拥有‘最终的和真正的’见解，他会考虑每个洞穴之后是否并没有、是否并不应该有一个更深的洞穴敞开着——一个更加宽阔、更奇异、更丰富的世界是否并没有在地面之下展开，奥秘是否并没有在思考的每个根据或每个‘基础’之下形成”[①]。作为认识之根据和基础的理念遭遇了洞穴思考者的嘲讽和讥笑，只要柏拉图主义将差异置于理念与影像、原本与复本、事物与拟像之间，理念就会被永恒回归摧毁与吞没。

沿着尼采的思考路径，克罗索夫斯基[②]对拟像与永恒回归的关系做了富有启示性的阐释，他明确指出：“永恒回归就其严格意义而言，意味着每个事物只有通过回归才会实存，它是不让原本甚至也

---

① Friedrich Nietzsche, *Par-delà bien et mal: La généalogie de la morale*, traduction par Cornelius Heim, Isabelle Hildenbrand et Jean Gratien, Paris: Gallimard, 1971, p. 204. 中译本参见尼采，《善恶的彼岸》，魏育青、黄　蕾、姚轶励译，上海：华东师范大学出版社，2016年，第273页。

② 皮埃尔·克罗索夫斯基（Pierre Klossowski, 1905—2001），法国作家、艺术家和翻译家，著述颇丰，难以归类。他与福柯、德勒兹、布朗肖等人交往甚密，曾参与德勒兹和福柯主持的尼采著作法译工作，他的《一种如此致命的欲望》（1963）、《相同之永恒回归的实际性生存体验中的遗忘与记忆》（1966）、《尼采与罪恶的圆圈》（1969）等著述和他翻译的海德格尔《尼采》（法译本，1971）直接革新了法国思想界对尼采哲学的研究，他的拟像理论直接影响了福柯、德勒兹和布朗肖等人的拟像理论与尼采研究。福柯的《阿克泰翁的散文》（1964）、德勒兹的《克罗索夫斯基，抑或身体–语言》（1965）、布朗肖的《诸神之笑》（1965）等文章评论克罗索夫斯基的作品，在他们的著作中亦多有相关论述。

不让起源继续存在的无穷多复本的复本……它将它使之存在（与回归）的东西当作是拟像。”[①]在克罗索夫斯基的启发下，福柯在《阿克泰翁的散文》中通过诠释《洛贝特，今夜》《狄安娜的沐浴》等作品，指出克罗索夫斯基重新寻回拟像的声誉与深意，在尼采的思想运动中，发现拟像与永恒回归的内在关系。[②]德勒兹洞察到柏拉图主义与影像的隐秘关系，指出拟像隐含着柏拉图主义的秘密，柏拉图主义的真正动机就在拟像问题之中。（*DR*，165—168）在尼采和克罗索夫斯基的指引下，他将柏拉图确定为“颠倒柏拉图主义”第一人。在永恒回归的作用下，一切都被置入拟像状态，永恒回归的思考者或洞穴思考者都可以认为自己是充溢着一切存在者的高级形式。“永恒回归只关涉拟像、幻像，而且只让它们复返。我们似乎在这里又找到了柏拉图主义与反-柏拉图主义、柏拉图主义与颠倒柏拉图主义的最本质的一点，找到它们的试金石。”（*DR*，165）不仅如此，柏拉图在《智者》中一再讥讽的智者们也变成了拟像性存在，成为洞穴思考者的变身，和洞穴思考者一样，纠缠着柏拉图主义，直接引发“颠倒柏拉图主义”。

二、影像与线喻

“洞喻”恰好为“线喻”提供形象而生动的诠释，那个解放

---

① Gilles Deleuze, *Différence et répétition*, Paris: PUF, 1968, p. 92. 本书下文凡引用该著作皆采用夹注形式注明法文版缩写（*DR*）和页码。中译本参见[法]吉尔·德勒兹，《差异与重复》，安靖、张子岳译，上海：华东师范大学出版社，2019年。

② 董树宝，《漂浮的烟斗：早期福柯论拟像》，《文艺研究》，2018年第7期，第16页。

了的囚徒走出洞穴观看太阳的过程绘制出一条从影像到理念、从可见世界到可知世界的发展轨迹，这意味着一切认识皆源于影像，影像成为一切认识活动的起点。柏拉图以线为喻，形象地阐释了可感的可见世界和可思的可知世界，也就是感性世界与理性世界："把一条线分成不等的两个部分，然后把它们按照同样的比例再划分两个部分中的每个部分——可见类型的部分与不可见类型的部分，你这样就可以在可见世界中根据清楚和模糊的相互关系来得到第二部分，即影像的部分。"（《理想国》，509e）这条线是垂直的，由下而上，意味着人类认识是一个由浅入深、由低及高、从感性到理性的发展进程。这条线分为四个部分，分别代表着不同的认识阶段，随着这条线从实在的最低程度走向最高程度，相应的真理也从最低阶段发展到最高阶段。这条线先被划分为两个不相等的部分，下面较小的部分是可见世界或感性世界，上面较大的部分是可知世界或理性世界，这种不对等的分割意味着可见世界的更低的实在或真理与可知世界的更高的实在或真理之间的对比。然后这两个部分按照同样的比例再次划分为两个部分，以标示它们彼此清楚和模糊的程度。"这种区分是根据实在或真理来进行的，因此作为意见的对象的东西和作为认识的对象的东西，就是相似物与其所相似的东西之间的关系。"（《理想国》，510a）这种关系以影像之于真理的分有而得以确立，是理念之于意见的关系，也就是"是"（Being/Être，或译为"存在"）与"生成"（Becoming/Devenir）的关系。意见关涉着事物的生成变化，而理念关涉着"是"或"存在"的问题，作为意见之对象的各种影像被剥夺了作为其原本的可感物所保存的最低限度的实在或真理，处于柏拉图存在论等级体系的最低位置，属于认识的最低形态。在可见世界的线段内，一部分表示最不实在的影像，另一部分则表示这些影像的实物，也就是动物、植物和各种人造物，正好对应着洞穴里的影子和人造物，影像与实物的比例也恰好是可见世界与可知世界的比例。在可知世界的线段内，一部分表示灵魂从实物归纳出来的种种假设，由之设定的数学知识和符号，如奇数、偶数、三角形等代数学与几何学研究的对象；另一部分则表示各种理念，灵魂通过逻各斯或理性作用彻底摆脱了感性事物的束缚，获得知识和真理，上升到最高的、绝对理念的澄明境界。（图1）与此同时，这四个部分也对应着灵魂的四种状态：想象、信念、思想、理智。换言之，这四个部分也可以在影像的维度上进行拓展，在较低的层次上，意见世界或洞穴世界是由拟仿

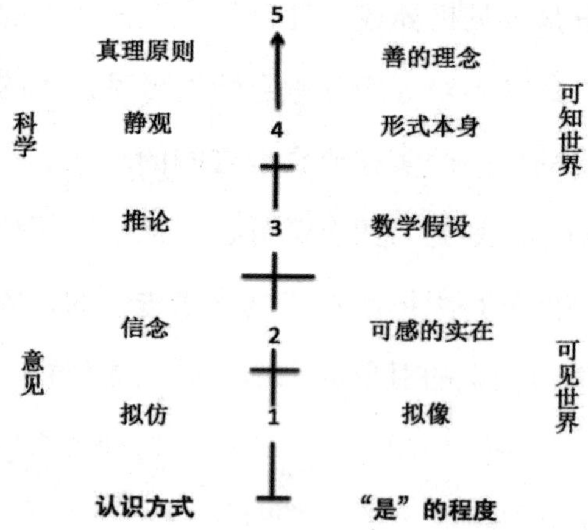

图1[①]

① 参阅Jean-François Mattéi, *La puissance du simulacre: Dans les pas de Platon*, p. 37。Mattéi将“线喻”的起点改写为拟像，相应的灵魂活动是拟仿，这一点尤其表现在洞喻中的影子和回声。

（simulation）和信念构成的；在较高的层次上，“科学”世界或洞外世界是由“推论”（discursion）和“静观”（contemplation）构成的。[①]一方面，感官需要经历从观看影像和凝视实物到思考数学符号和静观理念的四个认识阶段，这也是走出洞穴的囚徒所经历的认识阶段，他从洞穴世界走向洞外世界的过程恰恰意味着他从可见世界转向可知世界；另一方面，与之相应的是人类也经历了从想象、信念到思想、理智的四种状态，意味着人类从感性世界转向理性世界，最终上升至纯而无物、超越假设的理念世界。因而，可见世界包含着影像和可感事物，与之相应的认识活动是意见和信念；而可知世界包含着数学和善的理念，与之相应的认识活动是思想和知识。可见世界是流动变化的、易于变质的世界，不能带来真知；而可知世界则是完美的、超越的世界，是关于理念、原型的世界，通往对真理的认识。显然影像处于线的最低端，与真理和实在相距很远，但我们不能由此就错误地认为影像与相应的想象活动是认识过程中的低级层次，无关紧要。“值得指出的是，线喻也存在一种认知上的误区……想象是认知过程中的低能儿，只能使人感知到水中倒影、墙上光影或再现的形象等东西，而与实物（现实存在）、符号（几何图形）和理念（形上原理）等高一级的认识对象没有任何关系。事实上，想象或想象力的功能是人们认识事物的强大动力，不仅有益于艺术的创造与鉴赏，而且有益于科学的思维与发现。”[②]

按照“线喻”所示，影像被置于线的第一部分，是人类认识活

---

① Jean-François Mattéi, *La puissance du simulacre: Dans les pas de Platon*, p. 36.

② 王柯平，《〈理想国〉的诗学研究》，北京：北京大学出版社，2005年，第33页。

动的起点和开端。“所谓影像，我首先指的是种种影子，其次是在水面上或者还在不透明的、光滑的和发光的物体上产生的映像以及其他类似的东西。”（《理想国》，510a）影子、水中影、镜中像以及与之有关的一切都属于影像，都是些最不实在的东西。这些影像处于线的最低位置，处于认识活动的最低层次，与之相应的想象根本就不知道它面对的是影子。洞穴里的囚徒就处于想象阶段，他们并不能辨别影子与它们的原本，不明白实物比实在更真实，搞不清楚实物才是影子的原因，因而他们根本没有意识到他们看到的只不过是影子而已，由此陷入愚昧无知的境地。这些影子只不过是实物投射到洞壁上的影像，洞穴里的回声也不过是洞穴里自由人的说话的回声，它们在柏拉图的存在论意义上只是拟像而已。除了影子之外，柏拉图同样批评了诗人、画家和其他艺术家通过虚构制造的影像，他认为这类影像只会制造幻觉和幻像，与真理和实在相去甚远，不能带来真知灼见。他尤为关注诗人和修辞学家通过语词虚构的影像，坚持认为这类影像是危害最为严重的幻觉来源，只会使观者和听者以想象的方式认识世界，只会使他们产生虚幻的观念，歪曲和背离了真相。艺术家通过制造表象来弥补美的匮乏，而受众往往通过美的声音、色彩、形式观照艺术作品，作为审美者，他们“类似哲学家”，但他们不能观照美本身或美的理念，这就如同洞穴里的囚徒一样，他们不能观照“是”与理念，他们无法进入可知世界。

尽管柏拉图对艺术和影像持否定性态度，他甚至要将荷马逐出他的理想城邦，但他仍然无法抵制艺术的魅力，认为诗歌可以为自身进行辩护，提供它在法律完备的城邦中拥有位置的论证。不仅如此，柏拉图还从技艺分类和功能角度认识艺术、影像和艺术影像。他将技艺分为三种："使用的技艺、制造的技艺和摹仿的技艺。"（《理想国》，601d）无论是制造的技艺还是摹仿的技艺都得根据使用的技艺来确定。工匠根据理念制造各种物品（如床、桌子等）以供人们使用；而艺术家则摹仿这些物品，生产各种拟像以供人们使用。不过艺术品的使用者虽然了解某种东西，但他们只是为了寻求影像而忽略对理念的探求，因而他们必然走向愚昧无知的境地。出现这样的结果，一方面源于艺术的虚构效果，另一方面还源于技艺在形而上学上的等级分类。在一切技艺中，只有辩证法才是针对理念的最高思维训练，而"所有的其他一切技艺……根据人的意见或欲望进行定位，或者被置于存在物的生成或构造的视角下，或者根据对自然增长的存在物以及人工制造物的关照"（《理想国》，533b）。因此，某些技艺只与人的意见和欲望有关，而作为制造影像的技艺，也就是艺术，只是这些技艺中的一种而已。从柏拉图阐述的社会分工和发展来看，技艺的等级分类与理想城邦的构建密切相关，而作为拟像生产者的艺术家必然关系着人的意见和奢侈的欲望，他为了影像而放弃了对"是"的静观，以便应和大众的欲求，"这些摹仿者实际上只创造了拟像，而不是实在的'是'"（《理想国》，599a）。面对影像的侵入，艺术家也只有通过影像来弥补"是"的匮乏。对于大众而言，他们关注的只是摹仿知识的各种影像，是"在一无所知的大众眼中看起来美的东西"（《理想国》，602b），因而艺术家与大众的关系反而变成了艺术家进行拟像生产的温床，艺术家就是那些在洞穴中举着人造物的人，与"智慧的摹仿者”一样致力于幻像的摹仿。他们一无所知，不停地迎合着人的欲望和意见，最终导向一种类似于洞穴之中的影像生活。

三、何谓影像？

在“洞喻”中，柏拉图难以摆脱囚徒们痴迷的影子，这的确为尼采和德勒兹的“颠倒柏拉图主义”留下了罅隙。他越想摆脱这些影子，就越陷入影子而无法自拔。这些影子成为形而上学沉思的起点，由此开始影像与哲学相互生发、相互激荡的西方传统。若说哲学与诗的争论由来已久，那么这也适用于影像与哲学，可以说哲学与影像的争论由来已久。如前所述，柏拉图首先通过“洞喻”和“线喻”，对影像展开形而上学的探讨，开启西方从认识论探讨影像的先河，从而确定了影像哲学的基本取向。[①]不仅如此，他还通过“床喻”，从摹仿论的角度探讨影像与理念、“是”的关系，指出

① 影像的诞生最初来源于陵墓，与死亡密切相关。按照让–皮埃尔·韦尔南（Jean-Pierre Vernant）的研究，影像一词具有三重含义：“梦想的形象（onar）、神灵激发的幻像（phasma）和死者的魂灵（psyché）。”从词源上看，与影像直接相关的icône（图像）、figure（形象）、idole（偶像）、simulacre（拟像）、double（重影）、phantasme（幻像）、représentation（再现、表象）等词都与死亡、鬼魂、幽灵密切相关。（参见[法]雷吉斯·德布雷，《图像的生与死：西方观图史》，黄迅余、黄建华译，上海：华东师范大学出版社，2014年，第5—10页。）无论是荷马史诗中帕特罗克洛斯的亡魂还是海伦的幽灵都呈现了古希腊早期有关影像的基本含义，隐含着影像与亡魂、幽灵的密切关系，它们之所以在场是因为它们能被看到、被听见，只能以重影的方式出现在生者的面前，它们之所以不在场是因为它们虚幻缥缈，无法像具体的事物那样被生者触摸、抓住，因而亡魂、幽灵都是影像的呈现形式，展示着影像的在场–不在场的变幻状态。柏拉图虽然承继了前人论述影像的观念，但他不再把影像视为彼世的幽灵，而是肯定影像的此世存在，从存在论和认识论的角度探讨影像问题，由此确立了影像研究的基本理论框架。

影像是一种对其所指涉对象的摹仿，而非康德以来的想象理论所强调的创造性特点。

柏拉图在《理想国》中区分了三种床，首先是“理念的床”，神是创造者，规定床之所以为床的基本形式，这属于创造的技艺；其次是“现实的床”，木匠是摹仿者，依据理念的床制造实用的床，这属于实用的技艺；最后是“艺术的床”，画家是拟仿者，根据“现实的床”拟仿出此床的影像，这属于摹仿的艺术。如此说来，现实的床是理念的床的摹本，艺术的床是现实的床的摹本，所以艺术的床是理念的床的摹本之摹本，实为虚幻的影像。艺术的床与现实的床隔了一层，不具有实用价值，却能产生惟妙惟肖的艺术效果；艺术的床与理念的床隔了两层，不具有认识价值，却能产生以假乱真的艺术功效。如果理念的床喻示着实在与真理，工匠的床喻示着器具与功用，那么，画家的床则喻示着影像与游戏，这种影像与游戏虽不能带来真知，却能以假乱真、骗人耳目，特别能欺骗幼稚的孩童与愚笨的观众。[①]显然，画家和诗人等艺术家只是摹仿者，他们摹仿某种事物，以线条、色彩、语词、声音、节奏、大理石等要素再现某种事物。柏拉图在此突出了“影像与它是其影像的事物之间的联系（la relation de l’image et de la chose dont elle est l’image）、连接它们但又区分它们的相似性关系”[②]。由此，摹仿关系具有三重模态——相似、差异、与指涉对象的间距。影像总是

---

① 王柯平，《〈理想国〉的诗学研究》，第214页。

② Jean-Pierre Vernant, “Naissance d’images”, *Oeuvres: Religions, rationalités, politique, II*, Paris: Seuil, 2007, p. 1730.

诉诸外部的指涉对象，相似于某种实物，就像镜子一样映照万事万物。从存在论看，影像必然要经由摹仿这一环节来呈现自身，是实在的在场–不在场。通过摹本向拟像的转变，影像清除其与指涉对象之间的相似性，反而增加"是"与显像的间距。因此，正如洞穴里的囚徒一样，诗人和艺术家将目光投向可感的影像，而非事物本身。

在德勒兹看来，柏拉图主义不仅通过划分法进行遴选，而且根据理念来区分好的摹本与坏的摹本，并得出两种影像：一种是作为摹本的影像，即"摹本–影像"（l'image-copie），或者"图像–摹本"（copies-icônes）；另一种是作为拟像的影像，即"拟像–影像"（l'image-simulacre），或者"幻觉–影像"（l'image-illusion）、"幻像–拟像"（simulacres-phantasmes）。柏拉图主义的动机就隐含在这两种影像的划分与差异之中。"我将制造的技艺设定为两种形式，每种形式都是双重的。我将属神的技艺与属人的技艺置于一个部分，将真实事物的制造与某些相似性的创造置于另一部分。"（《智者》，266d）后一种制造拟像的技艺又可以进一步细分为两种：一种是制造摹本的技艺，即摹本的制造；另一种是制造拟像的技艺，即拟像的制造。摹仿的确是一种制造的技艺，它仅仅产生影像，不产生事物本身。在爱利亚客人看来，一种摹仿形式产生相同的东西，制造与原本比例合适的东西；另一种摹仿形式则产生相似的东西，不再基于原本，而是基于可感事物的影像，它们只是显得相同，实际却不相同。诗人和艺术家特别擅长后一种摹仿形式，"艺术家们并不关心真实，他们在造像时并不按照真实的尺寸，而是按照那看起来美的尺寸”（《智者》，236a）。前一种摹仿形式逐“本”求“相”（eidos），成为哲学的本义；而后一种摹仿形式舍“本”求“像”，成为智者的活动，与诗人和艺术家的摹仿活动一样。“这就是我说的制造‘像’的两个种类，我指的是制造摹本的技艺和制造拟像的技艺。”（《智者》，236c）通过区分两种影像，柏拉图表面上确立了理念之于影像、摹本之于拟像的优先地位，“确保摹本之于拟像的胜利，抑制拟像，使拟像完全束缚在底层，阻止拟像浮出表面与到处‘渗透’”[①]，实则植入一种内在的差异。德勒兹指出，柏拉图已然将辩证法的目标定为制造差异，柏拉图主义不仅在初级规定性上区分本质与表象、理念与影像、原本与摹本、摹本与拟像，而且在更为深刻的层面上进行了改变。问题不在于原型与影像的区分，而在于摹本–影像与拟像–影像这两种影像的区分。因此，这种差异不再处于影子与事物之间，而是处于影像制造的内部，基于巴门尼德在“是”与“非是”之间制造的存在论差异。[②]

不过，柏拉图并不把影像视为“非是者”或“非存在者”，而是根据理念向摹本和拟像递降的原则来构建影像，从存在论的角度探讨再现的摹本和拟仿的拟像：

整个柏拉图主义都是由一种在“事物自身”和诸拟像之间

① Gilles Deleuze, *Logique du sens*, Paris: Minuit, 1969, p. 296. 本书下文凡引用该著作皆采用夹注形式注明法文版缩写（*LS*）和页码。

② Serge Margel, “De l’ordre du monde à l’ordre de discours: Platon et la question du mensonge”, *Kairos*, n°19 (2002): 151.

> 造成的区分的观念支配的。它并不思考自在之差异，它已经将自在之差异与一个根据关联在一起，它已然使自在之差异从属于相同之物，而且它在神话形式下引入中介。（*DR*，91—92）

在“同”与“异”的关系下，柏拉图根据与理念的相对间距的程度来定义摹本和拟像。摹本是一种“次级的是”，是对理念的摹仿，而拟像是一种“最次级的是”，离理念最远，与真理间隔两层。理念的造物主是个神奇的匠人，是“是其所是”的床的创造者，按其本性创造单一的“床”的形式。他“不单会制造一切器具，而且他还制造所有从土地里长出来的植物，他制作一切活物——其他活物以及他自己，除此之外，他制造大地、天宇、诸神，并制造一切不论在天宇之中或是土地之下、地狱之内的东西”（《理想国》，596c）。作为摹本的制造者，工匠从不制造“是其所是”的东西，他“不制造‘是’，而是制造某种近乎‘是’但又不是‘是’的东西”（《理想国》，597a），他制造的是现实的床。艺术家是拟像的摹仿者，他对作为显像的床进行摹仿，是摹仿的摹仿。他貌似无所不能，仿佛是一个能够制造一切的匠人，如同拿着一面有魔力的镜子四处转动，映照天地万物。实际上，他对理念一无所知，与真理和实在相距甚远，知道的只是显像。他以幻术人为地制造各种拟像，完全远离真理和实在：

> 因此摹仿的技艺与真实隔得很远，它恰恰是表面上出于这个原因才能制造一切事物：它实际上只取了每个事物的一小

> 部分，而这一小部分本身还只是一种拟像。比如说画家能给我们画出鞋匠、木匠和所有其他工匠，但他却从未掌握他们的技艺。如果他是个好画家，那么他就会向小孩子和不具有判断力的人展示他画的木匠素描进行欺骗，因为他们会以为木匠素描是个真正的木匠。（《理想国》，598b—c）

艺术家并非有意要欺骗，而是源于他对理念的无知。他制造的影像竟然能够鱼目混珠、以假乱真、骗人耳目。他摹仿事物的表象，而非实在与真理，“对真正存在的东西一无所知，而只知那来自表象的东西”（《理想国》，601b — 603d）。对影像的两种形式的存在论质疑使柏拉图的结论似“是”而“非”，影像不是一种“非是者”，而是一种相对的、贫乏的、不完满的“是者”。对柏拉图来说，重要的是在影像中，并且和现存的影像一同有某种东西，这个东西本身不是它所显示的东西，即不是它所冒充的那种东西。影像中令柏拉图感兴趣的是影像客体的“是”之类型与被表现者本身的关系。[①]

柏拉图在《智者》中继续从“是者”与“非是者”的关系深入探讨影像，指出影像在某种意义上是“是者”与“非是者”的结

① Martin Heidegger, *Plato's Sophist*, trans. Richard Rojcewicz and André Schuwer, Bloomington and Indianapolis: Indiana University Press, 2003, p. 277. 中译本参见[德]马丁·海德格尔，《柏拉图的〈智者〉》，熊林译，北京：商务印书馆，2015年，第520页。

合。[①]他从技艺、言说和知识等视角出发，对智者进行多方面考察，指出他们掌握着某种“影像制作术”，能够做出假陈述和假判断，能够针对一切制造语言影像。影像与虚假的问题关涉着“是者”与“非是者”的意义问题，引发了影像在形而上学层面的难题。虽然柏拉图坚持在《理想国》中提出的视觉意义上的影像，认为影像是指“水中或镜子中的映像、画像和雕像，以及其他同类的东西”（《智者》，239d），但他又突破了这一在视觉上定义影像的局限性，将影像重新定义为与真东西相似的另一种东西（《智者》，240a）。他明确提出影像与真实的问题，将影像与真实对立起来。影像无法根据自身确立自身，它总是相对于原本的摹本，也就是“另一个这类东西”。他继续探讨影像的相似性，其中蕴含着同一与差异的重要问题：

> 可以说影像具有与原本沟通的能力，因为原本相对于它始终是“主动的”，原本的一切都使影像成为某种真正的（ontos）是真的东西。但与此同时，因为影像分有“同”，它“真正地”是影像，而且因为它分有“异”，它真正地不同于原本，换言之，它“真正地”不是原本。[②]

① 詹文杰，《真假之辩——柏拉图〈智者〉研究》，南京：江苏人民出版社，2012年，第96页。

② Néstor-Luis Cordero, “The relativization of ‘separation’ (khorismos) in the Sophist”, in *Plato's “Sophist” Revisited*, eds. Beatriz Bossi and Thomas M. Robinson, Berlin: De Gruyter, 2013, p. 199.

影像相似于原本，意味着影像与原本保持着两种比例关系，一是摹本合乎原本之比例，一是拟像歪曲原本之比例。（《智者》，235d—236a）一方面，影像与原本之间存在着某种程度上的同一性，即影像相似于原本；另一方面，影像与原本也保持着某种程度上的差异性，即影像相异于原本。“影像与原本的关联性最终需要通过‘同’和‘异’来说明，而‘同’和‘异’在后面的‘理念结合论’（通种论）中被设定为两个核心的理念（或种类），它们在澄清存在之基本结构问题上起着关键作用。”[①]因而，影像与原本的关系直接关涉着同一与差异问题，需要从存在论方面进行澄清，这就是德勒兹从差异与重复的视角颠倒柏拉图主义的关键原因。

按照爱利亚客人的论证，影像与“真的东西”相似、相仿，影像“显得”与“看似”“是”，却不“是”某个东西，因而影像不是“是者”，而是“非是者”。然而，影像又不是“无”，它在某种意义上“是”，但它无论如何又不“真正地是”，是“不真的是者”：

> 让我最后一次总结以下我们的要点：真地是像的东西，并不真地是原物；但真地是像的东西，真地像原物。假如我们谨慎地不以“复制”或“相同于”来代替“像”（is like），而是希望保留原物与像的区分，那么（我主张），我们最接近对“像”（is like）的分析的说法是：作为相似性，像是但又不是

① 詹文杰，《真假之辩——柏拉图〈智者〉研究》，第97页。

原物。①

简言之，影像处于“是者”与“非是者”之间，影像既分有“是”这个理念，是“相对是者”，又分有“非是”这个理念，是“相对非是者”。它相对于原本或“是者”而言是“非是者”，但它就自身而言又是“是者”。“这就是以很诡异的方式结合在一起的‘是’与‘非是’。”（《智者》，240c）这个悖论恰恰违背了巴门尼德的箴言：“从未证明非是者是；反而要让你的思想避免这一探究之路。”（《智者》，237a）通过一系列论证，柏拉图不得不修改巴门尼德的箴言。他认可“非是者”在某种意义上“是”，使多变的现象获得了应有的存在论位置，也使柏拉图主义陷入自相矛盾的境地。柏拉图本来想通过区分理念与影像、摹本与拟像，批评智者像洞穴里的影子一样制造虚幻、混淆视听，令人难辨是非真假。但实际上，智者将一切事物引向拟像状态，引发令人意想不到的结果：

> 智者不是矛盾的存在（或非存在），他在将所有事物都引向拟像状态的同时使它们呈现出这种状态。柏拉图难道不应该把反讽一直推进到这里——一直推进到这一戏仿吗？柏拉图本人难道不应当是“颠倒柏拉图主义”或至少表明这一颠倒方向的第一人吗？（*DR*，93）

---

① [美]罗森，《柏拉图的〈智术师〉——原物与像的戏剧》，莫建华、蒋开君译，上海：华东师范大学出版社，2016年，第223页。

《智者》正是在拟像的维度上蕴含着“柏拉图主义最奇特的冒险”（*LS*，295），达到令人难以区分智者与苏格拉底的境地。柏拉图成为“颠倒柏拉图主义”，或者至少是表明这一颠倒方向的第一人。

四、拟像的上升

在希腊爱智者的漫长探索中，哲学诞生于苏格拉底、柏拉图等人对荷马史诗的批判。正是在面对幻觉的根源，即艺术家的欺骗、艺术影像和观众乐于沉湎的反常快感时，思想才真正得以产生和存在。荷马史诗的艺术表达方式与柏拉图哲学的理性表达方式的对立恰恰是法国当代哲学的艺术之思的远古回音，也是法国当代哲学家们执迷于艺术之思的历史源头和理论根源，突出呈现了影像与哲学的同生共舞。面对源远流长的柏拉图主义传统，德勒兹、福柯、德里达与鲍德里亚等法国当代哲学家在影像、再现（représentation）[①]、差异与拟像的层面上展开一场奇异的思想行动，如同柏拉图围捕智者一样，对柏拉图主义展开了辩驳，激发了

---

① représentation含义极为丰富，有“再现”“表象”“表征”“表现”等含义，在不同学科中有不同的译法，本书将根据具体语境采取不同译法。“需要注意，在这里，我们根据中文惯例通常把 représentation 翻译为‘表象’，而在我们需要强调这个词的前缀RE-的时候，总是将其翻译为‘再现’。‘表象’这个翻译和‘再现’这个翻译比起来，虽然没有把RE-这个前缀的意义翻译出来，但是实际上我们在哲学史语境中所用的‘表象’这个词，通常已经是一种‘再现’。我们实际上还可以将‘表’字诠释为‘经过了主体（观）表达’这一含义，而不是诠释为‘表面’。”（参见王礼平，《表象的毁灭——德勒兹对同一性哲学传统的批判性诠释》，《求是学刊》，2009年第4期，第12页。）

气势磅礴、气象万千的哲学生机。尽管他们的运思方式各有不同，但他们都以“颠倒柏拉图主义”或反柏拉图主义为己任，经由尼采的“颠倒柏拉图主义”和克罗索夫斯基的尼采式阐释，深刻探讨影像与拟像的本质以及由此引发的当代文化景观。福柯受启于德勒兹《差异与重复》和《意义的逻辑》的拟像理论，改写了《这不是一支烟斗》，提出了幻像的形而上学。德勒兹赞同德里达关于拟像的僭越性观念，进一步从内在差异的视角阐述拟像的特征。鲍德里亚受启于福柯提出的“事物的秩序”，追溯文艺复兴以来的拟像秩序。他们相互借鉴、相互启发，共同发展了一种德勒兹所期待的“图像学意义上的哲学”（*LS*，300）。

在某种意义上，法国当代哲学受惠于尼采的“颠倒柏拉图主义”思想，皮埃尔·克罗索夫斯基是这场思想运动的先驱性人物，他首先在一系列具有神学意义的情色作品中奇妙链接了尼采哲学与教父哲学的传统，把拟像从教父哲学针对罗马时期放荡的诸神表象的批评中拯救出来，由之更新对拟像乃至对尼采哲学的阐释。福柯与德勒兹直接受启于克罗索夫斯基，他们在思想上惺惺相惜、相互扶持，共同进行着某种僭越柏拉图主义的伟大事业：或者是反柏拉图主义，或者是颠倒柏拉图主义。福柯主要立基于西方思想史的维度，在“词”与“物”的关系中演绎出“词”与“像”的维度，从以相似为主导的文艺复兴知识型、以再现为主导的知识型、以“人”为主导的现代知识型走向以拟像为主导的后现代知识型，经由意义–事件向幻像–事件的转变，他以幻像的形而上学呼唤着哲学上德勒兹的时代和艺术上沃霍尔的时代的来临。德勒兹直接从哲学内部“颠倒柏拉图主义”，从差异与重复的维度上肯定拟像的颠覆性的和变革性的“虚假的力量”（puissance du faux），重影、幻像、幻影（mirage）、拟像、幽灵（spectre）纷纷登场，与斯宾诺莎、休谟、莱布尼茨、康德、尼采、柏格森一起戴着不同的面具在“哲学剧场”上共舞，向我们呈现出一种基于差异的内在性理念，由之更新或完善了柏拉图主义，找寻到现代哲学的发展路径。德里达穿梭于哲学文本与文学文本之间，从柏拉图主义传统的内部进行“清淤”和解构，影像、拟像、解构、延异、替补与痕迹穿行于文本之间，相互交织、相互辉映，打开了柏拉图尘封已久的文本空间。书写在拟像中进行游戏，书写变成一种不断重复的、不断延异的拟像性运动，而且德里达从影像之“重影”的希腊世界重新寻回鬼魂、幽灵与归魂，发展了一种面向未来的幽灵性影像，对当代媒介、电影、电视等领域产生深远影响。鲍德里亚则从社会批判的维度探索拟像、模拟与当代社会现实，他在一种奇异的颠倒柏拉图主义的背景下探讨拟像运作的奥秘，而且他在福柯的知识考古学的启发下演绎文艺复兴以来的拟像秩序，揭示拟像的微观政治与社会组织的新功能，构建了一种迄今为止最引人注目而又最极端的后现代理论，深刻影响了当代文化研究、媒介研究、艺术理论和社会理论。

总之，在“颠倒柏拉图主义”或反柏拉图主义的背景下，德勒兹、福柯、德里达和鲍德里亚等法国当代哲学家在影像、再现、差异与拟像的维度上开启艺术之思。他们在影像叛逆的氛围中演绎“像”与“相”、“真”与“假”的复杂关系，否定原本与摹本、原型与复制之间的等级结构，使拟像得以上升。他们肯定拟像的自主性与存在权利、拟像的颠覆性与变革性的“虚假的力量”，否定柏拉图主义关于拟像之为摹本的摹本、拟像的本质主义和基础主义观念，这也有助于我们更好地理解和把握西方传统哲学和法国当代哲学。不止如此，他们还时时静观着他们视作“他者”“异域”的中国思想，尤其是德勒兹与加塔利援引法国汉学家程抱一（François Cheng）和朱利安（François Jullien，又译为弗朗索瓦·于连、余莲）的研究成果，在影像、摹仿、再现的维度上展现出中国思想与西方哲学之间的交错运行，呈现了中西相互生发、融会贯通的思想运动。

第一章　福柯：相似、再现与拟像

全新的思想空间缓缓敞开。人将被抹去，如同海边沙滩上的一张脸一样。

——福柯《词与物》

在卢森堡公园的岗亭中，邓斯·司各脱把脑袋探出了圆形小天窗；他留有一把引人注意的小胡子；这是尼采的小胡子，却伪装成克罗索夫斯基。

——福柯《哲学剧场》

在当代法国哲学中，米歇尔·福柯是最具活力和冲击力的哲学家。他以其独特的运思方式和异样的哲学风格在西方哲学界进行了一次次极具僭越性的思想历险，向柏拉图主义提出了种种诘难，我们领略到一种仿佛来自“异域”的思想潜流，体验到一种不同于柏拉图主义传统的哲学。在这一点上，福柯与其同时代的吉尔·德勒兹在思想上惺惺相惜、相互扶持，共同进行着某种僭越柏拉图主义的伟大事业：或者是反柏拉图主义，或者是颠倒柏拉图主义。

作为同代人，福柯与德勒兹面对共同问题域，在某些主题与哲学运作上相互汇合、启发，孕育出各自的哲学成果。他们皆受启于克罗索夫斯基，在尼采思想的启发下对拟像进行了深入探索，致力于“理解拟像的观念及其所涉及的思想经验在哪一方面能够滋养和激发相当异质的而又相当深刻的哲学计划”[①]。福柯在早期论述拟像的《阿克泰翁的散文》（La prose d'Actéon, 1964）和《这不是一支烟斗》（Ceci n'est pas une pipe, 1968）[②]中没有明确表达反柏拉图主义的立场，但他始终对拟像问题孜孜以求，这与德勒兹所进行的“颠倒柏拉图主义”的伟大事业不谋而合，同样蕴含着一种强烈的反柏拉图主义倾向。及至1970年发表针对德勒兹《差异与重复》和《意义的逻辑》的书评《哲学剧场》（Theatrum philosophicum），他开始明确提出反柏拉图主义的思想，逐渐形成了独具特色的影像论和拟像理论。

---

① Philippe Sabot, “Foucault, Deleuze et les simulacres”, *Concepts,* n° 8 (mars 2004): 4.

② 1967年8月15日，马格利特逝世。为了向这位伟大艺术家表达敬意，福柯撰写了《这不是一支烟斗》，1968年1月发表在《路册》（*Cahiers du chemin*）第2期。1970年11月，福柯在《批评》（*Critique*）（第282期）上发表了《哲学的剧场》，他评价了德勒兹于1968年出版的《差异与重复》和1969年出版的《意义的逻辑》，接受了德勒兹论“像”的思想，而且他完善了自己的论“像”思想，于1973年出版《这不是一支烟斗》增订本，并附有马格利特给福柯的两封信和四幅画。

一、阿克泰翁的想象

福柯的拟像问题始于他对克罗索夫斯基作品的评论《阿克泰翁的散文》。他主要基于克罗索夫斯基的《洛贝特，今夜》（*Roberte ce soir*, 1953）、《狄安娜的沐浴》（*Le bain de Diane,* 1956）、《好客的法则》（*Les lois de l'hospitalité,* 1965）、《巴风特》（*Le Baphomet,* 1965）等作品探讨拟像的言语性维度，突出了基于二元思维的基督教体验（上帝/魔鬼、善/恶）如何遭遇“希腊诸神熠熠生辉的神性显现”[①]。

福柯认为，克罗索夫斯基是一位拟像思想家，他将尼采的“永恒回归”思想应用于拟像研究，赋予拟像新维度。《狄安娜的沐浴》试图重构和想象对影像的古老体验，重新创造一种失落的“思”（pensée）之可能性。“狄安娜与居于诸神与人之间的魔鬼缔约，以便向阿克泰翁显现自身。通过轻盈的身体，魔鬼拟仿神性显现的狄安娜，激发了阿克泰翁占有女神的欲望与疯狂期望。他变成了狄安娜的想象与镜子。”[②]作为女神，狄安娜只能以魔鬼的形式向阿克泰翁呈现神性，而阿克泰翁则以僭越性行为亵渎女神，狄安娜与阿克泰翁正是在神圣与渎神之间呈现了拟像的复杂逻辑。作为猎人的保护神，狄安娜具有某种“原本”（l'original）的特性，而作为猎人的阿克泰翁产生了占有狄安娜的欲望，希望分有狄安娜的“原

① Michel Foucault, “La prose d'Actéon”, in *Dits et écrits I. 1954—1969*, Paris: Gallimard, 1994, p. 327. 本书下文凡引用该文皆采用夹注形式注明法文版缩写（PA）和页码。

② Pierre Klossowski, *Le bain de Diane*, Paris: Pauvert, 1956, p. 46.

本”特性，呈现自身力量的神圣起源。在魔鬼的帮助下，既然阿克泰翁已经对狄安娜充满想象，她就借用这种想象来摹仿自身，向阿克泰翁仅仅表现出她自己的拟像：

> 阿克泰翁遭受着那些描绘相似关系的追溯性幻觉：既然他看到了复本，他就追逐复本被认为与其相似的、复本被认为源之于的原初真实……这种原本本身不仅是其被假设的复本的重复，而且是狩猎本身的追溯性效果：正是拟像穿过它的重复悬置了被知识假设的与被欲望梦想的原本同一性。[①]

在神圣与亵渎、原本与复本之间，狄安娜的神话蕴含着拟像的两种观念：一方面，拟像来自罗马晚期的审美，指那些作为城市路线标志的雕塑或人像，在情欲方面呈现出它们所再现的神性与神力；另一方面，拟像不仅意味着它所拟仿的同一物的重现，而且还通过其神秘的、幻想的部分来干扰同一物的显现，具有某种驱魔的特性。“在摹仿的意义上，拟像是某种本身不可言传的或不可再现的东西的现实化：专指处于强迫性限制之中的幻像。为了指出幻像的呈现——无论吉凶祸福——拟像的功能首先是驱魔的；但为了驱除魔性附身，拟像摹仿了它在幻像中所惧怕的东西。”[②]在这种充满悖论的双重运作中，拟像成为颠倒渎神与神圣的关键点，关系着罗

① Scott Durham, “From Magritte to Klossowski: The Simulacrum, between Painting and Narrative”, *October*, Vol. 64 (Spring 1993): 26.

② Pierre Klossowski, *La ressemblance*, Marseille: Ryoän-ji, 1984, pp. 76—77.

马晚期对情欲身体的基督教体验，充斥着诱惑、禁忌与惩罚。阿克泰翁所看到的狄安娜沐浴的场景重新演绎了这种体验，其中蕴含着希腊诸神的神性光辉。

在基督教的体验中，“魔鬼不是他者（Autre），不是远离上帝的一极，不是没有（或几乎没有）依赖的反题，不是低劣的质料，而是某种怪异的、令人难以应付的、令人缄默的和令人动弹不得的东西：相同者就是完美的相似者。”（PA，326）在基督教持续谴责二元论与诺斯替主义的斗争中，上帝与撒旦、光与影、善与恶等二元思维赋予西方思想以秩序，对基督教的“恶”之观念产生深刻影响。奥古斯丁在《上帝之城》中谴责罗马诸神庞杂无序、职责不明、乱伦通奸、恶名昭著，充斥着七情六欲、爱恨情仇，本质上是对魔鬼、邪灵和亡灵的崇拜；而诺斯替主义则将诸神的表象视为堕落腐化的表现，充斥着谬误、欺骗与罪恶。在克罗索夫斯基的作品中，尼采思想与教父传统的奇特关系相互交错。面对诺斯替主义对表象的谴责，克罗索夫斯基赞美幻像与拟像熠熠生辉，令人晕眩，即便它们被误用，也会产生愉悦。在《尼采与罪恶的圆圈》（*Nietzsche et le cercle vicieux,* 1969）中，他认为：“拟像不是幻像的产物，而是对幻像的巧妙复制，由之人能够进行自我生产，因此从冲动这样被驱魔的和被操纵的力量开始。拟像在‘冒名顶替者’哲学家手中变成了对那些产生于冲动的生命的、无意的幻像的有意复制。”[①]长久以来，基督教始终在幻像中与诱惑进行种种简单化的

① Pierre Klossowski, *Nietzsche et le cercle vicieux*, Paris: Mercure de France, 1969, p. 196.

对决，试图消除魔鬼的持续威胁，由之恶魔学的争论被建构，被用以对抗魔鬼所制造的致命危险。过安息日就是把自己交付给魔鬼，或者还有可能献身于魔鬼的拟像，上帝派遣魔鬼就是为了引诱那些没有信仰的人或轻信的人。着魔的人只是魔鬼的虚假力量的真正影像，魔鬼通过这一影像占有的不是巫师的身体，而是折磨巫师者的灵魂。上帝与魔鬼之间存在着一种极端危险的拟像关系："与撒旦极为相像的上帝，擅长摹仿上帝的撒旦。"（PA，327）为了终止同一性所导致的这一巨大危险，西方思想不断进行着种种探索，其中笛卡儿的"邪恶精灵"（Malin génie）最相似于上帝，它能够摹仿上帝的全部力量，像上帝一样说出永恒真理，是上帝的不可思议的孪生兄弟，从此，西方思想与文化对拟像的焦虑一度陷入了沉默。在福柯看来，克罗索夫斯基就像查拉图斯特拉一样从基督教体验的模糊而又神秘的面孔上突然发现希腊诸神熠熠生辉，在狄安娜与阿克泰翁、神圣与渎神之间，拟像的游戏实现了翻转，"好似在神圣与亵渎的共谋之中，蕴含着某种希腊之光的东西在基督教黑夜的深处熠熠生辉"（PA，327）。由之，克罗索夫斯基与久已失落的基督教体验重新建立联系，从中洞悉西方文化对拟像的持续焦虑。直到古典时代开始时，拟像一直是西方文化晕眩的重要原因之一。

福柯从克罗索夫斯基的作品中洞察"相同"与"相异"的游戏——"相同者与相异者的同时来临（拟仿的原义是一起来临）"（PA，329），相同者的无限运动致使拟像不再遵从同一性与再现的逻辑，最终导致同一性的丧失。"这种运动完全与辩证法无关；因为重要的不是对矛盾的检验，而是先被肯定后又被否定的同一性；等式A=A从一种永不停止的内部运动中获得活力，这一运动使两个项中的每个项都偏离自身的同一性，而且通过这种偏离本身的游戏（力量或背叛）使两个项彼此指涉。因此没有任何真理能够从这种肯定中产生；但是一个危险的空间正在敞开，其中克罗索夫斯基的话语、神话、诱捕的与被诱捕的诡计将会找到自己的语言。”（PA，328—329）在相同者的这种无限运动中，同一性遭受种种诘难，两个项通过偏离的游戏相互指涉，不再产生任何真理，由此敞开一个上帝与撒旦缺席的危险空间，在场与缺席之间演绎着拟像的游戏，“神居于拟像”（PA，329）。福柯又以《洛贝特，今夜》为例，指出戏剧把洛贝特的角色强加给洛贝特。洛贝特如若自然地饰演她的角色，那也不过是戏剧的拟像；洛贝特如若结结巴巴地念台词，那就有洛贝特–洛贝特躲闪在一个假冒的女演员后面，因而洛贝特本身就是自身的纯粹拟像，最终导致自身同一性的丧失。德勒兹在《差异与重复》《意义的逻辑》中也强调克罗索夫斯基的尼采研究是对同一性的终结：“克罗索夫斯基的全部作品趋向于一个独特的目标：确保个人同一性的丧失、分解自我，就是克罗索夫斯基的人物在一场濒临疯癫的旅行中带回来的辉煌战利品。”（*LS*，329）

在克罗索夫斯基的著作中，拟像丛生，构建了一个绕着拟像运动的星丛，类似（similitude）、拟仿（simulation）、掩饰、同时性一起形成了克罗索夫斯基的拟像世界。福柯区分了符号与拟像，拟像没有规定任何意义，是时间碎裂当中的显像秩序。也许希腊宗教只知道拟像，智者学派、斯多葛学派和伊壁鸠鲁学派愿意把拟像解读为符号，最终导致希腊诸神被抹掉，而基督教的注释承继了这种解释的进路，使拟像变成符号的附庸。在福柯看来，克罗索夫斯基重新寻回拟像的声誉与深意，超越了意义与无意义、能指与所指、象征与符号的昔日游戏，在尼采的思想运动中发现狄奥尼索斯与基督是彼此的拟像，希腊诸神在基督教的夜色中释放光芒。拟像从基督教的诠释中得以解放，不再依赖符号之谜，狄安娜通过魔鬼呈现的拟像熠熠生辉，激发了阿克泰翁的无限幻想。承继了巴塔耶和布朗肖的僭越传统，克罗索夫斯基把自己的语言处理为一种拟像，他发明了一个拟像的空间："文学的存在既不关注人，也不关注符号，而是关注这一重影的空间、这一拟像的空穴，其中基督教欣喜于它的魔鬼，而希腊人惧怕那持箭的诸神的闪亮登场。"（PA，337）

正是经由克罗索夫斯基和尼采，拟像开始进入福柯的研究视野，成为其拟像研究的重要起点。《阿克泰翁的散文》如同一篇对拟像进行探索的习作，主要以文学经验的形式对克罗索夫斯基的拟像经验进行研究。语言开始自我指涉，终止了再现功能，拟像的增殖把文学空间构建为复像的空间。《阿克泰翁的散文》直接影响了福柯在《词与物》《这不是一支烟斗》中对拟像的研究，尤其那悬浮于上方的"充满魔性的烟斗"不就是狄安娜充满魔性的化身？"拟像之人"（Hommes-Simulacres）不正是《宫中侍女》所描绘的模糊不清的国王与王后？不就是那像海边沙滩上绘出的脸一样终将被擦掉而又会留下痕迹的"人"？

二、从相似、再现到拟像

在《阿克泰翁的散文》中，福柯提出了“拟像之人”的观念。福柯认为，拟像的统治在克罗索夫斯基的作品中遵循着精确的法则，充满了谜一般的不确定性。“最奇异的和最困难的事情就在于拟像不是物，也不是踪迹，也不是希腊雕像所是的这些美丽而又静止的形式。拟像在这里就是人。”（PA，331）从《洛贝特，今夜》到《提词者》（*Le Souffleur*, 1960），“拟像之人”在克罗索夫斯基的作品中迅速增加，他们除了拟仿自身之外，不再具有任何意义。洛贝特就是一个典型的“拟像之人”，洛贝特在微不足道的、不可跨越的间距中拟仿洛贝特，由之洛贝特在今夜是其所是而已，别无其他。“因为人是比那些饰以神性的面孔更加令人晕眩的拟像。之所以人完全是含糊不清的，乃因为人说话、打手势、眨眼睛、晃手指，而且像信号塔一样出现在窗口。”（PA，331）所有这些拟像的形象（figures-simulacres）就地旋转，交替变化，不断地被复像化，令人晕眩不已。

及至《词与物》，“拟像之人”的观念弥漫于福柯纵横捭阖的知识型（épistémè）变换之间，暗合了福柯所提出的“人之死”的内在含义。福柯以符象化（ekphrasis）[①]的方式描述了文艺复兴

① Ekphrasis是古希腊修辞学术语，本义是指通过语言进行形象化的描述，以获得栩栩如生的画面感，令读者或听者有身临其境之感。从《古典时代的疯癫史》到《规训与惩罚》，福柯的著作总是萦绕着一种视觉性的幽灵，其中《词与物》的第一章“宫中侍女”淋漓尽致地表现了符象化的特点，以生动形象的语言再现了画作《宫中侍女》，阐释了语言与可视之物如何关联的问题。

以来的知识型变迁，具有鲜明的视觉化倾向。“实际上，知识型是指能够在既定时代把那些产生知识论形态、科学、可能还产生形式化系统的话语实践连接起来的关系集合……知识型不是知识（connaissance）的形式或者合理性的类型——后两者在贯通那些最多变的科学时显露出主体、精神或时代的最终单位，而是我们在话语的规则性的层次上分析各门科学时能够针对既定时代在各门科学之间所发现的关系的集合。”[①]知识型是特定时代的不同知识和学科共享的组织性原则或主导性原则，就如同语法形式控制着内容不同的句子一样制约着同时代的学科构型，它是不同学科的深层“语法”[②]。《词与物》讨论了三个不同时代的人文学科的知识型：15世纪至17世纪初，文艺复兴时代是相似（resemblance）的时代；17世纪至18世纪末，古典时代是再现（représentation）的时代；从18世纪末开始，现代是“人”（homme）的时代。类似、话语、人的有限性在不同时代的知识型中扮演着“建构性角色”，相应的“相似”“再现”“人”与影像、视觉具有极为密切的关系，呈现出极为不同的视觉政体，对于理解不同时代的特殊性具有重要意义。

文艺复兴时代的知识型是“相似”，尤其是部分与整体、小宇宙与大宇宙的相似。各个学科都乐于在高与低、陆地与海洋、植物与星星、人与宇宙之间寻找相似与类比。福柯阐述了四种

① Michel Foucault, *L'archéologie du savoir*, Paris: Gallimard, 1969, p. 250. 中译本参见米歇尔·福柯，《知识考古学》，董树宝译，北京：生活·读书·新知三联书店，2021年，第226页。

② 汪民安，《“再现”的解体模式：福柯论绘画》，《文艺研究》，2015年第4期，第134页。

与相似性知识密切相关的主要形式[1]：基于位置关系的适合（la convenientia）、基于镜像关系的仿效（l'aemulatio）、基于微妙关系的类比（l'analogie）、基于运动变化的交感（des sympathies），最终交感所产生的运动变化统合着适合的全部邻近、仿效的全部共鸣、类比的全部连接，整个世界呈现出相互关联、彼此相似的图景，终归于同一性。"一直到16世纪末，相似在西方文化的知识中扮演着创建者的角色。正是相似在很大程度上引导着文本的注释与阐释；正是相似组织着符号的运作，容许物的知识变得可见或不可见，指引着再现它们的艺术……绘画摹仿着空间。"[2]在文艺复兴时代，"词"与"物"、语言与视觉关系密切，相互交织，相似性原则支配着两者的关系运行。达·芬奇的素描《维特鲁威人》充分体现了文艺复兴时代的知识型：一个男子在一个圆圈中张开四肢，如同一个人在茫茫的宇宙中运转，象征着小宇宙与大宇宙的相互反映，彼此相似。在委拉斯凯兹的《宫中侍女》中，国王菲利普四世亦是一个"相似的人"，他与王后玛利亚·安娜被映照在墙后的镜子里，在福柯的精彩描述中，他们变成了文艺复兴时代的代表，正遭遇着即将到来的新知识型"再现"的挑战。镜子不是再现的空

① 福柯在《尼采、弗洛伊德、马克思》（Nietzsche, Freud, Marx）一文中亦有所论述，也将"记号"（signatura）列入相似性的主要形式，将它们与拟像相对立，从中亦能看到克罗索夫斯基对他的影响。"所有这些相似表现了赋之于根据的世界共识；它们与拟像（糟糕的相似）相对立，后者立基于上帝与魔鬼的争执。"（Michel Foucault, "Nietzsche, Freud, Marx", in *Dits et écrits I. 1954—1975*, Paris: Gallimard, 2001, p. 566.）

② Michel Foucault, *Les mots et les choses*, Paris: Gallimard, 1966, p. 32. 本书下文凡引用该著作皆采用夹注形式注明法文版缩写（*MC*）和页码。

间，它只是“显示所再现的东西，但作为一种如此遥远的、深陷在不真实的空间之中的映像，对于全部转向别处的目光是如此陌生，以致它只不过是再现最不稳定的再复像化”（*MC*，319）。国王与《宫中侍女》所描述的、即将到来的再现时代出现了冲突，“相似的人”没有了位置，变成模糊的、遥远的幻影，由之古典时代的知识型“再现”悄然出场，跌跌撞撞的、到处碰壁的堂吉诃德在相似与再现、“同”与“异”之间踯躅而行。他是一个细心的旅行者，漫游在同一性的荒野上，却从不敢接近差异性的边界。笛卡儿和培根批判了相似性的幻像，到处寻找种种相似性的堂吉诃德变得滑稽可笑，取而代之的是同一性与差异性的游戏，分析与比较取代相似与类比，再现支配着知识体系的建构与话语实践的运行，决定了普遍语法、自然史与财富分析的内在构型。与此同时，这一时期的绘画也体现了从“相似”向“再现”的转变，展现了精湛的绘画技巧。福柯以符象化的方式描绘了《宫中侍女》所呈现出来的繁复多变的再现技巧，再现没有对象或者对象缺席，只是以再现的诸要素再现自身。“或许，在委拉斯凯兹的这幅画中，存在着一种对古典再现的再现与对它所敞开的空间的定义。事实上，再现在此所做的就是以其全部要素再现自身，凭借它的影像、它所呈现的目光、它使之可见的面孔、那使再现得以产生的姿态。但是，在这个再现既汇集又展开的弥散中，一个基本的虚空迫切地从各处被指明：再现根基的必然消失——它与之相似的那个人的必然消失与那个被认为再现仅仅是相似的人的必然消失。这个主体本身——他是相同物——被抹去了。一旦最终从那束缚它的这一关系中解放出来，再现就能作为纯粹的再现被给予。”（*MC*，31）再现只是对再现的再现，变成了纯粹的再现，“相似的人”消失了，人沉睡在知识的前夜，在古典时代的知识体系中难有一席之地。

然而，伴随着康德的哥白尼式的革命，无限的再现一再遭受质疑，《宫中侍女》那个模糊的、遥远的幻影逐渐变得丰满，呈现出“人”的形象，由之出现了现代知识型。“人”被含糊地设定在先验与经验、“我思”与非思、起源的退却与回归之间，变成了“被奴役的君主、被观看的观者”：

> 在这样一种考古学突变的深刻运动中，人与其模糊的位置一起出现，作为知识的对象与认知的主体：被奴役的君主、被观看的观者，他出现在那里，出现在国王的这一位置上，这是《宫中侍女》事先安排给他的位置，不过国王真正的在场很久以前就从这个位置上被排除了。在（委拉斯凯兹的整幅画所指向的、不过它仍然偶然地和好像非法地从镜子上所反映的）这个空洞的空间中，我们所猜测那变化莫测、相互排除、相互交织与闪烁不定的全部形象（模特、画家、国王、观者）突然停止他们难以察觉的舞蹈，凝结成一个丰满的形象，并要求再现的整个空间最终与肉体的目光相关联。（*MC*，323）

在《词与物》第九章“人与他的复像”中，福柯探索了人的两难处境：徘徊在先验与经验、“我思”与非思、起源的退却与回归之间，人陷入了成对物系列或双重束缚之中，既成为认知对象，也成为认知主体。从19世纪早期开始，“人是什么？”这个问题始终贯穿着现代思想。“人”诞生于摧毁再现的诸力量，生命、劳动与语言预示着“人”在现代知识型中的来临。“现代人——这个人在肉体的、劳动的和言说的存在中是可确定的——只有以有限性形象的名义才是可能的。现代文化之所以能够想象人，乃因为它从自身开始想象有限。”（*MC*，329）在绘画领域，“如若整个时代（例如古典时代）的潜在知识型能够通过与绘画的类比被理解，那么现代（人的时代）也许也可以通过聚焦现代画家的自画像来理解”①。通过分析塞尚和高更的自画像，加利·夏皮罗（Gary Shapiro）认为他们都受制于再现的极限，难以掌控再现的整体性，他们深谙再现取决于他们自己，便难以摆脱自身的有限性。②他们进行极度痛苦的探索，探索着艺术家的有限性，高更的《包扎耳朵的自画像》不就可以被解读为艺术家对自身有限性进行这种探索的最佳例证吗？他们也许就是福柯笔下的“被奴役的君主、被观看的观者”，不得不承担着人进行自身探索的疯狂天才的角色。

那么，现代知识型之后是否有新的知识型，或者说，现代知识型之后又会怎样？福柯对这一点语焉不详。然而，从福柯的《词与物》及其相关文献中，我们可以洞察一种新知识型的诞生。如果说堂吉诃德标志着从文艺复兴时代知识型向古典时代知识型的转变，萨德标志着从古典时代知识型到现代知识型的转变，那么尼采则

① Gary Shapiro, *Archaeologies of Vision: Foucault and Nietzsche on Seeing and Saying*, Chicago & London: The University of Chicago Press, 2003, p. 238.

② Ibid., 272.

意味着一种新知识型的来临，意味着从现代知识型向“后现代知识型”[①]的转变，也就是说，伴随着人之诞生的却是“人之死”。“每种知识型是前一种知识型的完全废除。这一点是轴向的，就知识型形成了《词与物》最具冒险精神、最难忘的命题——‘人之死’而言，更是如此。”[②]正是在结构主义语境中，福柯激活了尼采“上帝之死”的思想活力，大胆宣布“人之死”。“在18世纪末之前，人并不存在。生命力、劳动增殖或语言的历史厚度也一样不存在。这个完全新近的创造物是知识造物主用自己的双手制造出来的，存在尚不足两百年：然而他衰老得如此之快，以致我们轻易地想象他在阴影里等了数千年，等待着他最终被人所知的明亮时刻。”（*MC*，319）正是尼采从康德的“人类学沉睡”中发现上帝之死与人之消失同义，“人之死”的丧钟轰然敲响，“全新的思想空间缓缓敞开。人将被抹去，如同海边沙滩上的一张脸一样”（*MC*，398）。“人”的形象消失，沙滩上依然留下“人”的痕迹，这不正意味着一个拟像时代的来临？“在视觉的记录中，这样一种变换的视角由福柯在沃霍尔、马格利特和迈克尔斯的作品中赞颂的拟像艺术所提供……像塞尚一样的艺术家试图确立和显示它们的同一性，甚至在那一过程中与他异性的全部要素展开斗争；随后的（后现代的？）

① 福柯虽然没有提出明确的定义，也没有使用后现代的概念，但不少研究者试图将这种知识型命名为后现代知识型。可参见Gary Shapiro, *Archaeologies of Vision: Fouault and Nietzsche on Seeing and Saying*, p. 244；汪民安，《福柯的界线》，北京：中国社会科学出版社，2002年，第116页。

② Seán Burke, *The Death and Return of the Author: Criticism and Subjectivity in Barthes, Foucault and Derrida*, Edinburgh: Edinburgh University Press, 1988, p. 64.

时代的艺术家牺牲的不仅是他的或她的个人同一性，还是影像自身的同一性，无限重复的影像就像一曲重复进行吟诵的咒语一样被转换。我们最终从自画像中解放出来所经由的这种抹去仍然萦绕着我们的视野。”[①]这种抹去开启了拟像的时代，也正是福柯在《这不是一支烟斗》《哲学剧场》等作品中深入研究的问题。

三、漂浮的烟斗：相似与拟似

在福柯探索拟像的文献中，最令人乐道的莫过于《宫中侍女》[②]与《这不是一支烟斗》[③]。《这不是一支烟斗》篇幅不长，被福柯视作“一篇小东西”[④]，但这并不意味着它不重要或可被忽略不计。如果说《词与物》侧重以考古学的方法来研究相似、再现与“人”，由之探讨文艺复兴以来西方思想的知识型变迁过程，那么《这不是一支烟斗》则对“词”与“像”进行了深入探究，是对新知识型的一次集中阐发，旨在通过对马格利特、克利和康定斯基等艺术家的

---

① Gary Shapiro, *Archaeologies of Vision: Foucault and Nietzsche on Seeing and Saying*, p. 244.

② 《宫中侍女》（*Les suivantes*）于1965年发表于《法兰西信使》（*Le mercure de France*）第1221—1222期，后经修改作为《词与物》的第一章，由之促成《词与物》脱销。

③ 在福柯写作《这不是一支烟斗》时，他对马奈充满了浓厚的兴趣，与子夜出版社签订了一本论马奈的著作合同，著作取名为《黑色与彩色》（*Le noir et la couleur*）。不过该研究计划一再被搁置，福柯只是于1967年在意大利、1970年在日本和1971年在突尼斯做过内容相似的讲座，后来马里沃尼·塞宗（Maryvonne Saison）在1971年突尼斯讲座录音整理的基础上进行重新整理，取名为《马奈的绘画》（*La peinture de Manet*），于2004年由子夜出版社出版。

④ Dianiel Defert, “Chronologie”, in *Dits et écrits I. 1954—1975*, p. 41.

反思来重新开启“人之死”之后所引发的拟像问题。在福柯论拟像的作品系列中，《这不是一支烟斗》一方面承继了克罗索夫斯基的拟像论，“魔法”（diablerie）[①]萦绕着马格利特的“烟斗”系列[②]，隐含着“词”与“物”的秘密；另一方面让我们洞察拟像的隐秘运作，隐现着福柯的反柏拉图主义立场[③]。在画作《影像的叛逆》（*La trahison des images*, 1929）中，一支精心绘制的烟斗居于平面画布的中央，烟斗下方中规中矩地写着“Ceci n'est pas une pipe”（这不是一支烟斗），烟斗的图形与这行文字共处于同一个画布空间，“像”与“词”相互交错、相互攻击，相互歧异、相互颠覆，最终两者关系走向终结；《两个秘密》（*Les deux mystères*, 1966）将一幅具有相同烟斗、相同文字和相同字体的《影像的叛逆》置于三脚架的黑板上，上方漂浮着一支更大的烟斗，与黑板上的烟斗极其形似，“这支过大的、漂浮的、理念的烟斗……就像一团挥发物，一团刚刚脱离黑板的气体——本身带有烟斗的形式与圆润，并由之与烟斗相对和相似的烟雾”（*CNP*，12—13），显然是有意增加不确定性。该如何解释马格利特的“烟斗”系列？福柯以其惯用的符象化手法呈现了“像”与“词”错综复杂的歧异关系，将画面还原到一位教师在教室里向学生们艰难而又尴尬地讲授“这是一支烟斗”与

---

① Michel Foucault, *Ceci n'est pas une pipe*, Montpellier: Fata Morgana, 1973, p. 19. 本书下文凡引用该著作皆采用夹注形式注明法文版缩写（*CNP*）和页码。

② 1929年，马格利特创作了《影像的叛逆》；1966年，马格利特创作了《两种秘密》，由之形成“烟斗”系列。

③ Gary Shapiro, *Archaeologies of Vision: Foucault and Nietzsche on Seeing and Saying*, p. 328.

“这不是一支烟斗”的场景，最终画架摇曳不定，画框溃散解体，画作摔落一地，“烟斗”破碎不堪，“像”与“词”的“共同场所”（lieu commun）消失殆尽。“像”与“词”的古老关系终结，而“像”悬于上空，飘忽不定，“惚兮恍兮”，这或许是马格利特所谓“两个秘密”。

乍一看，马格利特的画作呈现了一个被简化的柏拉图主义主题：画面上的“烟斗”根本不是烟斗，也不是烟斗的再现，而是烟斗的拟像，这似乎符合柏拉图对拟像作为“复本的复本”的定义。按照柏拉图的定义，上方的“烟斗”似乎是下方的“烟斗”的原型（le modèle），充当着“原本”的功能，而文字“Ceci n’est pas une pipe”则质疑、诘问这种相似关系，彰显了这种关系的欺骗性与外在性。

不过这种解释过于简单，过于机械，难以呈现马格利特画作的微妙关系与福柯的精彩分析。在马格利特的《两个秘密》中，到底上方的“烟斗”是“原本”，还是下方的“烟斗”是“原本”？或者，“原本”本身置于画作之外，那到底哪个“烟斗”是“复本”，哪个“烟斗”是“复本的复本”？这个问题如同罩了一团袅袅升起的烟雾一般，令人眼花缭乱，难以分辨，最终像福柯所描述的讲授“烟斗”的教师一样结结巴巴、含混不清，知识的权威与求真的欲望一再遭受质疑。实际上，画作中的“烟斗”难分彼此、难辨先后，相互重复、彼此悬置，“原本”与“复本”的区分被解构，拟像在重复中呈现。“这种无限的和颠倒的运动——颠覆了‘原型’与‘复本’的等级关系和悬置了‘原本’在它的重复之中和在它的重复之间的同一性——是拟像作为形式的东西。”[1]两支“烟斗”不再指涉外在于自身的“物”，“这支烟斗本身只是一幅图画，根本不是一支烟斗”（*CNP*，38），除了拟像之外，“任何地方都没有烟斗”（*CNP*，35），也没有“原本”与“复本”。“实际上，马格利特的画作所导致的麻烦的确来自‘任何地方都没有烟斗’：两支被绘制的烟斗没有一个能够充当本源性的和最终的指涉，目的在于估量‘这支’烟斗与其复制品之间的相似与不相似，并在好的影像与坏的影像、简单的复本与拟像之间‘制造差异’。复本–原型的关系由此被悬置，甚至被颠覆，因为这种关系在无原型的纯粹影像的压力下走向解体。‘任何地方都没有烟斗’实际上是说只有拟像，拟像不仅如我们首先理解的那样是堕落的影像、欺骗的影像（意味着对‘这不是一支烟斗’的校正），而且的确是肯定虚假的积极力量。”[2]

为了更清晰地阐述“烟斗”系列和拟像问题，福柯分析了15世纪至20世纪主导西方绘画的两个原则，以克利、康定斯基和马格利特的绘画来阐述“词”与“像”、“相似”与“拟似”（similitude）[3]的复杂关系，最终使拟像从相似与再现解放出来，成

① Scott Durham, “From Magritte to Klossowski: The Simulacrum, between Painting and Narrative”, *October*, Vol. 64 (Spring 1993): 20.

② Philippe Sabot, “Foucault, Deleuze et les simulacres”, *Concepts*, n° 8 (mars 2004): 24.

③ 需要注意的是，福柯在《这不是一支烟斗》中所使用的resemblance与similitude与他在《词与物》中使用的这两个词的含义有很大的不同。在《词与物》中，resemblance与similitude的含义几乎相同，主要用来描绘文艺复兴时代的知识型；而到了《这不是一支烟斗》，他在马格利特的区分基础上，并基于对现代艺术的思考进行了详细区分，突出resemblance与similitude对理解马格利特作品的重要意义，因此据以similitude的词义突变，将similitude译为“拟似”。

为自由漂浮的影像。“第一个原则肯定了造型再现（它导致相似）与语言指涉（它排斥相似）之间的分离。人们通过相似进行观看，通过差异进行言说，以致两个体系既不能相互交叉也不能相互融合。”（*CNP*，39）因此，“像”基于相似而跨越差异，由之导致了相似性运作，“词”经由差异而发挥功能，由之产生外在性指涉，最终“词”与“物”在一个不平等的、有主次之分的空间中按序、按等级排列，存在着一种“词”支配“像”或“像”支配“词”的从属关系。克利“在一个不确定的、颠倒的、漂浮的空间中通过突出图形的并置与符号的句法”（*CNP*，40—41）终止这一分离原则，船只、房屋和人在克利的画作中既是可辨认的形式，也是书写的要素，经常出现的箭头是一种带有始源性相似的符号，“词”与“物”相互交织，相互融合，最终导致相似与再现的消解。[①]第二条原则提出了相似的事实与再现性联系的肯定（affirmation）之间的对等。只要图形与物、图形与图形相似，就会出现再现性关系，就会出现对这一关系的肯定，致使相似与肯定难以区分。康定斯基不以任何相似为依托进行肯定，他通过肯定线条和色彩，对相似与再现性关系进行双重消除，解除了相似与肯定的对等关系。

在这两条原则上，马格利特似乎与克利和康定斯基相去甚远，

① 克利在福柯的前后论述中有所不同。1966年《词与物》出版后，福柯在《人死了吗？》的访谈中将克利比作委拉斯凯兹，认为《宫中侍女》探索了古典时代的绘画知识，而克利探索了现代的绘画知识，是探索者，但不是现代的代表，真正代表时代精神的艺术家在福柯看来当属马格利特。具体参见Michel Foucault, *Dits et écrits I. 1954—1975*, p. 572；另可参见Gary Shapiro, *Archaeologies of Vision: Foucault and Nietzsche on Seeing and Saying*, pp. 276—279。

甚至相互对立。然而在福柯看来，在颠倒传统绘画原则上，马格利特与他们实为“貌离神合”，惺惺相惜，形成一种既对立又互补的形态，而且马格利特走得更远，成为时代精神的象征。“他的画似乎比任何其他人都更专注于相似的准确性，以致他的画有意识地增加相似，好像为了确认相似似的；一支烟斗的图画与一支烟斗相似是不够的；它应该与其他烟斗相似，后者本身与一支烟斗相似。”（*CNP*，44）马格利特的作品表面上增加相似，似乎要肯定相似性，其实他使相似陷入了无限循环，让相似走向绝境，由此他终止了相似与肯定的古老关系，使二者在彼此缺失的情况下发挥作用。

在1966年马格利特写给福柯的一封信中，马格利特使用了福柯在《词与物》中使用过的“相似”与“拟似”（similitude），并进行了区分。“例如，在我看来，青豌豆之间同时具有可见的（它们的颜色、形式、体积）与不可见的（它们的性质、味道、重量）的拟似关系。真与假等亦是如此。‘物’之间不具有相似，它们有或没有拟似。思想的责任只是相似。它通过是其所见、所闻或所识的东西而相似，它变成世界所赋予它的东西。”（*CNP*，85—86）对于马格利特而言，相似是思想的属性，意味着心灵联系外部现实的能力，接受与重构所见、所闻或所识；而拟似则指涉对象的属性，物之间存在着可见的和不可见的拟似关系。

不过，福柯在《这不是一支烟斗》中变换了视角，主要基于对现代艺术的思考，尤其基于对马格利特的作品的阐释，他赋予“相似”与“拟似”截然不同于《词与物》的内涵，同时也不同于马格利特所界定的这两个词的意义。“在我看来，马格利特把拟似与相似进行区分，并使它与相似相对立。相似有一个‘主人/模型’（patron）[①]：原初的要素，它从自身出发按顺序排列和按等级排列那些越来越衰弱的、能够由之被攻击的复本。相似假设了一个起规定和分类作用的第一指涉。拟似物发展为一个个既没有开端也没有结束的、能够在这个方向或那个方向上被追随的系列，它们不遵从任何等级，但以越来越微小的差异蔓延。”（*CNP*，61）[②]福柯在古典绘画的摹仿框架下分析“相似”，以“相似”来指称一种复制关系。“相似”就是摹仿原型，就是指涉外在的、超越的、可根据复本与远近来按等级排列复本的原初性要素，或者称之为“原型”/“原本”，它是类似于理念的东西，带有鲜明的柏拉图主义倾向。而“拟似”则是指一种没有任何外在指涉的“像”与“像”之间的关系，拟似物或“像”就像陷入无限循环的自指涉的“烟斗”一样，是“一种没有相似的‘像’”[③]，没有开端也没有结束，没有主次之分，只是在差异与重复中不停地蔓延。

虽然“拟似”与“相似”遵循着“同”的逻辑，关系密切，但

---

① 福柯有意给patron加了引号，以凸显该词的多义性与丰富性。patron在法语中的意思是“主人”“老板”“模型”“保护神”“图样”“样式”等，英译本将其翻译为model，大大缩减了该词的丰富性。（Michel Foucault, *This Is Not a Pipe*, trans. James Harkness, Berkeley: University of California Press, 1983, p. 44.）

② 这是1973年《这不是一支烟斗》增订本所增加的一段文字，其中回荡着德勒兹的“差异与重复”的繁复细语，对于理解福柯与德勒兹关于拟像的关系极为重要。显然，福柯在撰写完评论德勒兹著作《差异与重复》和《意义的逻辑》的书评《哲学剧场》后受到德勒兹拟像理论的影响，有助于他更清楚地阐述他的拟像理论，继续按照自己的路径进行哲学创造，而非单纯地介绍和阐释德勒兹的思想。

③ 这既延续了柏拉图在《智者》中的像论，也回应了德勒兹在《柏拉图与拟像》中的观点。

两者存在着本质性的区分。“相似”是一种真正的摹仿，它必须忠实地再现外在的、超越的“原本”，屈从于“原本”，最终走向对再现性关系的肯定。“拟似”则是一种滑稽的戏仿，通过拟仿“模型”（patron）和混淆起源的各个方向来颠覆“原本”的特权，促使拟像无限循环和流通。“相似用于那对它进行支配的再现；拟似用于那通过它进行流传的重复。相似装配为它不得不继续的、让人容易辨识的原型；拟似促使拟像流通，作为从拟似物到拟似物的不确定的和可颠倒的关系。”（*CNP*，61）如若说克利以“像”与“词”的并置来终止相似性运作，康定斯基以抽象化的方式谋杀相似的肯定性维度，那么马格利特则打入相似的内部，从相似的内部摧毁相似，释放出自由漂浮的拟像。他的作品诉诸极为精确的对象和图形，保持着相似的表象；然而，拟似的运动穿梭于相似性的图形之间，中止了与外在指涉的再现性关系。他的画作《再现》（*Représentation*, 1962），名字本身就极具挑衅性的意味，质疑“再现”本身。画布再现了一大一小两个完全相同的场景，难以区分谁再现谁。“只要在同一块画布上有两个图像就这样从侧面被一种拟似关系所连接，就足以是一种对原型的外在指涉——经由相似——立刻被干扰，变得飘忽不定。什么‘再现’什么？当‘像’的准确性像一根食指一样朝着原型，朝着唯一的而又外在的、至上的‘模型’发挥作用时，拟似的系列（而且只要有两个拟似就足以有系列）罢黜了这个既理想又现实的君主制度。拟像从此在一个始终可逆转的方向上运行于表面。”（*CNP*，62—63）《宫中侍女》所隐隐约约呈现出的模糊而又遥远的“君主制度”惨遭罢黜，相似被拟似的运动扰得不得安定，不复存在，“烟斗”惨遭悬置，拟像得以肯定与运行。“这不是一支烟斗”，“仅仅一句话就有七种说法”[①]，拟似的运动导致“词”与“词”、“像”与“像”之间相互拟仿，“拟似开启了一种在画布的平面上运行、激增、蔓延、呼应的转移游戏，却从未肯定也未再现任何东西”（*CNP*，71）。马格利特开启了拟似的这一运动，任由拟像自由运行，任由“烟斗”自由漂浮，默默隐藏于相似性再现之中的“这是一支烟斗”变成流动的拟像状态的“这不是一支烟斗”，安迪·沃霍尔的“Campbell”悄然出场，拟像的时代骤然而至。“这一天终将到来，拟似沿着系列被不确定地转移，正是影像本身与它所带有的名字将一起被拟似解除同一性。Campbell，Campbell，Campbell，Campbell。”（*CNP*，79）[②]

四、哲学剧场：幻像的哲学

在早期论拟像的探索中，福柯将尼采的“永恒回归”思想、克罗索夫斯基的拟像理论相互交织、相互融合，渐渐地又融入了一股德勒兹式的暖流，催化着福柯的哲学世界绽放出艳丽的拟像之

① 在《这不是一支烟斗》中，福柯以“肯定的七封印”作为倒数第二部分的标题，与尼采的《查拉图斯特拉如是说》的“七封印”形成呼应关系，隐含着福柯思想与尼采的内在关系。

② campbell一词一方面暗示着安迪·沃霍尔的作品《坎贝尔汤罐头》（*Campbell's Soup Cans*），实为安迪·沃霍尔日常食品的名字，另一方面制造了一种重复的系列，隐含着重复与拟像的隐秘关系。另外，需要注意的是，这段文字是在1973年福柯出版《这不是一支烟斗》增订本时增加的一段话，显然是接受了德勒兹在《差异与重复》和《意义的逻辑》中所阐发的拟像论的影响。

花。及至1970年发表针对德勒兹《差异与重复》和《意义的逻辑》的书评《哲学剧场》，福柯洞察德勒兹基于哲学史所进行的开创性工作——概念的同一性被拒绝，知觉的相似性被摒弃，黑格尔及其辩证法被抛弃，最终整个表象哲学（或再现哲学）被无情地解体。不过福柯戴着德勒兹的"思想面具"阐发着自己的哲学，呈现出与德勒兹有所不同的哲学面向，他基于从意义–事件到幻像–事件的思考路径提出了幻像的形而上学，形成了独具特色的影像论和拟像理论。

在《哲学剧场》之前，福柯写过一篇评论《差异与重复》的短文《阿里阿德涅迷失了》（Ariane s'est perdue, 1969），高度评价《差异与重复》是一个"奇妙的剧场"（théâtre merveilleux），哲学人物以喜剧、悲剧、正剧的方式轮番登场（佩吉——祁克果——尼采；亚里士多德——柏拉图——邓斯·司各脱；黑格尔——荷尔德林），他们扮演着不同的哲学角色，"有时以喜剧的方式远离他们所承载的、却不甚了解的、阴暗的深度，有时以正剧的方式靠近（这就是充满智慧的、有点儿自命不凡的柏拉图，他驱逐粗劣的拟像，驱散低劣的影像，排除闪闪发光的、祈求独一无二的原型的表象：这种本身是好的、善的理念；还有另一个柏拉图，他几乎惊慌失措，他在阴影里不知道如何区分苏格拉底与发出阵阵冷笑的智者）"[①]，由之构建了人物迥异的、精彩纷呈的"哲学剧场"。柏拉图以正剧的方式出现在福柯与德勒兹所构建的哲学剧场上，不过柏

① Michel Foucault, "Ariane s'est perdue", in *Dits et écrits I. 1954—1975*, p. 796. 本书下文凡引用该文皆采用夹注形式注明法文版缩写（AP）和页码。

拉图是一个自相矛盾的哲学角色，一方面他自命不凡，正如驱逐悲剧诗人一样驱逐影像、拟像、幻像与表象，追求超越的、形而上的理念；另一方面他又惊慌失措，不知道如何区分苏格拉底与智者，无法区分辩证法与诡辩术。

在福柯看来，如同索福克勒斯的《俄狄浦斯王》所经历的三个时刻一样，西方哲学也经历了哲学剧情的“突转”与“发现”：第一个时刻是符号的狡诈性期待，主体和再现的王位遭到削弱，从那意欲统治统一性、类比、相似、非-矛盾和化约差异为否定的西方哲学中传出了歧异的阵阵爆裂声，阵阵水滴流淌过莱布尼茨的“有纹理的大理石”[①]，时间的裂痕划伤康德式的主体；突然出现中断，德勒兹呈现了差异的神妙跛行，思想得以形成的影像的面纱被撕裂，良识（bon sens）与共识（sens commun）遭到质疑，如若从这一将思想与主体得以相连的影像中获得解放，思想就会呈现出错误、矛盾，清晰的理念与晦暗的理念闪闪发光，画出道道纹痕；良识反对正统观念，共识出现张力，愚笨所导致的错误充斥着想象，光亮与清楚处于晦暗与清晰之间，出现了启蒙价值的“这一巨大颠倒”（ce grand renversement），“思想不再是一种对那些被充分固定在启蒙价值的同一性之中的明亮形式的开放性凝视；思想是姿态、跳跃、

① 德国哲学家莱布尼茨赞同笛卡儿的天赋观念说，并对之进行批评修正，他明确反对洛克的“白板说”，认为人的心灵的初始状态不像洛克所说的那样是一块完全一色的大理石或空白的板，而颇像“一块有纹路的大理石”，“就它们的现实的知识来说不是天赋的，但很多可以称为潜在的知识是天赋的，如大理石的纹路所构成的形象，在人通过工作而发现它以前，就是在大理石之中的”。参见[德]莱布尼茨，《人类理智新论》，陈修斋译，北京：商务印书馆，1982年，第6—7、44页。

舞蹈、极端的误入歧途、被绷紧的晦涩不明”（AP，797），终结了表象哲学（或再现哲学），开启了差异哲学；由之出现了第三个时刻，也就是漂泊的时刻，在被戴上王冠的无政府主义的昏暗节日中漂泊流浪，由之差异与重复得以被思考，它们相互作用、相互嬉戏，不必追问何者与何者的差异，也不必追问何者的重复，而是通过思考相似、类比或同一性来掩饰差异与差异的差异，思考重复，却没有任何起源，亦没有同一事物的复现。亚里士多德与黑格尔的同一性哲学与矛盾哲学遭到拒绝，笛卡儿和胡塞尔的意识哲学遭到拒斥，从柏拉图到海德格尔的“相同”的伟大形态也被摒弃，“这就是为了思考和爱而使那自尼采以来在我们的世界中低声嗥叫的东西获得解放，不顺从的差异与无起源的重复搅动着我们旧有的死火山，它们使马拉美以来的文学熠熠生辉，它们使绘画空间（罗斯科的分割、诺兰的条纹、沃霍尔的被修改的重复）出现裂痕，而且予以强化，它们最终中断自韦伯恩以来的音乐的固定发展路线，宣告我们世界的历史性断裂”（AP，798）。

虽是评论德勒兹的《差异与重复》，但我们从中却听到了福柯自己的哲学声音。他从德勒兹对西方哲学的思考中探索自己的哲学方向，他尝试着与《词与物》所阐述的西方思想文化的知识型演变进行融合，开始将差异与重复的观念融入他的思考，于是就有了《这不是一支烟斗》（增订本）以差异与重复的视角来阐述“相似”与“拟似”，把德勒兹的差异哲学化为自己思想的一部分。从德勒兹与加塔利的生成概念来看，福柯的哲学与德勒兹的哲学就像黄蜂与兰花一样，经过相互对视、相互借鉴、相互阐发、相互吸纳而生成新的可能性。德勒兹曾在《差异与重复》中谈到思想学习的问题："我们与那对我们说'像我一样做'的人一起学不到任何东西，我们唯一的导师是那些对我们说'与我一起做'的人。"（*DR*，35）福柯深谙这一点的奥妙，他与德勒兹一起做哲学，一起在思想的平面上跳跃、共舞，不断深入德勒兹哲学的内部进行挖掘，他重复或评论德勒兹的哲学，并使之与自己的思考发生差异化运动。他很清楚地感受到这一运动，感受到他的阐发可能会背离德勒兹的思想[①]，《哲学剧场》清晰地呈现了福柯哲学与德勒兹哲学的这一差异化运动。因而在《阿里阿德涅迷失了》一文中，福柯通过改写提修斯、阿里阿德涅与狄奥尼索斯的关系尝试着重写西方思想史，他提出了"剧场–哲学"（philosophie-théâtre）。"有小说–哲学（philosophie-roman）（黑格尔、萨特），有沉思–哲学（philosophie-méditation）（笛卡儿、海德格尔）。以后就是在查拉图斯特拉之后的剧场–哲学，没有对剧场的反思，没有承载意义的剧场。但是哲学变成场景、人物、符号、对独特的与从未重现的事件的重复。"（AP，796）按照这一思考路径，福柯撰写了《阿里阿德涅迷失了》，尔后他又撰写了《哲学剧场》来评论《差异与重复》和《意义的逻辑》，将"剧场–哲学"的思想演绎得淋漓尽致，出现了另一个"德勒兹"，生成了另一个"福柯"。

不过到了《哲学剧场》，场景、人物、符号与事件都发生改变，哲学人物主要有颠倒柏拉图主义的智者学派、犬儒学派、伊壁

---

① Michel Foucault, "Theatrum philosophicum", in *Dits et écrits I. 1954—1975*, p. 947. 本书下文凡引用该文采用夹注形式注明法文版缩写（TP）和页码。

鸠鲁学派、斯多葛学派，他们反对西方哲学自柏拉图以来的形而上学、辩证法、意识哲学和存在哲学。在这一剧场上，柏拉图毫无疑问是反面角色的核心主角，之后亚里士多德、黑格尔、笛卡儿和海德格尔或隐或现地扮演着各自的角色，呈现出柏拉图主义的不同侧面。德勒兹的“颠倒柏拉图主义”是福柯展开论述的起点，也是福柯进行反柏拉图主义的起点，而拟像、幻像与事件（événement）则成为他贯穿整个剧情的核心关键词，对于理解“剧场–哲学”起着极为重要的作用。在《哲学剧场》中，福柯的反柏拉图主义立场极为明确，他以反柏拉图主义的姿态来对德勒兹的“颠倒柏拉图主义”进行再阐释，并把后者作为一种反柏拉图主义来审视。作为西方哲学的奠基人，柏拉图创建了哲学的范式，他是后世哲学家无法忍受但又无法绕开的幽灵性存在，持续引发了强烈的阉割情结和影响焦虑。柏拉图主义自诞生之日起就隐含着吵吵闹闹的嘲讽声。在《智者》结尾之处，智者们热烈讨论着新生的柏拉图主义，通过他们的语词游戏对柏拉图主义进行冷嘲热讽，充满了反对之声。德勒兹在《柏拉图与拟像》一文中曾对这一场景进行分析，他发现智者竟然把我们带到了一种不再能区分智者与苏格拉底的境地，柏拉图似乎成为指出“颠倒柏拉图主义”的始作俑者。（*LS*，295）福柯亦从这一点出发来谈德勒兹的“颠倒柏拉图主义”，询问着颠倒柏拉图主义之于哲学的意义：

> 颠倒柏拉图主义：没有尝试这么做的哲学是什么样子？而且如果在极端情况下，哲学不管怎样都被定义为颠倒柏拉图

主义的整个事业，那会是什么样子？那么哲学肇始于亚里士多德，不对，哲学应肇始于柏拉图，肇始于《智者》的结尾，其中把苏格拉底从狡猾的摹仿者中区分开来已然不再可能；哲学肇始于智者们自己，他们激烈地围绕着新生的柏拉图主义吵闹，通过玩弄语词游戏来嘲讽柏拉图主义的宏大未来。（TP，944）

福柯沿着德勒兹提出的“颠倒柏拉图主义”继续前行，他从哲学的发端之处开启了反柏拉图主义的事业，探讨各种哲学在“柏拉图主义的系列”（série platonicienne）之中如何保持它们与柏拉图主义之间的差异，在何种效果下和在何种方式下保持它们与柏拉图主义的歧异运动，由之一种哲学以一种有些像通过匮乏的效果来区分幻像的方式被辨别，一种哲学通史得以呈现，它就是“柏拉图主义的幻像学（fantasmatique platonicienne），而非各种体系的结构”（TP，944），因而福柯开始深入柏拉图主义的内部进行反柏拉图主义的事业，探讨着“柏拉图主义的幻像学”。

然而，福柯对德勒兹文本的解读显然是策略性的，德勒兹的文本变成他探索“柏拉图主义的幻像学”的发源地。德勒兹强调了划分法之于柏拉图主义的重要意义，划分法正如亚里士多德所言不在于划分种属，也不在于区分“猎人”“厨师”“捕鱼者”等存在者的范畴，关键在于遴选的运作，关键在于“谁是？”，而非“是什么？”。柏拉图所探究的不是区分真与假、真理与错误的法则，而是追问那对于整个“原型”（modèle）来说的纯粹性，探寻那本真的东西。德勒兹敏锐地洞察柏拉图主义与《奥德赛》的内在一致性，奥德修斯留下的、也唯有他才能拉开的、充满张力的弯弓变成了柏拉图划分法的最形象的隐喻，成为佩涅洛佩遴选丈夫的尖锐利器。那些像智者一样吵吵闹闹的求婚者经受着弯弓的考验和岁月的折磨，一旦永恒的丈夫奥德修斯归来，他们在划分法的遴选运作下必遭厄运，必遭射杀，他们顷刻之间化为乌有，“拟像退场”（Exuent les simulacre）。柏拉图由此将本质与表象、可感世界与可知世界、真理的太阳与洞穴的影子相对立，德勒兹的“颠倒柏拉图主义”就在于扰乱这种“求真意志”，“德勒兹将柏拉图主义的奇异性定位于这种细微的遴选、这种微妙的操作，这种操作先于对本质的发现，乃在于这种对本质的发现恰恰有赖于这种操作，后者试图从大群表象中区分出低劣的拟像”（TP，945）。在福柯看来，德勒兹的“颠倒柏拉图主义”就是向那些在门口吵吵嚷嚷的、拟仿的狡诈分子敞开大门，迎进来的是与本质没有关联的事件、驱逐质料的非物体（l’incorporel）与中止永恒性的圆圈的非时间、不可穿透的奇异性、释放伪像之虚假的拟像本身。智者们蹦蹦跳跳，欢欣鼓舞，他们把苏格拉底拖入他们玩弄的、摹仿与拟仿的对抗性游戏，反而证明苏格拉底是一个不折不扣的、觊觎的追求者。本质被戏弄，真理被罢黜，存在的高贵王冠被摘掉，拟像、伪像、幻像华丽登场，在哲学剧场上喧嚣着、狂欢着。在德勒兹颠倒柏拉图主义的歧异运动中，柏拉图的形而上学诉求遭遇了智者学派、犬儒学派、伊壁鸠鲁学派、斯多葛学派，由之出现了不同类型的反柏拉图主义：

> 与德勒兹一起颠倒柏拉图主义就是要在柏拉图主义之中狡诈地进行移位，降低身段，直到这一排斥拟像的微小姿态——尽管不引人注目，但却是道德性的；也就是相对于柏拉图主义进行移动，打开右侧或左侧的门，让边上的闲言碎语溜进来；就是开启另一个与之脱节的歧异系列；就是借助这一侧向的微小跳跃构建一种被罢黜王位的偏离性柏拉图主义（paraplatonisme）。改变柏拉图主义（严肃的工作）就是使柏拉图主义对实在、世界和时间增加更多怜悯。颠倒柏拉图主义就是从高端抓住柏拉图主义（反讽的垂直间距）和在起源上重新把握柏拉图主义。歪曲柏拉图主义就是追随柏拉图主义，直至它的细枝末节，就是（根据幽默所特有的重力）下到那没有任何观念之荣耀的指甲之下的这一裂纹、这一污垢；就是由此发现柏拉图主义为了绕着原型、同一物与相同物重新确立中心所进行的去中心过程；就是相对于柏拉图主义去中心，以便让表面在边界上游戏（正如在全部歪曲中一样）。反讽上升和颠覆；幽默降落和歪曲。倒错柏拉图主义就是移向智者们的恶毒言行、犬儒们的粗鲁姿态、斯多葛学派的论理、伊壁鸠鲁的奇思异想。让我们一起读第奥根尼·拉尔修（Diogène Laërce）。（TP，946）

在这段繁杂细碎的论述中，福柯基于德勒兹的颠倒柏拉图主义呈现了反柏拉图主义的种种形态：偏离柏拉图主义、改变柏拉图主义、颠倒柏拉图主义、歪曲柏拉图主义，从不同方面与柏拉图主义发生歧异运动，最终智者学派、犬儒学派、斯多葛学派和伊壁鸠鲁学派登上了哲学剧场，他们玩弄着幻像、幻影、偶像、拟像，醉心于从物体（corps）中溢出的、如同缕缕烟雾一样的阵阵挥发物，沉浸于由此产生的表面效果。因而福柯提出一种“幻像哲学”（philosophie du fantasme），旨在使幻像突显于相关的表面之间，使幻像颠沛流离、内外变换、摇曳不定，成为运动、移位与变形的潜在力量，处之于它的“非物体的质料性”（matérialité incorporelle）。

基于当时法国哲学对幻像的研究，福柯两面出击，分而击破，一方面他批评了以阿尔都塞为代表的症候学，认为阿尔都塞等人“将幻像变成症候”（symptomatologiser）毫无用处，在幻像背后寻找更真实的、更深刻的真理亦是徒劳无益；另一方面他批评了以梅洛–庞蒂为代表的现象学，认为梅洛–庞蒂等人“将幻像变成现象”（phénoménologisation）也是毫无用处，从知觉出发并根据固定的形态来抓牢幻像亦是徒劳无益。幻像具有自身的特性，必须从传统的形而上学的禁锢之中释放出来，幻像必须在物体的极限之处、在物体之间和在物体之外发挥作用，使“物体的质料性”（matérialité du corps）进行拓扑运动。“因此必须使物体的质料性摆脱真与假、‘存在’与‘非–存在’的两难困境（只是一劳永逸地被反射的摹本–拟像的差异），而使幻像如同‘外–存在’（extra-êtres）一样舞蹈，表演哑剧。”（TP，947）形而上学长期遭受幻觉的困扰，对拟像充满了焦虑、恐惧，并在拟像与原本、摹本之间进行审查。德勒兹则认为幻像形成了物体的非物体的和不可穿透的表面，迫使形而上学去言说“外–存在”。“物理学讨论物体的理想结构、混合物、反应、内外机制；形而上学（物理学之后）则讨论非物体的质料性——幻像、偶像和拟像。”（TP，947）福柯认为，德勒兹从伊壁鸠鲁和唯物论的系列中演绎出一种幻像的形而上学：它跨越了原初的深度和最高的存在，能够在任何原型之外和在表面的游戏中思考幻像，它不再追问“一”与“善”，而是追问上帝的缺席与反常的表面游戏，或者说这是福柯戴着德勒兹的“思想面具”发展了一种属于自己的幻像学本体论，拟像的新系列开始在两个特定的场景中实现自身或者摹仿自身：弗洛伊德的精神分析与幻像打交道，应被理解为一种形而上学实践；多样的、多场景的、同时发生的剧场不再有任何再现、复制或摹仿，只有舞蹈的面具、哀嚎的身体、手势变换的手和手指。“弗洛伊德与阿尔托（Artaud）相互忽视，产生共鸣。表象哲学（或再现哲学），一种强调原本、第一次、相似、摹仿、忠实的哲学消失了。伊壁鸠鲁的拟像之箭直接射向了我们，使‘幻像物理学’（fantasmaphysique）得以产生、重生。”（TP，948）因而，福柯之所以说“德勒兹的世纪”，乃因为德勒兹的新思想就是打开了禁锢已久的柏拉图主义大门，释放了那些不停地撞门的幻像、幻影、拟像、幽灵，让它们在哲学剧场上演绎了一场场戏仿柏拉图主义的戏剧，形而上学遭到了戏弄、质疑，取而代之的是一种关于幻像的哲学，或者是“柏拉图主义的幻像学”。

五、从意义–事件到幻像–事件

在德勒兹看来，最初对意义做出探索的是斯多葛学派，他们从逻辑探索中发展了一种独特的意义–事件（événement-sens）理论。斯多葛学派在物体（或事态）与非物体性的效果或事件之间进行区分，导致了哲学上的巨大变革。“这些效果（effet）不是物体，严格地说是不同的‘非物体’。不是物理的质性和特性，而是逻辑的或辩证法的属性。不是事物或事物状态，而是事件。”（*LS*，13）这不是自亚里士多德以来的基于实体（substance）的形而上学，也不是一种连贯性的形而上学。“反而对斯多葛学派而言，事态、数量与质性就是存在物（或物体），也是实体；它们属于实体；而且在这一名义下，它们与一种把非物体构建为非实存单位的‘外–存在’。最高项因此不是‘存在’，而是某种事物（aliquid），因为它归摄了‘存在’与‘非–存在’、实存与持存。不过进而言之，斯多葛学派首先对柏拉图主义进行巨大的颠倒、彻底的颠倒……与理念相关的是，非物体只能是‘效果’。”（*LS*，16）柏拉图的理念遭到鄙弃，一切都摆脱深度，重新回到表面（surface）。“斯多葛学派发现了表面的效果（effets de surface）。拟像不再是这些隐蔽的造反者，它们使它们的效果（撇开斯多葛学派的术语，可以称之为‘幻想’）具有价值。”（*LS*，17）事件只不过是效果，或者说是效果–事件（événement-effets），驱逐了本质、实体、因果关系，拟像上升到表面，使这种表面的效果具有价值和意义。福柯则试图从一种事件的形而上学来思考纯粹事件，他赞同德勒兹通过斯多葛学派进行的事件之发现："事件——伤口、胜利–失败、死亡——始终是完全由那些相互撞击的、相互混合或彼此分离的物体产生的效果，但这一效果从未属于物体的范畴。"（TP，949）[①]

通过改变命题的三元逻辑，德勒兹阐述了事件的四元逻辑，突出了事件与意义的密切关系。通常一个命题通过指称（désignation）、表示（manifestation）和意指（signification）来确认，而德勒兹则从斯多葛学派的研究中获得思想灵感，必须给命题增加第四个维度——意义（sens）。"意义是命题的第四个维度。斯多葛学派哲学家连同事件一起发现了意义：意义是命题的被表达者（l'exprimé），即这种处于事物表面上的非物体、不可化约的复杂实体、命题中坚持存在或持续存在的纯粹事件……如前所述，斯多葛学派的发现假设了一种对柏拉图主义的颠倒；同样，奥康的逻辑学也反对共相问题；迈农反对黑格尔的逻辑学及其后续。"（*LS*，30—31）由之事件就是意义本身，就是纯粹的、永恒的事件，意义–事件遵循的语法是绕着不对称的两极——不定式与现在时——旋转，始终是现在的位移点与不定式的永恒重复，是无限的、鲜活的现在与永恒的、动态的生成。"在深层的物体的极限之处，事件是非物体性的（形而上学的表面）；在物与词的表面上，非物体性

---

① 1970年，福柯在就任法兰西学院教职的演讲《话语的秩序》中也对事件进行了类似的阐述："事件既不是实体，也不是偶性，既不是质性也不是过程；事件不属于物体的范畴。然而它也不是非物质的；恰恰总是在质料性的层面上，事件才获得效果，事件才是效果；事件有自己的场所，而且事件存在于质料性要素的关系、共存、弥散、相交、累积、遴选之中；事件不是物体的行为或特性；事件作为效果并在质料性弥散中产生。事件的哲学应该沿着那乍一看是非物体的唯物论的悖论性方向前进。"（Michel Foucault, *L'ordre du discours*, Paris: Gallimard, 1971, pp. 59—60.）

的事件是命题的意义（逻辑的维度）；在话语的连贯中，非物体性的意义–事件被动词所固定（现在的不定点）。”（TP，951）在德勒兹思考的维度上，福柯批评了当时三种对事件进行思考的哲学流派：新实证主义、现象学和历史哲学，它们严重干扰了对事件的理解和认识，使我们不能真正地思考事件。新实证主义未能抓住事件的独特层面，混淆了事件与事态，把事件转变为属性，把表面化约为深度，最终把事件强行封闭在世界的球体完满性之中；以萨特和梅洛–庞蒂为代表的现象学根据意义来改变事件，或把事件置于意义之前或一边，或让事件听凭意义的灵活运作，或总是根据自我的圆圈来定位事件，由此产生了意指的逻辑、第一人称的语法、意识的形而上学；历史哲学则将事件封闭在时间的循环之中，把现在变成一种被未来与过去框起来的形态，根据同一性来描绘事件，并使事件屈从于一种具有牢固中心的范畴：

> 世界、自我与上帝（球体、圆圈、中心）：正是这三重条件让我们不能思考事件。非物体性的时间的形而上学（因此不可化约为世界的物理学）、中性意义的逻辑学（而非意指与主体的现象学）、现在不定式的思维（而非概念性过去在过去的本质中的扬弃），我认为这就是德勒兹向我们提出的思想，以便消除时至今日事件仍遭受的三重束缚。（TP，952）

那么该如何思考幻像与事件？如何在事件系列与幻像系列之间建立内在的和谐？在福柯看来，通过研究斯多葛学派关于非物体的逻辑与探讨弗洛伊德的幻像理论，德勒兹的《意义的逻辑》正是在“何谓思（penser）？”的问题上洞察事件系列与幻像系列的和谐共鸣，探寻完全摆脱主体与对象的“思”之可能性。绝对地“思”就是思考事件与幻像，既摆脱将事件化约为概念的、拒绝承认重复的认知，又摆脱根据现实来衡量幻像、探求现实起源的判断（jugement）。“思”就是以戏剧的方式产生幻像，使事件变得不确定，以便使事件作为普遍的特异物来重复自身，由之事件与幻像就是可思的对象（le pensé）与思本身（la pensée）。事件是幻像系列始终之于事件本身的“匮乏”（manque），这种匮乏指出事件的重复没有原本，排除任何摹仿，摆脱任何相似的约束，事件因此是重复的伪装、始终奇异的面具、没有掩饰的拟像，是那些在无效的赤裸性、纯粹的差异上的、歧异的织物；幻像是在事件的奇异性之中的“过度”（en trop），这种“过度”与想象的增补和任何概念无关，个体性不应被接纳为形式、现实不应被接纳为衡量，幻像被视作匮乏的事件与事件的重复之间的游戏，只是作为普遍的奇异性来呈现自身。因而，福柯把德勒兹的思考转换到“思”的平面上分析事件与幻像，阐释事件与幻像摆脱传统哲学束缚后所呈现出来的特异性。“‘我’的裂痕与由能指的点构成的系列没有形成这种容许思维既是主体又是对象的统一性；但是它们本身就是思的事件与可思对象的非物体，作为问题的可思对象（由弥散的点构成的多样性）与作为哑剧的思（没有原型的重复）。”（TP，953）通过斯多葛学派和弗洛伊德，德勒兹清楚地分析了思考事件与幻像的必要条件，第一次触及“思”的本质，他发现了一种以彼此分离的方式肯定事件与幻像的哲学。“事件–思（pensée-événement）与掷骰子一样奇异；幻像–思（pensée-fantasme）不探求真，而是重复思。”（TP，954）在福柯看来，德勒兹敏锐地察觉到20世纪最紧迫的“思”之责任就是思考事件与幻像，构建了一种基于“幻像–事件”（événement-fantasme）的哲学，抑或是福柯基于德勒兹的分析构建起来的、基于“幻像–事件”的哲学。为了更清楚地阐明这种哲学，福柯回返到德勒兹的《差异与重复》，从“差异”与“重复”的视角来分析基于“幻像–事件”之于“思”与哲学的重要意义。自亚里士多德以来，差异一般通过概念来思考，概念的统一性支撑和规定了差异，“思”通过善意的契约、以同一的方式来规约差异，导致了对不受节制的生成与无政府主义的差异的压制；而一旦恶意得以释放，“思”以差异的方式来思考差异，差异作为有差异的“思”与有关差异的“思”就是纯粹的事件，重复则是被移位的差异，不再是同一物的死气沉沉的起伏不定，因而“思”不再建构概念，而是通过重复幻像来产生意义–事件。

通过解读《差异与重复》，福柯洞察了德勒兹基于哲学史所进行的开创性工作，概念的同一性被拒绝，知觉的相似性被摒弃，黑格尔及其辩证法被抛弃，最终整个表象哲学（或再现哲学）被无情地解体。其中最为艰难的、也是最后的一项任务就是对范畴的贬黜，废除范畴的绝对权威，废除范畴对差异与重复的压制与束缚，为此福柯提出了一种非范畴的思想（pensée a-catégorique），邓斯·司各脱、斯宾诺莎和尼采在德勒兹笔下变成了贬黜范畴的代表，“存在”具有了非范畴性的单义性，作为差异被重复地表达，

“对范畴的废除、对‘存在’之单义性的肯定、‘存在’围绕着差异进行的重复性变革，所有这些都是思考幻像与时间的最后条件”（TP，960）。福柯从德勒兹的分析和福楼拜的小说《布瓦尔和佩库歇》（*Bouvard et Pécuchet*）获得理论灵感[①]，精妙地分析了沃霍尔的作品所呈现出的愚笨、重复与差异之于哲学的重要意义：

> 沃霍尔的伟大之处就在于他的罐头食品、愚笨的意外、广告式的微笑系列：那些微张的嘴唇、牙齿、番茄汁、去垢的卫生保健在口头上的和营养上的等价物；死亡在一辆被捅破的汽车窟窿里、在电线杆顶端的电话线末端、在电椅的闪闪发光的和泛蓝的扶手之间的等价物。“都差不多，”愚笨说道，同时它沉浸于自身之中，而且通过它从自身谈及的东西来无限地延伸它所是的东西，“无论这儿还是那儿，总是一回事；某些变化的颜色和它们或明或暗的亮度，又有什么关系呢；生命、女人、死亡，多么愚笨！这种愚笨，多么愚笨啊！”然而，在直接静观这种无限制的单调时，突然发光的正是多样性本身——既不在中心，也不在顶点，也不在之外，光连续闪烁，甚至比目光还快，而且依次照亮这些移动的标记、这些从此永远成为符号却不表示任何东西的抓拍：突然从陈旧的、等价的惰性的背景中，事件的斑纹撕裂了晦涩不明，而永恒的幻像则用来形

① 福柯曾评论福楼拜的小说《圣安东尼的诱惑》，洞察到福楼拜写作中的视觉性问题，呈现了同一物与重复者的不同运作方式。关于这一点，可参见Gary Shapiro, *Archaeologies of Vision: Foucault and Nietzsche on Seeing and Saying*, p. 355。

容这种罐头食品、这种奇异的却没有厚度的面孔。（TP，961—962）

在福柯看来，沃霍尔画笔下的坎贝尔汤罐头、梦露式的嘴唇、可口可乐瓶、布里洛盒子等图像都沉浸于自身之中，不断地重复自身，在这种看似单调乏味的、透着愚蠢意味的重复中却是多样性本身光芒四射，斑驳的事件与永恒的幻像喷涌而出，重复的差异、差异的差异由之而产生。或许，福柯把沃霍尔理解为20世纪最愚笨的艺术家[①]，沃霍尔沉迷于日常平庸的事物，赞颂着平庸性和单调性，不断生产不受限制的、单调乏味的商业图像。“我这样绘画的原因是我想成为一台机器，而且我感觉我想做的就是像机器一样做任何事情。”[②]沃霍尔希望像机器一样作画，不断地进行图像的复制与生产，并使之成为审美对象。不过，在美国当代艺术理论家阿瑟·丹托（Arthur Danto）看来，沃霍尔则被认为是艺术史上最接近哲学天才的艺术家[③]，丹托意识到视觉性表面的本质不再是某个事物成为艺术品的一个必然或充分的条件，他就像一个执迷于理念的柏拉图主义者一样审视着沃霍尔及其作品，他在“何谓艺术？”的执着追问中区分艺术品与纯粹事物，最终陷入了相似性与同一性的窠臼，残

① Joseph J. Tanke, *Foucault's Philosophy of Art*, London & New York: Continuum, 2009, p. 132.

② 转引自Kristine Stiles, Peter Selz (eds.), *Theories and Documents of Contemporary Art: A Sourcebook of Artist's Writings*, Berkeley: University of California Press, 1996, p. 340。

③ Arthur Danto, *Encounters and Reflections: Art in the Historical Present*, Berkeley: University of California Press, 1997, p. 287.

留着黑格尔艺术哲学的回响[①]。然而，福柯的理解截然不同于丹托，他基于德勒兹的《差异与重复》《意义的逻辑》和克罗索夫斯基的拟像理论对丹托的分析提出了挑战，沃霍尔重复的、多样的、系列的图像在福柯看来恰恰扮演着摧毁相似性关系的角色，图像摆脱它们与“原本”的相似性关系，不再指涉外在的对象，它们彼此相互指涉，驱逐主体，掏空意义，由之释放了那不断重复中所蕴含的差异性潜能，也就是多样性本身突然光芒四射，映照在福柯对沃霍尔持续解读的余光之中。这种多样性的光芒依然回照在《这不是一支烟斗》（增订本）的结尾处，福柯在该书的结尾处增补了一句话，继续以隐喻的方式肯定了德勒兹对沃霍尔的思考和《哲学剧场》关于沃霍尔的评论。“Campbell, Campbell, Campbell, Campbell.”在《这不是一支烟斗》的结尾重复了4次，因为4是产生矩阵、立体形式所必需的最小数字，蕴含着宇宙生成变化的多样性与可能性。这是福柯重复4次Campbell的原因所在，旨在重复沃霍尔作画所使用的商标与《哲学剧场》通过沃霍尔所强调的“多样性本身突然光芒四射”形成强烈的呼应关系，以隐喻的方式质疑西方哲学中占据显著地位的一元论、二元论和三位一体。马格利特的画作恰恰打开了一个多样性的、纯粹差异的世界，与沃霍尔的作品存在着鲜明的共鸣关系。

在这段关于沃霍尔的冗长评论中，“愚笨”成为一个独特的形象，发出了令人感到模棱两可的、似乎缺乏逻辑的声音，与“思”

---

① Gary Shapiro, *Archaeologies of Vision: Foucault and Nietzsche on Seeing and Saying*, pp. 351—355.

之理论隐含着极为密切的关系，从中我们可以洞察福柯与德勒兹在沃霍尔研究上的内在关联。德勒兹曾在《差异与重复》中指出："'思'之理论（théorie de la pensée）就像绘画一样，它需要那种使绘画从再现过渡到抽象艺术的革命；这便是一种无'像'的'思'之理论的对象。"（*DR*，354）沃霍尔的艺术恰好充分体现了这一点，变成无"像"的"思"之理论的形象呈现，在揭露了当代消费文化平庸性和标准化的同时，又揭示了对于"愚笨""思"与"像"的深刻思考：

> 艺术并不摹仿，但这首先因为是它重复，而且借助一股内部的强力重复一切重复（摹仿乃是摹本，而艺术却是拟像，它将摹本颠倒为拟像）。……我们的日常生活越是呈现为标准化的、刻板化的、屈从于消费品的加速复制，艺术就越是应当伴随着这种生活，并且，艺术还应当从这种生活中夺走那从另一方面和同时在重复的其他诸层面之间嬉戏的微小差异，甚至使消费的习惯性系列和毁灭与死亡的本能性系列这两个极端产生共鸣，从而将残酷的目录与愚笨的目录连起来。……绘画中的波普艺术（Pop-Art）一直将摹本、摹本的摹本……推至它颠覆自身、生成拟像的这一极端点的方式（譬如沃霍尔那令人赞赏的"系列性的"系列——习惯的重复、记忆的重复、死亡的重复在其中被联合在一起）。（*DR*，375）

德勒兹的这一段论述与福柯对沃霍尔的阐述存在着高度的共

鸣，“这种愚笨多么愚笨！”的声音不就是德勒兹关于“愚笨”的阐释与放大？福柯所强调的“生命、女人、死亡”不就是对德勒兹的“习惯”“记忆”与“死亡”的重复，不就是梦露的性感嘴唇、被撞毁的汽车和泛蓝的电椅所隐含的内容？这难道不就是差异与重复的主题？德勒兹以阿尔班·贝尔格（Alban Berg）的现代音乐的重复结构、布托（Butor）的新小说或阿兰·雷乃（Alain Resnais）的新浪潮电影和沃霍尔的波普艺术来阐述他的艺术观念——艺术的真谛不在摹仿，而是在重复，其中波普艺术将摹本、摹本的摹本推至极端境地，摹本颠覆自身，最终生成了拟像。

“愚笨”也是德勒兹与福柯在论述沃霍尔的关键性问题之一，直接关系着“思”之理论。德勒兹以哲学的方式来阐述愚笨问题，探讨“愚笨”与“思”之关系的超越性问题。“作为纯粹规定或抽象线的‘思’应当直面这种作为未规定者存在的无基底。这一未规定者、这一无基底也是专属于‘思’的动物性或‘思’的生殖性：不是具体的某种动物形式，而是愚蠢。……让我们重述一遍海德格尔的名言：‘最激发思的东西恰恰是我们尚未思。’作为最高的规定，‘思’始终面对着愚蠢，就像是面对着那与它相一致的未规定者那样。愚蠢（而非错误）构建‘思’的最突出的无力，但它在强迫‘思’去思考的东西那里同样是‘思’之最高力量的源泉。这便是布瓦尔与佩库歇的惊人冒险，或非意义与意义的游戏。”（*DR*，353）“思”必须面对“愚笨”，而“愚笨”令人无力地进行“思”，也是“思”之力量的源泉，笛卡儿的“我思”就是一个愚笨者，必然是一种无意义。福楼拜意识到他对叔本华思想的承继，把他笔下的布瓦尔与佩库歇变成了非意义与意义的游戏，而在福柯的分析中，他们变成了“非范畴的存在”（des êtres a-catégoriques）。“在范畴之内，人们才会犯错误；而在范畴之外、在范畴之上、在范畴之下，人才是愚笨的。布瓦尔与佩库歇是非范畴的存在。”（TP，961）按照范畴的观念，沃霍尔不“在范畴之内”，他“在范畴之外、在范畴之上、在范畴之下”，他是愚笨的，而福柯恰恰把沃霍尔纳入了非范畴的领域，把沃霍尔视作像布瓦尔与佩库歇一样的非范畴存在，以非范畴来进行“思”。以范畴的形式进行“思”就是在真与假的运作中辨识真，形成知识的先天形式，拒斥愚笨，使人具有理智，防止犯错误；而以非范畴的形式进行“思”就是直接面对那被西方哲学玷污的愚笨，静观愚笨，重复愚笨，最终逃脱范畴的控制：

> 愚笨被静观着：人们洞察它的深处，为之着迷，它温柔地带着我们，在我们沉湎于它的时候摹仿它；在愚笨没有形式的流动中，我们获得支撑；我们窥伺着不可感知的差异的第一次惊跳和空洞的目光，我们毫无狂热地等待着光亮的回返。我们拒斥错误，涂抹错误；我们赞成愚笨，我们观察愚笨，我们重复愚笨，而且我们温和地呼吁全身心地投入。（TP，961）

沃霍尔的作品正是在这一点上让愚笨喋喋不休地言说自身，令福柯在德勒兹对愚笨进行哲学分析的基础上洞察“愚笨”与“思”的隐秘关系，正是“思”才面对愚笨，正是哲人才注视愚笨，应该有足够的恶意来终止真理与错误的游戏，以便让哲人逃避范畴的控制。“面对哲学，对日常的细枝末节的痴迷相当于愚笨；从内敞开的差异的突然光照无论如何对于差异之‘思’而言都是纯粹的灵感。这是福柯通过祈求沃霍尔而表明的体验，一个能够让他以具体形式呈现那在现代性的系列性图像复制中出现的新思想。假如我们想理解这些图像（如前所述，它们与现实保持模糊的关系），那么我们必须让自己清除‘思’的柏拉图主义的偏见。颠倒柏拉图主义就是恢复‘思’之思考那些形成自我的幻像的可能性。”①

一束带有“德勒兹”名字的闪电划过了福柯的哲学剧场，全新的“思”是可能的，“思”再次成为可能的，烙上了德勒兹的思想印记，这或许是福柯称这个世纪为德勒兹的世纪的缘由之一。在哲学剧场上，福柯与德勒兹相互融合、相互生成，进行着“颠倒柏拉图主义”或反柏拉图主义的伟大事业，由此释放出了被柏拉图主义一再压抑和贬黜的影像、幻像、拟像、映像，一再被柏拉图讽刺的智者学派、被柏拉图主义压抑的犬儒学派、斯多葛学派和伊壁鸠鲁学派等哲学流派和哲学家纷纷登上了舞台，最终在哲学剧场上激发出发人深思的拟像之舞。福柯在德勒兹的“颠倒柏拉图主义”维度上与德勒兹一起进行着歧异的思想运动，将差异与重复融入他的哲学，呈现出更加丰富的反柏拉图主义形态，而且基于法国当代幻像问题进一步提出了柏拉图主义的幻像学或幻像的形而上学，实现了从意义–事件向幻像–事件的转变，最终通过沃霍尔貌似“愚蠢”的拟像贬黜范畴，提出了一种非范畴的存在：

① Joseph J. Tanke, *Foucault's Philosophy of Art*, pp. 134—135.

> 这种“思”尚未到来，由最遥远的重新开始所承诺。它就在德勒兹的文本之中，蹦蹦跳跳，在我们面前、在我们中间翩翩起舞；生殖性的“思”、有强度的“思”、肯定性的“思”、非范畴性的“思”——我们识别不了的全部面孔、我们从未见过的面具；从未被预见的差异，然而它却作为其面具的面具使之重现——柏拉图、邓斯·司各脱、斯宾诺莎、莱布尼茨、全部哲学家。哲学不是作为思想，而是作为剧场：哑剧的剧场，有各种各样的、短暂的和瞬间的场景，盲目地打着手势；在苏格拉底的面具下突然爆发出智者的笑声；斯宾诺莎的样态指引着一个没有中心的圆，而实体就像一个疯狂的星球一样绕着样态旋转；蹒跚的费希特宣告：“我破裂≠分解的自我”；登上金字塔的莱布尼茨在昏暗中辨别出天体音乐就是月亮小丑（Pierrot lunaire）。在卢森堡公园的岗亭中，邓斯·司各脱把脑袋探出了圆形小天窗；他留有一把引人注意的小胡子；这是尼采的小胡子，却伪装成克罗索夫斯基。（TP，966—967）

在福柯的这段精彩分析中，他试图通过阐释德勒兹来重写西方哲学史，不同时代的哲学家都以伪装的形式在哲学剧场上呈现着柏拉图主义的幻像学，正如离经叛道的现代艺术家杜尚给达·芬奇的蒙娜丽莎添了小胡子一样，西方哲学也不断地通过重复自身进行着歧异的思想运动，邓斯·司各脱留下的“小胡子”不也通过尼采伪装成克罗索夫斯基，不也通过德勒兹伪装成福柯？

六、照相式绘画

为了进一步探讨影像–事件，福柯基于他的好友、法国超现实主义画家热拉尔·弗罗芒热（Gérard Fromanger）的画展《欲望无处不在》（Le désir est partout）[①]撰写了评论《照相式绘画》（La peinture photogénique）。这篇评论在很大程度上可以看作是福柯对安迪·沃霍尔及其波普艺术的兴趣的延续，他赞颂了弗罗芒热的影像实践，肯定了摄影的兴起之于现代性的重要意义。作为法国超现实主义艺术家，热拉尔·弗罗芒热的作品以强烈的、鲜明的色彩著称，他曾参与法国20世纪六七十年代的新具象运动，与波普艺术、照相现实主义关系密切。他与福柯、德勒兹和菲利克斯·加塔利以及诗人雅克·普雷韦尔（Jacques Prévert）交往甚密，德勒兹的《冷与暖》和加塔利的《热拉尔·弗罗芒热：昼与夜》从不同的角度评论了弗罗芒热的画作，形成了艺术家与哲学家交相辉映、相互激发的历史景观。在一定意义上，弗罗芒热在摄影与绘画之间所进行的创造性影像实践、沃霍尔与弗罗芒热在影像实践上的共同性，激发了福柯之于弗罗芒热的批评兴趣，促使福柯基于现代摄影技术的发展背景对影像进行深刻思考。在福柯就德勒兹的《差异与重复》和《意义的逻辑》撰写的书评《哲学剧场》中，福柯曾以沃霍尔为例探讨了一种非范畴的、无影像的思维，由此开启了一个多样性的、重复与差异的影像世界。弗罗芒热与沃霍尔存在着一种共鸣关系，他在影像

① 热拉尔·弗罗芒热曾于20世纪70年代来到中国西安，与户县农民画家进行交流，回国后根据他拍摄的照片创作了《中国，户县》，并于1975年2月在Galerie Jeanne-Bucher举行画展《欲望无处不在》，福柯为这次画展撰写了《照相式绘画》。

的维度上激活了摄影与绘画的相互关系，由此挑战了主体与影像的关系。“摄影的个别发生不仅挑战了影像如何被生产，而且挑战了我们与影像以及自我的关系。对于福柯来说，弗罗芒热的作品对这一挑战做出了回应，并教给某种基本的东西：如何爱这些影像。福柯在很大程度上回避了20世纪对摄影与绘画之间进行的美学尝试。他反而支持两种媒介交界之处出现的、不再关心同一性的实践者沉湎于那改变影像自身的实践。……对福柯来说，弗罗芒热必须被理解为1860年至1900年间在摄影与绘画的交界之处所发展起来的这种影像的共同实践的顶点。而且，他把摄影吸收进他的绘画，应被视作一种对影像进行改头换面的重新激活。”①

正是在这种背景下，福柯将弗罗芒热置于摄影与绘画相互借鉴与相互影响的历史维度来进行评论，以便更清晰地分析弗罗芒热创作的独特价值与历史意义。在福柯看来，弗罗芒热将摄影融入他的绘画，重新激活和释放影像本身，是1860年以来在摄影与绘画之间进行影像探索的顶点，这使他成为探讨摄影与绘画关系的代表性画家之一。令福柯着迷的正是1860年至1900年间摄影技术的发明所产生的大众对影像的疯狂实践，底片上的影像与画布上的影像相互流通，彼此共生，变形、移位、相似、伪装、重影、弄虚作假，花样繁多，层出不穷。摄影师做假画，画家利用相片打草图，无论是技术人员还是业余爱好者，不管是艺术家还是插图画家，他们狂热地玩耍着这场影像的游戏，最终使摄影与绘画联合、交叉、重叠与交织，相互超越、相互激发，最终他们发展出一种分享影像的新方

① Joseph J. Tanke, *Foucault's Philosophy of Art*, p. 136.

法。自摄影诞生以来，摄影就孕育着一种欺骗的潜能，不同的实践者就开始以幻像、拟像、多样性来挑战影像同一性的传统观念，在某种程度上具有反柏拉图主义的色彩。“那么影像在虚假的同一性下追逐着世界。在有一位作者签名的一幅画、一幅照片、一幅版画中，影像被捕捉，与自身同一，没有任何东西比这一点更令影像反感。任何载体、任何言语活动、任何固定的句法都不能留住影像；从影像诞生之时或在影像的最后暂停处，影像始终懂得如何利用新的移位技巧进行逃逸。”[①]福柯追溯了摄影诞生以来各种制造影像、改变影像和传播影像的想象技巧：精心绘制室内拍摄的场景，或者以一幅真画或者借鉴某一画家的绘画风格来布置场景，例如奥斯卡·雷兰德（Oscar Rejlander）摹仿拉斐尔（Raphael）的《西斯廷圣母》（*Madonna Sistina*）、朱丽亚·卡梅隆（Julia Cameron）摹仿彼鲁其洛（Pérugin）等，利用摄影技术进行设计和制作的书籍插图，鲁滨逊（Robinson）利用铅笔画草图进行的摄影实践，等等。随着干版技术和廉价相机的问世，摄影爱好者探索了生产影像的各种技巧：蒙太奇技巧、中国水墨画技巧、照片上色技巧，以及蛋壳、灯罩、灯泡等表面上的显影法、照片式线描法、照相式油画和版画等。对于福柯而言，通过摄影改变绘画或者通过绘画改变摄影的这些影像实践，令人获得极大乐趣；而且利用各种手段获得影像的快感，它们当中到处充斥着对影像的欲望。正如弗罗芒热的画展题目《欲望无处不在》一样，对影像的欲望无处不在，激发了人们创造

---

① Michel Foucault, “La peinture photogénique”, in *Dits et écrits I. 1954—1975*, p. 1576. 本书下文凡引用该文皆采用夹注形式注明法文版缩写（PP）和页码。

影像的各种可能性。因而，摄影技术促进了影像生产的便利性，有助于人们探索影像生产的各种技巧，满足了人们对影像的各种欲望，为影像的自由生产与自由嬉戏提供技术上的进步。

自摄影诞生以来，影像生产获得巨大的解放，影像进入了自主性的复制与生产，导致了影像的游戏与狂欢。20世纪艺术理论一度对这种影像实践持否定态度，而福柯则拒绝这种排斥影像的艺术理论，也拒绝从符号学的角度来解读影像。“从绘画的角度看，绘画着手摧毁影像，而不是说绘画摆脱影像。而且一些阴郁的话语教导我们，人必须喜欢符号的切分而不喜欢相似性的圆，喜欢语段的秩序而不喜欢拟像的竞赛，喜欢阴郁的象征界而不喜欢想象的疯狂逃逸。”（PP，1578）这样一种符号学论调使人们丧失了制造影像、激活影像的可能性，影像遭到压制与分解，丧失了昔日的疯狂游戏。通过消除对大写书写的厌倦，提升能指的优越地位，驱逐非-影像的形式主义，消解所指的内容，福柯希望能恢复这一疯狂的影像游戏。这不仅要重新解读影像，而且要重新创造影像，使影像流通、伪装、变形，并多样化。波普艺术和超现实主义重新教会我们对影像的热爱，使我们重新使用摄影技术绘制影像，并使之在绘画中成为那体现影像价值的方式之一。“画家与其所绘内容之间的关系处于一种被替换、被帮助和被保证的状态。波普艺术家和超现实主义画家画的是影像。他们没有把影像整合进他们的绘画技巧，而是把他们的技巧融入了影像的大浴池。……他们不到影像的后面寻找影像所再现的和他们也许从未看到的东西；他们捕捉到的是影像，别无其他。”（PP，1579）波普艺术和超现实主义在那把影像从摄影带向绘画的轨道上重新激活影像的疯狂游戏，兴高采烈地追逐着影像的运动，令影像无限流通，而且它们比摄影技术诞生时有些暧昧、有点儿欺骗，追逐虚假影像的游戏更加精彩、更加绚丽。德勒兹曾从这一角度评价弗罗芒热的绘画，只不过他从反柏拉图主义的角度进行阐述："画家把照片投射到画布上，并在投射的照片上画画。这类似编织挂毯的某些技巧。画家在黑暗中连续画几个小时，而他夜间的活动揭示出关于绘画的永恒真理：画家从未在画布的空白表面上画画，以便再生产一种作为模型发挥作用的对象，不过他总是在影像、拟像、对象的影子上画画，以便生产一幅其功能本身颠倒原型与摹本关系的画布，以至于不再有摹本，也不再有原型。摹本，摹本的摹本，被推至自身颠倒且产生原型的境地：波普艺术，或支持一种'更加的现实'（plus de réalité）的绘画。"[①]在这一点上，弗罗芒热走得更快、更远，他在影像、拟像、影子上作画，颠倒了柏拉图意义上的摹本与原型，重新激活了影像的游戏，恢复了这一逝去的自由空间，容许我们看到那些内在于影像游戏的快乐。在德勒兹看来，弗罗芒热如同沃霍尔一样"颠倒柏拉图主义"，走向了拟像的世界。福柯也赞成这一观点，而且他还指出弗罗芒热的作画方法极其富有启发意义：他拍摄照片，把照片投影到画布，并直接在投射的图像上作画，这种画法的确另辟蹊径，开启了摄影与绘画的新关系。"弗罗芒热在黑暗中进行作画，在直接被投射在画布上的摄影作品上作画：绘画对于弗罗芒热来说就是在摄

---

① Gilles Deleuze, *L'île déserte et autres textes: Textes et entretiens 1953—1974*. Paris: Minuit, 2002, p. 345.

影作品下作画，并在摄影中滑向另一种光线体制。”[①]

在福柯看来，弗罗芒热的工作就是使影像内部的事件存在，最终通过“色彩–事件”（photo-couleur）实现了在“照片–事件”（événement-photo）上创造“画–事件”（événement-tableau）。与19世纪60年代至20世纪初大多数使用铅笔画进行投影由之获得草图的画家不同，弗罗芒热则省略这一环节，他没有借助草图和描形，而是直接在屏幕投影上涂色，也就是他直接借助摄影技术在投影上作画。“弗罗芒热没有通过技术混合图像，而是使用绘画的各种技巧释放了图像；他的绘画与捕捉图像无关，而是使图像穿越而行。通过省略草图环节，弗罗芒热加速了那使观者沉浸于图像的偶发事件之中的进程。”[②]他充分借助冷暖色差的变化来制造间距、张力、色带以及由此产生的潜能差异，色差鲜明的、对比突出的颜色变化在他的画作中发挥着极其重要的作用。“色彩的作用就是在照片–事件上创造画–事件，激起一个传播与赞颂另一事件的事件，它与这另一事件联合，而且对那些要观看这一事件的所有人而言和对每个投向它的目光而言，它引起一个无限制的新过渡的系列。事件通过色彩–事件的短路创造了一个无数影像喷发的策源地，而不是陈旧的绘画–照片（photo-peinture）的虚假同一性。”（PP，1580）福柯将弗罗芒热的创作置于事件的维度上，强调画–事件的观念，反对昔日的绘画–照片的虚假同一性，也正是通过色彩–事件的短路使观者沉浸

① Jehanne Dautrey, “Peindre sous l’image: Gérard Fromanger, un usage contemporain de la perspective”, *Communications*, n° 85 (2009), p. 5.

② Joseph J. Tanke, *Foucault’s Philosophy of Art*, p. 136.

于各种可能性，能够使观者把影像视作事件来思考。以《图尔监狱的暴动》系列为例，弗罗芒热直接使用1971年12月发生的图尔监狱暴动的新闻图片。当时福柯正进行图尔监狱调查，卷入这场暴动，为他撰写《规训与惩罚》提供了丰富的现实素材。福柯直接从画–事件的角度提出疑问："暴动的犯人站在屋顶上：一张到处被复制的新闻图片。但谁看见发生了什么事？何种评论曾释放那在照片中流通的、唯一而又多样的事件？"弗罗芒热通过散播多色彩点克服了新闻图片的貌似静态的特点，突出事件，解放事件，由之向多种多样的未来敞开。"在弗罗芒热从画中剥去摄影性的载体的过程中，事件在他的手之间溜走，以束的形式喷发，获得无限的速度，瞬间连接方位与时间，并使之增加，激发着姿态不同、目光迥异的民众，绘出许多有可能发生的路径，而且的确使他的绘画逃离黑暗，永远不再'完全孤单'（toute seule）。一幅聚集着现在与未来的无数外部的绘画。"（PP，1581）

福柯的评论呈现了弗罗芒热创作的左翼立场，在一定程度上也是对弗罗芒热早期创作的理论总结。弗罗芒热曾积极参加1968年五月风暴，在政治上采取介入态度。他把自己定位为介入型艺术家，使绘画变成一种介入社会与改造世界的批判机制，希望艺术能够改变社会与改造世界。1968年6月，他创作了装置作品《五月风暴的气息》（*Souffle de mai 1968*），以鲜艳的红色来表达五月风暴的革命意义。红色变成五月风暴参与者的力量表达，成为他们社会抗争的鲜明符号。在菲利克斯·加塔利看来，五月风暴在某种意义上是弗罗芒热从阴郁的色彩转向鲜艳的红色的重要节点，由此弗罗芒热进入创作的“红色时期”，也是德勒兹、福柯特别感兴趣的创作时期。[①]同年10月，弗罗芒热在巴黎的阿莱西亚地铁站和蒙鲁日圣伯多禄堂展出多个装置作品《五月风暴的气息》，让–吕克·戈达尔（Jean-Luc Godard）等人拍摄了这一历史场景，警察很快毁坏装置作品，逮捕了弗罗芒热、戈达尔等人。这制造了一起具有轰动效应的艺术事件，进一步宣扬了五月风暴的革命精神与时代气息。当时弗罗芒热还与戈达尔合作拍摄了《红色》（*Le rouge*），其中一个特写镜头就是红色颜料从法国国旗的红色部分流向白色部分与蓝色部分，鲜艳的红色延续着《五月风暴的气息》的革命意义，成为五月风暴最具煽动性的影片之一。此外，弗罗芒热的《中国，户县》（*En Chine, à Hu-Xian*, 1974）以不同的色彩突出人物形象，使之更个性化、更加真实，展现了中国农民的精神面貌与现实生活。

20世纪60年代后期至70年代早期，弗罗芒热曾长期使用新闻图片进行作画，后来他直接到巴黎街头拍照片，随意抓拍，任意取景。1971年，为了准备巴黎现代艺术馆个人展，他和新闻摄影师艾利·卡冈（Elie Kagan）在2月一个寻常的日子里走到巴黎2区的街头随机拍照，不考虑任何中心和主题，也没有偏爱的对象。他丝毫不受外界的影响，获得的图像就如同记录某一正在发生的无名运动的胶片一样。这一方法也出现在他1975年举行的画展《欲望无处不在》之中，巴黎的街头场景、图尔监狱暴动的新闻图片与弗罗芒热中国之行的抓拍照片都被充分地运用到这次画展的作品当中。这些

① Félix Guattari, *Les années d'hiver 1980—1985*, Paris: Les Prairies Ordinaires, 2009, p. 257.

画作不是为了适用绘画而牺牲自身的摄影作品，而是从图像的无形流动中挑选出来的任意照片进行的再创作。福柯洞察到弗罗芒热的这种方法不同于美国照相现实主义画家理查德·艾斯特（Richard Estes）和罗伯特·科廷厄姆（Robert Cottingham）之间的差异，后者总是提前选取照片，常常有意识地组织照片，而弗罗芒热的图像是随机的、任意的，拒绝与未来绘画的任何共谋。“随后，他连续几个小时把自己关在暗室里看幻灯片：他凝视，他静观。他在寻找什么？他不仅这样寻找照片拍摄时刻发生的事情，而且寻找那发生的、在影像上持续发生的事件，原因就在于影像本身，事件在交错的目光中、在一只握着便签的手中穿越而过，沿着手套与螺钉之间的力量线，通过风景向身体侵入。这在任何情况下始终是唯一的事件，是影像的事件，而且使影像比萨勒（Salt）或谷安（Goings）的作品变得更加绝对唯一：可复制的、不可替代的和随机的。”（PP，1580）在对弗罗芒热的分析中，福柯延续了“事件–影像”的研究思路，继续在摄影与绘画之间探寻事件与影像的关系。

弗罗芒热洞察摄影与绘画两者的隐秘关系，在影像的无限运动中将摄影融入他的绘画之中。摄影通过绘画敞开，而绘画则通过摄影召唤和传播不受限制的影像。弗罗芒热的画作没有截留影像，没有固定影像，而是引导、吸引影像，让影像抄近路，走捷径，使影像奔流不息，随风而去。在福柯看来，弗罗芒热的照片–幻灯片–投影–绘画的系列出现在他的每幅画作中，保证了影像的流通与传播。他的画作就如同影像的投石器一样，随着时间的流逝，投石器会变得越来越快，影像随之自主运行，摆脱了再现与同一性的约束，穿行于他的画作之中。“随着新的照相式绘画的诞生……绘画重新开启诸多事件，并向这些事件开放，与此同时绘画与影像的全部技巧相融合，与之恢复亲缘关系，以便于嫁接、扩大、增强，使之不得安定或使之偏离方向。”（PP，1583）所有人都进入影像的游戏，开始玩弄着这场游戏，无论是代表西方的凡尔赛宫之规则性影像还是代表东方的中国户县之多样性影像，都呈现出影像的狂欢与游戏，或者说最终还是走向拟像。

通过评论弗罗芒热的画展《欲望无处不在》，福柯一方面评价了弗罗芒热20世纪六七十年代创作的艺术价值与意义，基于历史维度高度肯定了弗罗芒热在绘画与摄影之间所进行的创造性影像实践，变革了以波洛克为代表的抽象现实主义对影像的排斥与否定，突出了影像的自主性与游戏性；另一方面，福柯以弗罗芒热的创作为例继续发展他在《哲学剧场》中提出的“事件–影像”理论，尤其是弗罗芒热在任意抓拍、任意选取的照片上进行随意性创作，他消解了绘画–照片的虚假同一性，最终通过“色彩–事件”实现了在“照片–事件”上创造“画–事件”，释放了事件在影像中流通的巨大潜能，呈现了一个重复与差异的拟像世界。

第二章　德勒兹：差异、拟像与重复

然而，现代思想诞生于再现/表象的破产、同一性的丧失，诞生于那在同一物的再现/表象下面发挥作用的全部力量的发现。现代世界是拟像的世界。……通过一种更加深邃的游戏——差异与重复的游戏，一切同一性都只是被拟仿、被产生为视觉的"效果"。

——德勒兹《差异与重复》

颠倒柏拉图主义意味着否认原本之于摹本、原型之于影像的优先性。赞美拟像与映像的国度。

——德勒兹《意义的逻辑》

毋庸置疑，德勒兹在法国当代哲学史上占据着非比寻常的位置，他以其独特的哲学史研究方式释放了柏拉图主义一再压抑的智者学派、斯多葛学派、伊壁鸠鲁学派，让他们与斯宾诺莎、休谟、莱布尼茨、尼采、柏格森、康德一起戴着不同的面具在德勒兹的“哲学剧场”上共舞。重影、幻像、幻影、拟像、幽灵纷纷登场，演绎了一场场拟仿柏拉图主义的哲学戏剧。德勒兹从差异与重复的视角指出，柏拉图主义通过划分法确立了可见领域（感性领域）与可知领域（超感性领域），划分了“图像–摹本”（copies-icônes）与“幻像–拟像”（simulacres-phantasmes），由之确保摹本之于拟像的胜利，以抑制、贬黜拟像。“颠倒柏拉图主义”就是颠倒原本与摹本、原型与复制之间的等级结构，使拟像得以上升，肯定了拟像的“虚假力量”、自主性与存在权利。德勒兹以“制造差异”为己任，他将一种内在的差异融入拟像，将拟像界定为“差异物通过差异本身关联起来的系统”（*DR*，355），将差异内在于理念本身，由此柏拉图主义之超越的、同一的、作为根据的理念被德勒兹内在的、差异的、分化的理念所替代，因而德勒兹的“颠倒柏拉图主义”可以被视为一种更新的柏拉图主义，甚至是一种完善的柏拉图主义。[1]

一、制造差异

如若追索缘起，德勒兹的“颠倒柏拉图主义”来自他对西方哲学史和柏拉图著作的研究，他最初于1967年发表了论文《颠倒柏拉

① Daniel W. Smith, *Essays on Deleuze*, Edinburgh: Edinburgh University Press, 2012, p. 16.

图主义》（Renverser le platonisme），这篇论文随后被扩充、完善，融入《差异与重复》（1968）第1章、第2章的结尾部分。这篇论文后来被改名为《柏拉图与拟像》（Platon et le simulacre），作为附录收录进《意义的逻辑》（1969）。德勒兹与福柯一样经由克罗索夫斯基回归尼采哲学，或者说回归经由海德格尔洗礼的尼采哲学。他的“颠倒柏拉图主义”暗指尼采所谓“偶像的黄昏”，阐述了拟像与永恒回归的关系，和他对差异与重复的探究融为一体。尼采将柏拉图主义视作西方哲学的痼疾，将“颠倒柏拉图主义”视作现代哲学或未来哲学的任务：

> 在为自己的第一部著作做准备工作时（1870—1871）写的一则简短评论中，尼采曾说：“我的哲学乃是一种倒转了的柏拉图主义：距真实存在者越远，它就越纯、越美、越好。以显象中的生命为目标。”这是这位思想家对他整个后期哲学基本立场的一个令人惊奇的预见，因为他在最后的创作岁月里的努力，无非就是这种对柏拉图主义的倒转。①

德勒兹承继了尼采向柏拉图主义提出的这一挑战与海德格尔富有启发意义的阐释：“现代哲学的任务已经被确定为颠倒柏拉图主义。”（*DR*，82）那么，为什么颠倒柏拉图主义成为现代哲学或未来哲学的任务？颠倒柏拉图主义意味着什么？拟像又与“颠倒柏拉

① [德]马丁·海德格尔，《尼采》（上卷），孙周兴译，北京：商务印书馆，2002年，第169页。

图主义”存在着何种关系？

通常柏拉图主义被视为西方哲学的起源，“‘柏拉图主义’以‘理念论’为基础，‘理念论’把实在和现象、灵魂和肉体、知识和意见、理性和感觉、理智与激情对应起来，随后断言，这每组对应关系中的前者要优于后者，或者比后者更实在”[①]。这一组组概念可以划归为可见领域与可知领域（亦即感性领域与超感性领域），在柏拉图主义的结构形态上处于不同的位置，前者优于并高于后者，具有绝对的超越地位。尼采将柏拉图主义视为西方哲学的痼疾：“柏拉图思想的核心在于，在生成和变化的现象世界之外，还存在着一个永恒不变的理念世界，而理念世界则是一个更真实和更高的世界，所以应该成为现象世界的原则和根据。”[②]柏拉图主义确立了等级秩序与分配方式，突出了理念的本源性与优先性，具体到拟像领域，就是区分本质与表象、理念与影像、原本与摹本、摹本与拟像，并确立前者之于后者的优先性与超越性，以前者为评判后者的标准。“颠倒柏拉图主义”似乎首先意味着颠倒这种二元对立关系，使感性领域上升到超感性领域之上，并使后者为前者效力。但这种解释过于简单、机械和形式化，没有澄清柏拉图主义的动机，反而陷入实证主义的泥潭，导致了对“设定物”（positum）的诉求而非对理念的诉求。[③]海德格尔认为尼采早期与后期对“颠倒

① [英]尼古拉斯·布宁、余纪元编著，《西方哲学英汉对照辞典》，北京：人民出版社，2001年，第769页。

② [德]尼采，《瓦格纳事件/尼采反瓦格纳》，卫茂平译，上海：华东师范大学出版社，2007年，第5页。

③ Daniel W. Smith, *Essays on Deleuze*, p. 4.

柏拉图主义”的看法有很大不同，尼采在1879—1881年撰写《强力意志》时经历了一次“极端的实证主义”的转换[①]，转向了《偶像的黄昏》对本质世界与表象世界的废除，“我们废除了真实的世界：剩下的是什么世界？也许是虚假的世界……不！随着真实的世界的废除，我们同时废除了虚假的世界！”[②]这应该是尼采颠倒柏拉图主义最深刻的层面，只要超感性领域被废除，先前对真实的和值得追求的设定才会终止，真实的世界和虚假的世界同样被废除，这样才能最终实现颠倒柏拉图主义。在德勒兹看来，这一“颠倒柏拉图主义”的计划并不专属于尼采，还可以追溯到黑格尔，乃至康德。（*LS*，292）不止如此，德勒兹甚至还认为“颠倒柏拉图主义”应该追溯到柏拉图本人，应该进一步澄清柏拉图区分本质世界与表象世界的动机。

在德勒兹的解释中，柏拉图是“颠倒柏拉图主义”的第一人，这似乎令人不可思议。德勒兹认为，问题的关键在于柏拉图的划分法（méthode de division），它是柏拉图主义的“秘密”所在。在德勒兹看来，亚里士多德清楚地看到了那存在于柏拉图主义中的不可替代的东西：“差异辩证法（dialectique de la différence）具有一种属于自己的方法——划分（division），划分不需要通过中介、中项或理性来运作，而是即刻起作用，它依靠的与其说是一般意义上的概念的要求，不如说是理念的灵感启发。”（*DR*，83）划分法绝不是列举的方法，而是遴选的方法，柏拉图主义的“秘密”就在于这种

① [德]马丁·海德格尔，《尼采》（上卷），第170页。

② [德]尼采，《偶像的黄昏——或怎样用锤子从事哲学》，李超杰译，北京：商务印书馆，2009年，第30页。

先于理念的遴选方法，它随后将理念世界作为遴选的标准。德勒兹把划分比作试金石，炼金的过程就是要去掉杂质、去掉与金子具有“亲缘性”的其他金属；划分就如同炼金过程中的遴选，区分出纯粹的东西与不纯粹的东西、本真的东西与非本真的东西，因而提炼黄金是划分的范例，“由此就有了把划分比作试金石的固定隐喻”（*LS*，293）。划分法的关键就是“制造差异”（*LS*，292；*DR*，85），划分真正的追求者与虚假的追求者、纯粹的东西与不纯粹的东西、本真的东西与非本真的东西，“划分法的意义与目的就是竞争者（rivaux）的遴选、追求者的竞赛（épreuve）——不是矛盾，而是论争”（*DR*，84）。在《政治家》中，政治家被定义为“人民的牧者”，商人、农夫、面包师傅、体育教练、医生相继登场，争着说：“我们才是人民的真正牧者！”（《政治家》，267e—268d，275a—e）在《斐德罗》中，关键要界定“好的迷狂”与“真正的爱人”，爱人、诗人、牧人、预言者与哲人纷纷登场，争着说：“我才是爱人、爱！”（《斐德罗》，237b—238c，244c，249e，253c—256e）这些场景像极了《奥德赛》中的求婚者，他们都争先恐后地向佩涅洛佩示意：“我才是爱人、爱！”正是在这一点上，德勒兹才在《柏拉图与拟像》中进行了一种极富有启发意义的类比：“柏拉图主义是哲学上的《奥德赛》：柏拉图的辩证法既不是矛盾的辩证法，也不是对立的辩证法，而是竞争（*amphisbetesis*）的辩证法、竞争者或者追求者的辩证法。”（*LS*，293）[1]贯穿柏拉图主义的唯

① 另参见Gilles Deleuze, *Critique et clinique*, Paris: Minuit, 1993, p. 170。本书下文凡引用该著作皆采用夹注形式注明法文版缩写（*CC*）和页码。

一问题“始终是衡量竞争者、遴选追求者，在虚假的‘属’或庞大的‘种’的内部区分事物与事物的拟像”（*DR*，85）。福柯1970年发表了针对德勒兹《差异与重复》和《意义的逻辑》的书评《哲学剧场》，他在其中充分肯定了德勒兹的做法，强调以划分法为奇点来使自身在柏拉图主义的系列中发生移位，由此区分出真正的追求者与虚假的追求者。福柯也回应了德勒兹的隐喻性观点：“随着尤利西斯[①]这位永久的丈夫突然现身，那些求婚者消失了。拟像的退场。”（TP，945）拟像就像吵吵闹闹的求婚者被射杀一样经受考验，最终被像奥德修斯的弯弓一样的划分法驱逐，因而，柏拉图的辩证法是一种竞争的辩证法、竞争者或追求者的辩证法，德勒兹的“颠倒柏拉图主义”就是让那些被柏拉图主义一再压制与贬斥的拟像、幻像、伪像纷纷登上“哲学剧场”，让苏格拉底与智者、犬儒学派、伊壁鸠鲁学派、斯多葛学派共舞，由之释放出拟像的积极力量，同时肯定了拟像的自主性存在，最终导致了在柏拉图主义内部从事“颠倒柏拉图主义”的伟大事业。

根据德勒兹的解释，不断地出现在柏拉图的哲学中的这些竞争关系与雅典民主息息相关，它们建构了雅典城邦的基本特性。让-皮埃尔·韦尔南认为希腊城邦的诞生不仅促进一系列政治经济的变化，也促进思维方式的变化，促进从神话向理性的转变，构建了论辩的、公共的广场空间，人与人之间形成了平等、对称、互逆的竞

① 尤利西斯是奥德修斯的拉丁名字。

争关系，取代了服从与统治的等级关系。[①]希腊城邦不仅形成朋友或平等人的社会，而且还在他们之间形成了以诘辩为形式的竞争关系，每个人都可以成为任何东西的追求者，各色人等纷纷出场，争先恐后地说："我才是真正的哲学家！我才是智慧或合理根据的朋友！"哲人与智者、朋友与拟仿者上演了一场场柏拉图式的哲学戏剧，到处充满了概念性人物，演绎着千变万化的竞争关系。柏拉图批评雅典城邦中任何人都可以追求任何东西的现状，不断划分真正的追求者与虚假的追求者，最终寻到"理念"作为评判各位追求者的合理性标准。也正在这种以诘辩为形式的竞争关系下，德勒兹重新阐释了柏拉图在《政治家》和《斐德罗》中所使用的划分法及其作为最终根据的理念。在德勒兹看来，柏拉图着手重建竞争者遴选的标准，最终通过理念建立一种新型的、植根于内在性领域的超越性，它截然不同于帝国或国家的超越性。

二、从划分到分有

当柏拉图在内在性的领域中重建超越性，并以理念作为遴选的标准时，划分法如何制造差异？如何划分真正的追求者与虚假的追求者？德勒兹认为，在柏拉图再度以苏格拉底式的反讽展开论述时，他突然引入"神话"，似乎神话取代了划分。《政治家》援引

① [法]让–皮埃尔·韦尔南，《希腊思想的起源》，秦海鹰译，北京：生活·读书·新知三联书店，1996年，第4、33、39—40页。另参见[法]让–皮埃尔·维尔南，《希腊人的神话和思想——历史心理分析研究》，黄艳红译，北京：中国人民大学出版社，2007年，第215—218页。

古代统治世界与人类的神的形象，所有追求者发现自己根据选择性分有的秩序被衡量，根据神话所提供的这一存在论考量，人们可以区分出父母、仆人、助手，最后是江湖骗子、伪造品；《斐德罗》也是突然引入一个灵魂转世的“神话”，柏拉图从爱人、诗人、祭司、占卜师和哲学家中确定真正的追求者与虚假的追求者。神话的引入在表面上偏离划分法，似乎为亚里士多德的反驳提供依据，然而德勒兹却给出一种极具原创性的阐释，他认为神话没有中断任何东西，反而成为划分本身不可或缺的要素。神话与辩证法是柏拉图主义的两股截然不同的力量，划分法就是要超越神话与辩证法的二元性，就是把辩证法的力量与神话的力量聚集到一起，最终使神话成为辩证法自身的一个要素。（*LS*，294；*DR*，86）因为神话最初作为基础（fondation）的叙事运作，不同的追求者根据神话所建立的原型（modèle）被评判，城邦公民不同程度地分有神话所建立的原型。“因此，根据那最为古老的传统，循环神话的确是一个基础的叙述–重复（récit-répétition）。划分要求神话作为有能力制造差异的根据（fondement）；反之，神话则要求划分作为处于应当被赋予根据的东西之中的差异之状态。划分是辩证法与神话学的真正统一，是作为基础的神话和作为划分的逻各斯的逻各斯的统一。”（*DR*，86—87）神话构建内在的原型或检验的根据，追求者在这一点上被评判和被衡量，成为区分真正的追求者与虚假的追求者的超越性根据。柏拉图在《政治家》与《斐德罗》中都引用了神话，充分发挥辩证法与神话聚合起来的力量，从而有助于更清楚地阐释“分有”

（participation）观念。[①]

基于神话与划分的这种特殊关系，柏拉图的“分有”观念有助于给划分提供它似乎缺少的中介，以特殊的方式将差异与大写的“一”(l’Un)联系起来。在词源上，“分有”（metechis/participation）一词从“部分”（meron/part）演变而来，意思是“具有一部分”（avoir part）、“在……之后具有一部分”（avoir après）、“第二级地具有一部分”（avoir en second）。以“只有正义才是正义的”为例，正义的理念是第一个占有者（qui possède en premier），而那些具有被称为正义者的人是第二级、第三级或第四级乃至以拟像的方式具有正义性质的人，由此可以被区分开来的是作为根据的正义、正义的质性、正义者。在这一点上，新柏拉图主义的神圣三段式体现了对柏拉图主义的深刻理解：不可被分有者（l’imparticipablc）、被分有者（lc participé）、分有者（le participant），这种三段式也表达为根据（le fondement）、追求的对象（l’objet de la prétention）、追求者，还可以表达为父亲（根据）、女儿（追求的对象）与女婿（追求者）。根据是最先占有某种事物的东西，不过这某种事物促使其分有，并将其提供给追求者；被分有者是不可被分有者首先占有的东西，不可被分有者促使分有，并把被分有者提供给分有者，后者也就是通过了“根据的竞争”的追求者，也正是在这一意义上，根据衡量和制造差异。在德勒兹看

① 关于分有问题，德勒兹在同一时期的《差异与重复》《斯宾诺莎与表现问题》和《意义的逻辑》中多次提及，他试图探求分有之基础的内在原则与运动。他在《柏拉图与拟像》和《差异与重复》第1章中根据划分的种种形态阐释理念、分有与拟像的关系，对理念进行重新阐发，在某种程度上更新了柏拉图主义。

来，新柏拉图主义者深刻洞悉柏拉图主义的本质："划分的目标不是广度上的'种'的区别，而是深度上的系列性辩证法、诸系列与诸派系的辩证法的确立——这种辩证法表明了一种作为选择性分有（宙斯I、宙斯II等）的遴选性根据的诸运作。"（*DR*，87）因而划分的目标不是"种"的规定性，而是派系、系列的选择；不是概念的规定，而是理念的证实。那不可被分有的、可赋予根据的东西，正是柏拉图不断阐述的理念，也正是理念为不同的分有者、追求者提供最终的评判根据。

在柏拉图的分有说中，最核心的概念是理念，只有作为根据的理念才是"物本身"，它是"自指涉的"，具有初始的质性。"它指的是客观上具有一种纯粹质性的东西，或者只是其所是而已。"[①] 只有正义才是正义的，只有勇敢才是勇敢的。以母亲为例，之所以存在着母亲的理念，乃因为只存在着那只是母亲的母亲，除了母亲别无其他，只有母亲才是母亲，连那母亲曾经经历的女孩都不是母亲，母亲的理念是纯粹的，只是母亲而已。与理念相对的事物永远是那"是其所是"之外的东西，只有在其分有理念的范围内，才第二级地具有质性和追求质性，因而相对于理念的远近不等的距离，事物按照分有的不同程度或秩序被区分，处于存在链的不同等级或状态。德勒兹对理念进行了全新的阐释，他将一种内在差异的观念融入其中，认为柏拉图的理念具备下列组成成分："被拥有的或有待拥有的质性；第一级地拥有的、作为不可被分有者的理念；那些追求质性，且只能第二级地、第三级地、第四级地……具有质性的

---

① Gilles Deleuze, Félix Guattari, *Qu'est-ce que la philosophie?*, Paris: Minuit, 1991, p. 33. 本书下文凡引用该著作皆采用夹注形式注明法文版缩写（*QQP*）和页码。

东西；被分有的、对不同追求进行评判的理念。”（*QQP*，34）正是因为在选择性分有之中区分出不同的程度和等级，才有了第一级的、第二级的、第三级的占有者，以至于无限地递降，直至那具有拟像、幻影或者本身就是拟像、幻影的占有者，真正的追求者与虚假的追求者由此得以划分。

德勒兹的这种阐释显然不满于柏拉图对理念与拟像关系的界定与划分，他试图通过分有说来重新阐释柏拉图主义，从差异的视角重构理念与拟像的关系。“柏拉图确定了辩证法的最高目标：制造差异。不过，这并不存在于事物与拟像或原型与复本之间。事物就是拟像本身，拟像就是高级的形式。”（*DR*，93）拟像已然废除质料的、杂多的、次级的感性领域与理念的、同一的、超越的超感性领域的划分，它意味着某种有关存在物的东西，存在物通过分有被视为拟像，存在物的世界变成存在的诸拟像的剧场。“一切都变成了拟像。因为，我们不应该把拟像理解为一种简单的摹仿，它是一种行动，经由这种拟像的行动，一个处于优先地位的原型或设定的理念发现自己遭到了怀疑，遭到了颠覆。”（*DR*，95）由此，作为大写“一”的理念反而表现为拟像运作的附加现象，“这唯一的声音引发了存在的喧嚣（clameur de l’être）”（*DR*，52）[①]。正是在这

---

① 德勒兹以中世纪经院哲学家司各脱的存在论命题“存在是单义性的（univoque）”阐述存在与差异的关系，洞察同一种声音从巴门尼德到海德格尔的不断回响，由之引发了“存在的喧嚣”。阿兰·巴迪欧以此为标题撰写了《德勒兹：存在的喧嚣》，固执地认为德勒兹是一位在本体论上执念于“一”的传统哲学家，是一位“非本意的柏拉图主义者”（platonicien involontaire）：“德勒兹的基本问题当然不是要解放‘多’，而是使思维屈从于被革新的‘一’的概念。”参见Alain Badiou, *Deleuze: “La clameur de l'être”*, Paris: Hachette, 1997, p. 20。

一点上，阿兰·巴迪欧（Alain Badiou）认为德勒兹的拟像论重申了柏拉图主义，“德勒兹的思想根本上就是一种被重新强调的柏拉图主义，意义的确按照‘一’（l’Un）被分配，存在物的确属于拟像的秩序”[①]。不过巴迪欧基于存在的单义性理论，意识到德勒兹强调拟像之所以是拟像，正是因为差异本身，由此意义被分配，相似性被罢黜，理念遭到怀疑，一切存在物都是存在的拟像。的确，柏拉图一方面不断地贬抑和驱逐拟像，正如他要将制造幻像与拟像的诗人驱逐出他的理想国一样；另一方面，柏拉图也不得不承认诗的神奇力量，认识到拟像与原型、摹本难以区分，他将一种内在的差异融入拟像，最终将差异内在于理念本身。德勒兹深刻地洞察柏拉图的这一困境，从中解读出拟像意味着一种对理念的新构想，拟像解构柏拉图主义所构想的同一性的再现世界，构建了一种纯粹的差异概念，柏拉图主义之超越的、同一的、作为根据的理念最终被德勒兹内在的、差异的、分化的理念所替代。“因此拟像在德勒兹解读柏拉图主义的过程中扮演着双重角色：它表明了柏拉图在‘制造差异’的尝试中没有取得成功，但与此同时它在一个新的基础上为激活柏拉图主义的计划开辟了道路。在这一意义上，德勒兹的被颠倒的柏拉图主义同时可被视为一种更新的柏拉图主义，乃至一种完善的柏拉图主义。”[②]

---

① Alain Badiou, *Deleuze: “La clameur de l'être”*, p. 42.

② Daniel W. Smith, *Essays on Deleuze*, p. 16.

三、图像–摹本与幻像–拟像

在德勒兹看来，柏拉图主义的动机首先是划分本质与表象、理念与影像、原型与摹本、摹本与拟像，划分就是在两种影像——摹本与拟像——之间进行移位。柏拉图以理念为中心构建了原型、摹本与拟像的等级结构，摹本是次级的占有者，是有根据的、被它们之于理念的相似性保证的追求者，这种相似性不该被理解为一种物与物之间的外部相似性，而是物之于理念的内部相似性。摹本只有在其相似于事物的理念的范围内才真正地相似于某种事物，追求者也只有在这一内部相似性的基础上才能合法地分有质性，正是理念的至上同一性确保这种内部相似性。而拟像就像虚假的追求者一样，建立在非类似性之上，因其与理念相距较远而有所递减；拟像就是摹本的摹本，远离真“相”（eidos），遭到了无限贬黜。（《智者》，236a—c）德勒兹认为，柏拉图在这一点上将“作为偶像的像”（images-idoles）的领域一分为二：一是图像–摹本，一是幻像–拟像。（《智者》，264c—268b）[①]原型–摹本的区分只是为了赋予摹本–拟像的区分以根据，并应用于摹本–拟像的区分。正是基于原型的同一性，摹本之于原型的内在相似性才得以保障，原型才成为区分好的影像与坏的影像、摹本与拟像的遴选标准。德勒兹的这一区分极为重要，对于理解柏拉图主义具有异乎寻常的意义，

① 德勒兹的这一区分对于理解柏拉图的影像论极其重要，具体参见*LS*, 295—296；*DR*, 166。让–皮埃尔·韦尔南在《像之萌生》中也论述过这一区分，参见Jean-Pierre Vernant, “Naissance d’images”, *Oeuvres: Religions, rationalités, politique, II*, pp. 1733—1734。

“但在更加深刻的层面上，真正的柏拉图式的区分发生移位，而且改变本性：这种区分不在原型与影像之间，而是在两种影像（偶像）之间，其中，摹本（图像）只是第一种影像，另一种则是拟像（幻像）”（*DR*，166）。因而，德勒兹认为柏拉图主义的真正动机就存在于拟像的问题之中。柏拉图主义就是“确保摹本之于拟像的胜利，抑制拟像，使拟像完全束缚在底层，阻止拟像浮出表面与到处‘渗透’”（*LS*，296）。拟像屈从于相同的逻辑与相似性原则，遭到了抑制、贬黜，完全被束缚在柏拉图所建立的原型–摹本–拟像的等级结构的“无底的海洋”（*DR*，166）。整个柏拉图主义抑制拟像，贬黜拟像，乃至驱逐拟像，使差异趋向于同一，使差异屈从于相似，将那反抗性的部分抑制到最底层，禁闭在大洋深处的洞穴之中。由此柏拉图主义为哲学视为己有的领域奠基——一个被图像–摹本所填充的、在原型或根据的关系中被界定的再现领域，柏拉图主义的“原型”就是“同”（le Même），是基于理念的至上同一性；而柏拉图主义的摹本就是“类似”（le Semblable），也就是次级接受的追求者，两者发生在两种类似性的比较运作之中。（*LS*，299）柏拉图主义最终以同一性与对立、类比与相似性的再现四要素来束缚差异这头怪兽，严格标示出被图像–摹本所填充的再现世界。

然而，柏拉图式的再现世界并不安宁，到处充满反抗的低嗥。“柏拉图主义确实已经再现了差异对一、类比、类似甚至否定的强力的屈从。这就好比一只正在被驯化的动物，它在面对极度危机时所做出的种种行动要比它在自由状态下的举动更加清楚地表现出那种即将失去的天性：赫拉克利特式的世界在柏拉图主义中低声嗥叫着。”（*DR*，82—83）赫拉克利特和智者们显然对柏拉图主义提出反抗，对柏拉图主义的同一性与再现世界进行解构。智者们似乎作为摹本，步步追随着苏格拉底，在柏拉图的哲学剧场上扮演着“本真性的”角色，变成了一种特殊的思考者类型。但我们看到，《智者》虽没有像《政治家》《斐德罗》那样诉诸任何赋予根据的神话，不再区分真正的智者与虚假的追求者，却是以悖论的方式分离出典型的虚假的追求者，也就是真正的智者，由之定义了智者的拟像性存在：“智者本身是拟像的存在、萨提尔（satyre）或半人马，是到处干预、处处渗透的普洛透斯（Protée）。但是，在这一意义上，《智者》的目的可能包含着柏拉图主义最奇特的冒险：由于从拟像一侧进行探索和关注拟像的深渊，柏拉图在灵光乍现之际发现了拟像并不单单是一种虚假的摹本，它质疑了摹本乃至原型的观念本身。”（*LS*，295）《智者》不同于《政治家》和《斐德罗》，它完全在柏拉图一再贬斥和压抑的拟像维度上进行“柏拉图主义最奇特的冒险”，最终从柏拉图主义的内部颠倒柏拉图主义，激发着柏拉图重新思考他在《理想国》的“洞喻”与“床喻”中对影像和拟像的价值与意义的探索。拟像显然已不再是柏拉图意义上的“摹本的摹本”，而是挣脱了原型–摹本–拟像的等级结构，不再受制于原型与摹本，因而拟像具有自主性与独立存在的权利，即拟像具有自主性存在的权利。正是在拟像的这一维度上，德勒兹才认为柏拉图最终把我们带到了难以区分智者与苏格拉底本人的境地，柏拉图本人成为颠倒柏拉图主义或者至少是表明这一颠倒方向的第一人，使差异内在于理念本身：

> 我们回忆一下《智者》那伟大的结尾：差异被移位，划分转而反对自身、反向发挥作用，而且由于划分深化拟像（梦幻、影子、映像、绘画），它证明了将拟像与原本或原型区分开来的不可能性。异乡人给智者下了一个不再能与苏格拉底本人区分开来的定义：使用简短论证（发问与问题）的反讽的摹仿者。那么，差异的每个时刻都应当找到真正的形态——遴选、重复、脱根据化、发问–问题的复合体。（*DR*，93）

此外，德勒兹与福柯一样经由克罗索夫斯基追溯教父哲学传统，深刻认识到拟像是一种不具有相似性而具有某种魔性特征的“像”，超越真与假、善与恶的区分，将两者的差异融入自身，由此进一步在宗教与伦理意义上颠倒柏拉图主义。在德勒兹看来，拟像是一种不具有相似性的“像”，摹本是基于它与原型的内部相似性而得以存在，因而相似性成为区分摹本与拟像的关键点之一。“摹本是一种具有相似性的像，拟像是一种不具有相似性的像。”（*LS*，297）德勒兹对这一问题的阐释显然受启于克罗索夫斯基从教父哲学传统进行的拟像研究。克罗索夫斯基通过狄安娜沐浴的神话阐释拟像的魔性特征，魔鬼变成狄安娜的拟像，由之拟像具有某种魔性特征。[①]克罗索夫斯基的这一研究进路源于教父哲学家的新柏拉

---

① Pierre Klossowski, *Le bain de Diane*, p. 46. 关于拟像的这一魔性特征，也可对比德勒兹援引的德里达拟像观点。德里达在《柏拉图的药》中通过书写与逻各斯的关系重新发现了柏拉图主义的形态——逻各斯之父（père du logos）、逻各斯本身与书写，他认为拟像是一种书写、一个虚假的追求者，因而作为拟像的书写企图通过暴力和诡计来控制或替代逻各斯。德勒兹赞成德里达的观点——拟像蕴含着这种侵犯、僭越与颠覆的潜能，正如同魔鬼之于神的侵犯与僭越一样。关于这一点可参见Jacques Derrida, *La dissémination*, Paris: Seuil, 1972, pp. 86—88; *LS*, 297。

图主义，德勒兹指出，基督教的教理书受柏拉图主义的启发提出一种失去了相似性的“像”：上帝根据自己的“像”和相似性创造了人，然而人由于原罪失去了相似性，却保留了“像”，由此人为了审美生存而失去道德生存，变成了拟像。“拟像正是一种被剥夺了相似性的、具有魔性的‘像’；或者更确切地说，与图像相反，拟像将相似性置于外部，而靠差异维持生存。”（*DR*，167）

德勒兹的这种阐释绝非空穴来风，它与欧陆传统对拟像危险性的基督教体验息息相关。美国学者丹尼尔·史密斯（Daniel Smith）追述了奥古斯丁的拟像思想，认为奥古斯丁在《基督教教义》中发展了一种以真假符号之间的“制造差异”为目的的柏拉图主义符号学，将遴选的标准不再定位于理念，而是定位于上帝本身，由之他的神学目的就是摧毁那基于拟像的贪欲王国；之后拟像在基督教思想中变成了魔鬼学的对象，因为拟像不是图像的对立面，魔性不是神性的对立面，撒旦不是他者、最远离上帝的极点、绝对的反题，不过是某种更加令人迷惑和眩晕的东西，以致撒旦与上帝、路西法（Lucifer）与基督难以区分，正如柏拉图也达到了苏格拉底与智者难以区分的境地一样。“之所以柏拉图诽谤、中伤拟像，不是因为拟像把假的东西提升至真的东西之上、把恶的东西提升至善的东西之上；更确切地说，拟像‘超善恶’，因为它使两者变得难以区分，并使两者之间的差异内在化，由此攫取遴选与败坏评判。”[①]

---

① Daniel W. Smith, *Essays on Deleuze*, p. 13.

四、拟像的再审视

从拟像的本质来看，拟像是在歧异性、差异之上被建构的，将非类似性内在化。最令人惊叹的是，德勒兹竟然在对柏拉图著作的解读中洞悉“异”（l’Autre）的原型，他认为“异”不只是一种对影像产生不良影响的缺陷，它本身还可能显现为一种可能的原型，也就是“异”的原型，与好的“同”（le Même）的原型相对立。（*LS*，297）[①]如若说摹本的相似性源之于“同”的原型，那么拟像源之于“异”的原型。“如果拟像产生了一种相似性的外在结果，那这是幻觉而非内部原则而已；拟像本身是在一种歧异性之上被构建起来的，它内化了诸构建性系列的非类似性，内化了它的各种视点的发散……然而这难道不是说，如果拟像本身与原型有关，那该原型便不再享有理念性的‘同’的同一性？这难道不是说拟像反而是‘异’的原型，是另一种原型，也就是产出了被内化的非类似性的自在差异的原型？”（*DR*，167）原型坠入差异之中，而摹本也陷入系列的非类似性，摹本与原型变得难以区分，摹本本身被颠倒为拟像，相似性、精神性的摹仿最终让位于重复。拟像正是在歧异性的基底上被建构起来，而歧异性构成了拟像的测量单位。“如果再现果真把同一性作为要素，把一个类似物作为测量单位，那如同再现在拟像之中一样显示的纯粹临在则把‘歧异物’（dispars）作为测量单位，也就是说，始终把差异之差异（différence de différence）

① 德勒兹解读的柏拉图的文本是《泰阿泰德》（176e）和《蒂迈欧》（28b）。

当作直接要素。”（*DR*，95）拟像剥离原型，吞噬任何根据，获得一种具有构成作用的歧异性，与之相应的永恒回归也吞噬把差异置于始源物与派生物、事物与拟像之间的任何根据，一切都被去除根据，一切都变成拟像，每个事物、动物或存在都被带到了拟像的状态。“事物就是拟像本身，拟像是高级的形式，而对于任何事物来说，困难的事情是达致自身的拟像，在永恒回归的一致性中达致自身的符号状态。”（*DR*，93）

德勒兹经常援引现代主义作品来阐述他的哲学思考，拟像与永恒回归的问题也不例外，主要有詹姆斯·乔伊斯（James Joyce）、马赛尔·普鲁斯特（Marcel Proust）、雷蒙·鲁塞尔（Raymond Roussel）、夏尔·佩吉（Charles Péguy）、皮埃尔·克罗索夫斯基、维托尔德·龚布洛维奇（Witold Gombrowicz）等现代主义作家的作品。在德勒兹看来，感性学（Esthétique）遭受着一种撕裂的二元性的痛苦：一方面是指作为可能经验之形式的感性理论，另一方面是指作为实在经验之反思的艺术理论。再现的基本概念旨在分析可能经验，忽视实在经验。为了实现两者之间的融合，应该将可能经验的条件转变为实在经验的条件，现代艺术作品在这一方面不断地进行实验，制造差异，在某种意义上颠倒柏拉图主义。“每一个事物、每一个存在都应当看到自己的同一性被差异所吞没，因为每一个事物、每一个存在都只是诸差异之间的一个差异。我们应当指出差异是要发生分化的。我们知道现代艺术作品趋向于实现这些条件：它在这种意义上变成一出由变形与置换构成的真正戏剧——毫无固定之物的戏剧，没有线索的迷宫（阿里阿德涅上吊自尽了）。

艺术作品抛弃再现领域，以便变成‘经验/实验’、先验经验论（empirisme transcendantal）或可感者的科学。”（*DR*，79）

现代主义文学作品的基本特征就是突破了单一的故事模式或视角，可以使用单一的叙述技巧同时讲述几个故事。关键是不同的和发散的故事对应着不同的叙述视角，构成了不断差异化的发散系列，最终实现了始终离心的混沌本身与伟大作品合二为一。乔伊斯的作品经常最大程度地集聚各种异质性的发散系列，把相似性与同一性作为差异自身的分化过程的结果融入阴暗预兆、内部共鸣、被迫运动的差异系统，《芬尼根的守灵夜》在共鸣的系列之间、晦暗不明的作用下实现了“精神顿悟”（épiphanie）。当乔伊斯指出循环流通（vicus of recirculation）呈现为一个“混沌宇宙”（chaosmos）得以运转的存在时，他在某种程度上就变成了一个尼采主义者。龚布洛维奇小说《宇宙》也精彩地指出两个异质的差异系列（自缢的系列和口的系列）如何通过不同的符号促进沟通，直到创立一个阴暗预兆（猫之谋杀），由之这个阴暗预兆分化了两个差异的序列，形成乔伊斯的“混沌宇宙”得以运转的条件。德勒兹洞悉现代主义文学作品的实验性之于哲学的重要意义：“当现代艺术作品反而展开自身的持久系列和循环结构时，它为哲学指出了一条通向再现/表象之抛弃的道路。”（*DR*，94）现代主义艺术也与现代主义文学一样具有制造差异的艺术技巧，的确为哲学指明了一条抛弃再现/表象的道路。“再现/表象只会造成单一的中心、独一的和逃逸的视角，由此而来是一种虚假的深度；再现是一切的中介，却没有造成任何的移动或运动。运动就其本身而言蕴含着诸中心的多元性、诸视角的重叠、诸视点的叠合，从本质上使再现/表象的诸时刻的共存发生变形：一幅绘画或一座雕塑已经是这样的‘变形者’，它们迫使我们制造运动。”（*DR*，78）

从拟像与永恒回归的关系来看，拟像与永恒回归之间存在着极为密切的关系，以至于彼此只能通过对方来理解。德勒兹承继了克罗索夫斯基的尼采研究，他深入阐释了拟像与永恒回归的密切关系。在《尼采与哲学》中，德勒兹革新了“永恒回归”的阐释，永恒回归不是“同”或“一”、“是”（存在）的回归，而是从差异与多样性呈现的“一”或“是”，因而，“永恒回归在尼采看来绝不是一种同一的思想，而是综合的思想、绝对差异的思想……在永恒回归中，不是‘同’或‘一’的回归，而是回归本身是那只有从杂多和差异物来言说的‘一’……不是‘是’回归，而是回归本身在它从生成与流逝中呈现出来的范围内构成‘是’。不是‘一’回归，而是回归本身是从杂多或多样中呈现出来的‘一’”（*LS*，305）。及至《柏拉图与拟像》，德勒兹通过拟像运作的效果指出拟像与永恒回归密不可分，因为只有在永恒回归中才能实现对摹本的颠倒与对再现世界的颠覆。“永恒回归只关涉拟像、幻像，而且只让它们复返。我们似乎在这里又找到了柏拉图主义与反–柏拉图主义、柏拉图主义与颠倒柏拉图主义的最本质的一点，找到它们的试金石。”（*DR*，165）原本与摹本、原型与复制——这两个发散的系列在拟像中被内在化，难以区分哪个系列是原本，哪个系列是摹本。回归的正是作为发散的发散性系列，每个系列都进行移位，与其他系列形成差异，全部系列都在无始无终的混沌中使它们之间的差异复杂化。在永恒回归所影响的系统中，异质性的系列在系统之中被完全内在化，在混沌中被包含或被复杂化，它们之间始终存在着一种相似性。德勒兹为此考察了两个命题：“唯有相似的才是差异的”与“唯有差异才相似”。第一个命题将相似性设定为差异的条件，促使我们从先决的相似性或同一性出发来思考差异，要求不同事物之间具有同一性，同时每个事物与同一性概念存在类比关系；第二个命题则促使我们把相似性乃至同一性视为深层的歧异物的结果，相似性、同一性、类比、对立也只能是原初差异的或差异的原初系统的产物。在德勒兹看来，这两个命题关系着我们对世界的两种解读：第一个命题把世界本身设定为图像，界定了摹本或再现的世界；第二个则把世界设定为幻像，界定了拟像的世界。德勒兹的研究重心则在第二个命题，他认为拟像得以建构的歧异性大小无关紧要，关键在于差异性本身的差异化或不断差异化的差异性本身。“至于类似性、同一性、类比和对立则不再作为条件而存在，它们只是原初差异及其分化的结果，是在刻画着反常的表象世界之特征的同时表现了差异之自在通过引起覆盖它的东西而隐匿自身的方式的整体效果或表面效果。”（*DR*，154）

德勒兹从谢林的高级经验论中寻到解释的“理由”——差异的“多”与混沌。由之，永恒回归与相互包含的差异世界、不具有同一性的混沌世界关联起来。在柏拉图主义中，永恒回归与混沌是对立的，混沌被强加以“同”与“似”的外在秩序；在尼采那里，永恒回归与混沌不再是对立的，而是一种唯一的与相同的肯定。“永恒回归的秘密就是它从不表达一种与混沌相对的、使之服从的秩序。相反，永恒回归除了混沌之外不是别的东西，是肯定混沌的力量。”（*LS*，305）克罗索夫斯基认为永恒回归是“拟像的学说”，只有当“存在者”就其本身而言是拟像的时候，永恒回归才是“存在”（“是”）。拟像的运作吞噬同一性与相似性，而永恒回归颠倒再现并摧毁摹本（图像）。对于全部拟像而言，永恒回归是一种独特的幻像，即对于全部“存在者”而言是“存在”。永恒回归完全不再以柏拉图的方式运作，也没有使一切回归，它进行遴选，制造差异，肯定发散与去中心的力量。它所排除的、所没有使之回归的就是预设“同”与“似”的东西，就是想矫正发散、把圆圈拉回中心或者赋序混沌、提供原型与制造摹本的东西。“尽管柏拉图主义的历史如此漫长，但柏拉图主义只此一次就到来了，苏格拉底上了断头台。”（*LS*，306）在永恒回归中，永恒回归以混沌–漂泊（chao errance）取代再现的一致性，也排除再现主体与被再现对象的一致性，由此永恒回归的圆圈、差异与重复的圆圈（它解散了同一物与矛盾物的圆圈）是一个偏离中心的、发散的、脱根据化的“弯曲圆圈”。“重–复（*ré*pétition）对立于再–现（*re*présentation），前缀的意义发生改变，因为在后者那里，差异只是在与同一物的关系中被述说，而在前者那里，单义性存在正是在与差异物的关联中才被述说……因而永恒回归的圆圈、差异与重复的圆圈（它解散了同一物与矛盾物的圆圈）是一个弯曲的圆圈，后者只是从那包含差异的东西来言说相同。”（*DR*，80）像马拉美的《书》或乔伊斯的《芬尼根的守灵夜》等作品实现了这一点，作品的同一性消解在那些由众多的隐微词语所界定的发散系列之中，正如阅读主体的同一性消解在可能出现的多重阅读的偏离中心的圆圈之中一样，一切都变成了拟像，通过拟像的运作，原型或特权位置的理念本身遭到了质疑、颠覆。（*DR*，95）

就拟像的运作过程而言，拟像不是被贬低的摹本，它隐匿着一种否定原本与摹本、原型与复制之间的积极力量。“颠倒柏拉图主义从此意味着：使拟像上升，肯定拟像在图像或摹本之间的权利。问题不在于本质–现象或原型–摹本之间的区分。这一完整的区分运行于再现的世界之中；重要的是在这个世界中进行颠覆，‘偶像的黄昏’。”（*LS*，302）本质与现象、原型与摹本在发散的系列中变得难以区分，任何原型都无法抵制拟像的晕眩，拟像上升到表面，消解特权的视角，颠覆可能发生的等级。相似性虽然继续存在，但只是作为拟像的外部效果在发散的系列上被建构，从而在这些系列之间产生内部的共鸣；而同一性虽然持续存在，但它作为包含全部系列的法则被产生，从而使这些系列在被迫运动中全部回归每个系列。“在颠倒柏拉图主义的过程中，正是相似性才从内部化的差异被言说，而同一性才从作为第一力量的差异物被言说。‘同’与‘似’具有的本质只不过是被拟仿，也就是表达拟像的运作。”（*LS*，303）虚假的追求者拟仿父亲、追求者与未婚妻，不过他不再是虚假的，拟仿也不应被称为表象、幻觉。拟仿就是幻像本身，也就是狄奥尼索斯机器的拟像运作的结果：

> 虚假的力量必须被推向欺骗的意志，成为唯一能与禁欲主义理想抗衡、彻底反对这一理想的有艺术鉴赏力的意志。正是

> 创造谎言的艺术将虚假提升到这种最高的肯定性力量，是它变成了欺骗某种在虚假的力量中被肯定的东西的意志。对艺术家而言，表象/再现不再意味着在这个世界上对实在的否定，而是意味着这种遴选、这种矫正、这种再重影、这种肯定。真理是表象/再现。真理意味着力量的实现，提升至最高的力量。在尼采那里，我们艺术家=我们求知者或求真者=我们生命之新契机的创造者。[①]

在尼采所解释的“虚假”（Pseudos）的意义上，拟像获得虚假的最高力量，使“同”与“似”、原型与摹本下跌到虚假的强力（幻像）之下，使分有的秩序、分配的固定性与等级的规定性都变得不可能，建立了游牧式的分布与被加冕的无政府主义的世界。“在柏拉图那些显示存在于柏拉图主义核心处的反–柏拉图主义的最精彩篇章中，其中一些篇章暗示了不同、不似、不等——简而言之就是生成——的确不只是影响摹本的缺陷，就好像是摹本之次要特征的恶果或是其相似性的对立面，而且是原型本身，是伪者的可怕原型，其中虚假的力量得以展开。”（*DR*，167）

在《理想国》第十卷中，柏拉图以“床喻”提出了使用者、生产者、摹仿者，分别对应于原型（理念）、摹本、拟像，构建了柏拉图主义的三位一体。使用者掌握真正的理念的知识，具有评判的标准与能力，因而处于等级结构的顶端；生产者遵循着理念的本质，按照建构性的关系与比例进行生产；摹仿者通过归纳或颠覆获

① Gilles Deleuze, *Nietzsche et la philosophie*, Paris: PUF, 1962, p. 117.

得非生产性、相似性的效果，遭到贬斥与罢黜。针对拟像的相似性效果，德勒兹借鉴了奥杜亚尔的拟像研究，他指出拟像研究的视角问题，拟像意味着观察者不能控制的重要维度、深度与间距，由之产生了相似性的印象；而拟像纳入差异/微分的视角，观察者属于拟像本身的一部分，随着视点而转变与变形。在拟像中，德勒兹引入生成的研究路径，把拟像与生成进行连接："总之，拟像中有一种生成–疯狂、一种像《斐莱布》所描述的不受限制的生成（'多与少一直向前'）、一种始终他者式的生成、一种深度的颠覆性生成，善于回避相等、限制、相同或类似：始终是既多又少，但永不相等。强加这一生成以限制，使之趋于同，使之相似——而且对于那保持反抗的部分，尽可能将其抑制到最深层，将其禁闭在大洋深处的洞穴之中：这就是柏拉图主义在其使图像战胜拟像的意愿中的目标。"（*LS*，298）关于这一点，德勒兹在永恒回归的问题上又做了进一步阐释，永恒回归的显在内容在柏拉图主义层面上被规定，其中隐含着理念强加混沌以"同"与"似"，因而永恒回归在影像中建立摹本，并使影像屈从于相似性；然而尼采通过显在内容触及那位于万丈深渊的潜在内容，发现了"任何洞穴后面还有洞穴……""拟像远非一种新的根据，它吞噬了任何根据，它保证了一种普遍的坍塌，不过是作为积极的和快乐的事件、作为脱根据化（effondement）：'每个洞穴之后都有另一个更深的洞穴敞开着，每个地面之下都有一个更加宽阔、奇异、丰富的地下世界，而且在所有的基底下面，在所有的基础下面都存在一个更深的至深之处。'"（*LS*，303—304）一切都变成拟像，都被带到了拟像的状态，永恒回归的思考者不再任凭自己被拉到洞穴之外，而且他还发现了另一个藏身于更深的洞穴的思考者，一个充溢着人性、充溢着兽性的人，也就是尼采所说的超人。

五、重新反思理念

在德勒兹汪洋恣肆的哲学世界中，他或许就是一个藏身于更深的洞穴的思考者，他不断地变换自己的思想面具，挑战西方哲学根深蒂固的柏拉图主义传统，使赫拉克利特和智者们浮出表面，之后斯多葛学派、斯宾诺莎、休谟、莱布尼茨、尼采、柏格森成为他的哲学剧场的主角。他从差异与重复的视角思考拟像，促使我们重新思考柏拉图主义，让我们对柏拉图主义重新做出阐释。德勒兹的颠倒柏拉图主义不能被视为拒绝柏拉图主义，他曾明确指出："现代哲学的任务已经被确定为颠倒柏拉图主义。这一颠倒所保留的许多柏拉图主义特征不仅是不能回避的，而且是合乎愿望的。"（*DR*，82）在德勒兹颠倒柏拉图主义的过程中，拟像是他重新思考柏拉图主义的出发点，是他对柏拉图主义进行分析的聚焦点，也是他激活柏拉图主义诸多方面的关键所在。

在德勒兹的阐释中，拟像既是理解柏拉图主义的关键，也是颠倒柏拉图主义的核心。这种颠覆意味着变革原型、摹本与拟像的等级结构，使拟像得以上升，肯定拟像的自主性与存在权利。"颠倒柏拉图主义意味着否认原本之于摹本、原型之于影像的优先性，赞美拟像与映像的国度。"（*DR*，92）柏拉图主义通过将拟像屈从于摹本、原型乃至理念，在否定的意义上将拟像解释为无限堕落的摹本。德勒兹阐释拟像的独特之处就在于他从差异哲学的视角来重新阐释拟像，赋予拟像以自主性存在。在颠倒柏拉图主义的过程中，德勒兹充分发挥了拟像的潜在力量，把拟像变成他的内在性哲学的重要问题域之一。他将拟像问题追溯到西方哲学的开端，在貌似反柏拉图主义的面具下颠倒柏拉图主义，从西方哲学的内部来对拟像进行重新解读，向我们呈现了一种基于差异的内在性理念，由之更新或完善了柏拉图主义，以便寻找现代哲学的发展路径。面对沉重的哲学遗产，德勒兹希望以拟像的力量来定义现代性，为现代哲学开辟新径：

> 无论以何种方式被构想，同一性的优先性界定了再现/表象的世界。然而，现代思想诞生于再现/表象的破产、同一性的丧失，诞生于那在同一物的再现/表象下面发挥作用的全部力量的发现。现代世界是拟像的世界。在这个世界中，人没有在上帝死亡后继续存在，主体的同一性也没有在实体的同一性消失后继续存在。通过一种更加深邃的游戏——差异与重复的游戏，一切同一性都只是被拟仿、被产生为视觉的“效果”。我们希望思考差异自身，以及差异者之间的关联——这种思考独立于那些使之返回“同”与使之经受否定物的再现形式。（*DR*, 1—2）

在《什么是哲学？》中，德勒兹与加塔利认为希腊哲学仍然固守着这一随时准备再次彰显其超越性的智慧，不过一种内在于超越性事物的内在性必不可少。柏拉图的错误就在于牢牢地抓住那基于理念的超越性以及由此产生的同一性原则与表象哲学（或再现哲学）。德勒兹在《柏拉图，希腊人》一文中指出："任何反对柏拉图主义的反应都是在广延与纯粹性方面对内在性的重建，而内在性禁止回归超越性……事实上，能够摆脱柏拉图主义的，唯有关于纯粹内在性的哲学：从斯多葛学派到斯宾诺莎，或者尼采。"（*CC*，171）正是内在性的平面上，德勒兹对柏拉图主义的理念进行了重建，"超越性永远是内在性的产物"[①]。德勒兹的这一理论探索实现超越性的理念向内在性的理念的转变，构建了一种始于拟像的、有关理念的内在性理论。如前所述，柏拉图基于超越性的理念划分了原型与摹本、摹本与拟像，摹本的相似性立基于"同"的原型，遵从理念性的同一性原则；而拟像的歧异性立基于"异"的原型，遵从纯粹差异的原型。"拟像是这样的一些系统：在这些系统中，差异物与差异物通过差异自身相互关联。最重要的是我们在这些系统中不会发现任何先决的同一性、任何内在的相似性。一切都是不同系列之中的差异，而且是不同系列的沟通之中的差异之差异。"（*DR*，383）拟像系统基于一系列与表象哲学（或再现哲学）截然不同的观念被构建起来，至于相似性也不过是这一系统运转的结果而已。正是在拟像的差异之差异的本性上，被颠倒的柏拉图主义得以重建，理念被赋予了新的维度。"立基于差异性的拟像需要一种

① Gilles Deleuze, *Deux régimes de fous: Textes et entretiens 1975—1995*, Paris: Minuit, 1980, p. 363.

对理念的新构想：内在（而非超越）于拟像的、以纯粹差异（而非同一性）的概念为基础的理念。内在性与内在差异因此是德勒兹在《差异与重复》中更新的柏拉图主义的两个基石。”[①]

柏拉图的超越性的理念在德勒兹的内在性哲学中被矫正，呈现出西方哲学史上超越性与内在性的博弈，也呈现了当代法国哲学的两种倾向。阿甘本曾言，当代法国哲学经历了海德格尔哲学的洗礼而呈现出两种发展倾向，一是以列维纳斯和德里达为代表的、经由胡塞尔向康德回归的超越性趋向；一种是以福柯、德勒兹与加塔利为代表的、经由尼采向斯宾诺莎回归的内在性倾向。[②]在内在性平面上，德勒兹创造了一系列描述理念的内在性维度——差异与重复、聚合与发散、奇异性、多样性、潜在性、系列、事件等，阐述了一种新的辩证法。柏拉图主义虽然在事物与拟像、原型与摹本之间“制造差异”，不过是基于“同”的原型，是以理念为遴选标准，由之制造的差异也是一种外在的差异；德勒兹的“颠倒柏拉图主义”使事物与拟像变得难以区分，一切都变成拟像，事物就是拟像，拟像是高级形式，差异内在于事物本身，除此之外别无其他。“相似的、类比的、对立的或同一的始终是诸差异：差异在任何事物的背后，但在差异的背后却没有任何东西。每一个差异的任务就是穿过所有其他的差异，而且通过所有其他的差异‘意欲’自身或重获自身。”（*DR*，80）因而，拟像基于纯粹差异而得以建立，理

---

① Daniel W. Smith, *Essays on Deleuze*, p. 16.

② 王礼平，《超越还是内在？——论勒维纳斯与柏格森之间的根本差异以及殊途同归》，《浙江学刊》，2008年第2期，第40页。

念亦变成了基于内在性的、差异化的理念。除了内在于自身之外，内在性不属于其他任何东西，“没有普遍，没有超越，没有一，没有主体（也没有对象），没有理性，只有过程，过程能够进行统一化、主观化、理性化，不过也仅此而已。”①

德勒兹明确规定了他的哲学事业就是基于差异与重复对柏拉图以来的表象哲学（或再现哲学）进行批判，而拟像隐藏着差异与重复的秘密，可以视之为现代哲学的重要议题之一。他在《柏拉图与拟像》一文中明确提出：“哲学始终追求相同的任务，即图像学（Iconologie）”（*LS*，304），因而拟像成为他所谓“图像学”的重要内容之一。“在拟像中，重复已经以诸重复为对象，差异则已经以诸差异为对象。被重复的是诸重复，被分化（se différencie）的是施行分化者（différenciant）。生命的任务就是使全部重复共存于差异被分配的空间之中。”（*DR*，2）德勒兹从尼采哲学中洞察哲学的新型表达方式，亦即现代哲学的表达方式，他发现了哲学与文学艺术的内关联性：

> 在我看来，哲学史应当扮演与绘画领域中拼贴画相类似的角色。哲学史就是哲学自身的再生。对哲学史的阐释应当作为一种真正的重影而发挥作用，而且，它要包含那属于重影的最大限度的变更（我们可以想象一个在哲学的层面上留着大胡子的黑格尔，一个在哲学的层面上剃光了胡子的马克思——就像被添上了小胡子的蒙娜丽莎那样）。（*DR*，4）

① Gilles Deleuze, *Pourparlers 1972—1990*, Paris: Minuit, 1990, p. 199.

这从某种程度上解释了德勒兹的哲学史研究的独特性，他以拟像的运作方式重构哲学史，把一个个哲学家变成了柏拉图的“重影”，一个个“像被添上了小胡子的蒙娜丽莎”！

在《差异与重复》《意义的逻辑》出版后，拟像概念从德勒兹的著作中消失了，“我认为，我完全抛弃了拟像的观念”[1]，最终拟像被“装配”（agencement）所取代，完成了拟像在德勒兹哲学事业中的使命。直到《什么是哲学？》，德勒兹才偶尔提及拟像问题，不过这已不是他讨论的重要内容。虽然德勒兹不再关注拟像问题，但拟像依然在当时的哲学讨论中留下了极为深刻的印迹，福柯、德里达、利奥塔、鲍德里亚对拟像问题的延伸讨论，呈现出形态各异的研究趋向，大大丰富、深化了拟像研究。甚至可以说，哲学王国围绕拟像出现了一个新的思想群落，这恰恰表明了德勒兹拟像学说的旺盛生命力。在此意义上，我们完全可以如德勒兹所说，期待一种新的哲学——“图像学意义上的哲学”！

六、重新思考影像

尽管德勒兹的“颠倒柏拉图主义”突显拟像，促使拟像上升，并使之挣脱再现体制或摹仿模式而获得自主存在的权利，最终获得“虚假的力量”，但影像一直是德勒兹哲学探索如影相随、无法摆脱的重要议题之一，而且也成为他差异哲学进行演练的关键词

---

① Gilles Deleuze, “Lettre-préface”, in Jean-Clet Martin, *Variations: La philosophie de Gilles Deleuze*, Paris: Payot & Rivages, 1993, p. 8.

之一。早在《差异与重复》中，他就从原则或普遍的自然思维、理想或常识、范型或认知、元素或再现、否定之物或错误、逻辑或命题、样态或解决、目的或知识八个公设批评和驳斥柏拉图主义以来教条式的思想影像，指出这种思想影像是再现中的相同与相似的影像，完全背叛了思想的意义；异化差异与重复这两种力量，也就是异化了哲学的开端与再开端。（*DR*，217）德勒兹的这种分析、阐述与他的颠倒柏拉图主义相辅相成，相得益彰。其实德勒兹旨在通过思想影像来探讨"何谓思考"的问题，探寻一种无影像的思想（pensée sans image）如何才得以可能。在《意义的逻辑》中，德勒兹指出古代三种思想影像：柏拉图主义的上升影像、前苏格拉底主义的下降影像、犬儒学派和斯多葛学派的表面影像。虽然他此时突破了教条式的思想影像，但并未实现影像的彻底革新与重新创造。德勒兹真正实现对影像的全新思考与创造则来自他于20世纪80年代出版的两部电影著作《电影1：运动–影像》（*Cinéma 1: L'image-mouvement*）和《电影2：时间–影像》（*Cinéma 2: L'image-temps*），他指出影像不仅与运动、时间息息相关，而且影像也呈现出虚拟与现实的交互作用；影像不仅是"电影的"视听影像，而且是"哲学的"思想影像。[①]德勒兹因此实现了他从批判"影像的柏拉图主义"到颂扬"影像的柏格森主义"的转向，并最终提出以时间–影像、晶体–影像、虚拟影像与现实影像等概念为主的"影像的德勒兹主义"。"影像的确应该转换潜能（puissance），应该转入一种高级的

---

① 杨凯麟，《分裂分析德勒兹：先验经验论与建构主义》，郑州：河南大学出版社，2017年，第23—24页。

潜能”[①]，变成自行存在、自主存在的影像本身或自在影像。“这是使得我们先前研究终结的问题：使真正的影像摆脱陈俗烂套。”[②]影像既不是原型的复制或再现，也不是对象的相似或摹仿，而是从同一转换为差异，从教条影像的再现转为差异影像的重复，从运动–影像转向时间–影像，从现实事物转向绝对虚拟，由此他探求一种非教条的、非再现的、抛开感觉–运动的、突出视听模式的自在影像。

不少批评者指出德勒兹的电影研究运用影像研究思考本身，突出了影像的哲学特性而非审美或形式特性，忽略或掩盖影像作为审美现象的特殊性，且将影像置于德勒兹本体论哲学的审查之下，将电影影像简化为思维，反而提供一种新的思想影像。[③]即便如此，大多评论者也经不起德勒兹将影像融入其差异哲学的本体论诱惑，最终还是接受了他将影像作为新思考方式的哲学操练。其实，德勒兹想通过电影影像探讨“何谓思考”与“如何思考”，探究电影之思的可能性或可行性，从电影中找到一种思想实验而非概念化的方式。在德勒兹看来，“影像不是对象，而是‘过程’”[④]，影像蕴含着潜能，是“活生生的影像”（image vivante）。影像与其对象的关系发生改变，“影像因为其摆脱对象而变得更加深刻，以便成为

① Gilles Deleuze, *Cinéma 1: L'image-mouvement*, Paris: Minuit, 1983, p. 54. 本书下文凡引用该著作皆采用夹注形式注明法文版缩写（*IM*）和页码。

② Gilles Deleuze, *Cinéma 2: L'image-temps*, Paris: Minuit, 1985, p. 32. 本书下文凡引用该著作皆采用夹注形式注明法文版缩写（*IT*）和页码。

③ Temenuga Trifonova, *The Image in French Philosophy*, Amsterdam-New York: Editions Rodopi BV, 2007, pp. 221—222.

④ Gilles Deleuze, *L'épuisé*, Paris: Minuit, 1992, p. 72. 本书下文凡引用该著作皆采用夹注形式注明法文版缩写（*E*）和页码。

过程本身，即成为简直是可能的甚至不必在身体或对象之中被实现的事件：有点儿像刘易斯·卡罗尔的‘没有猫的微笑’”（*E*，92—93）。而且德勒兹明确指出：“影像恰恰就在于此：不是对象的再现，而是精神世界中的运动。影像是精神生命……重要的不再是任意空间，而是主体所导向的精神生命。”（*E*，96）德勒兹对影像的这种新思考一方面与他20世纪60年代对柏拉图主义以来的思想影像的批判一脉相承，他始终反对影像的再现体制或摹仿模式；另一方面则与他以动态过程来重新定义影像的思考方式相关，他肯定了影像是精神世界中的运动，影像是精神生命，影像融入了他与加塔利孜孜以求的生成哲学，为他的电影研究奠定了坚实的理论根基。与此同时，电影也为德勒兹提供了他对影像进行重新思考的最佳方式，有助于他重新激活柏格森的绵延哲学，对电影进行重新分类，构建一种全新的影像哲学。

诚然，德勒兹在电影著作中提出一种截然不同于电影史研究者通常的影像分类方式，他在《电影1：运动–影像》开篇就明确了他的研究立场与基本取向：“这项研究不是电影史，而是一种分类学、一种对影像与符号的分类尝试。”（*IM*，7）德勒兹以查尔斯·皮尔斯（Charles Sanders Peirce）的符号学对电影影像进行重新分类，转而从他对柏格森的四个评论来分析与研究电影影像，提出了至今仍对电影研究产生重要影响的运动–影像与时间–影像，由此探讨影像本身的特点与电影影像的特性。在德勒兹看来，电影研究可以第二次世界大战为分界线，战前的经典电影取决于感觉–运动模式，运动–影像占据着主导优势，具体可分为知觉–影像、情感–影像与动作–影像，运动–影像是时间的间接呈现；战后以意大利新现实主义与法国新浪潮为代表的现代电影取决于纯视听模式，超越了运动–影像，时间–影像占据着主导优势，具体可分为回忆–影像、梦幻–影像与晶体–影像，时间–影像是时间的直接呈现。德勒兹不满于索绪尔的语言学与符号论，尤其批评了当时法国占主导地位的克里斯蒂安·麦茨（Christian Metz）的电影符号论，他指出电影不是一种语言，而是一种符号，可借助皮尔斯的符号学研究电影影像的内在性与时间性。“德勒兹批评的基本要点是引人深思的，且对于理解他自己的电影符号学是必不可少的。对麦茨的批评集中于两个对于德勒兹批评一般意义上的结构主义是最重要的基本主题，即内在性与时间性。结构主义通过将这两个基本主题简化为普遍的‘结构’（语言符号系统）来忽视不同表达材料的物质性。但这种普遍的逻辑基本上被理解为静止不变的。对德勒兹而言，皮尔斯的符号学恢复了符号与思想相关的时间性的意义以及诸符号有关于支撑它们的表达材料的内在性。”①

为了探讨电影影像的内在性与时间性，德勒兹重新回归柏格森，他再度从柏格森的绵延哲学中获得理论资源与思想启示，将时间、运动与影像融入生命范畴来从电影中探索时间的分化、思想的运动与生命的喷涌，因而柏格森与斯宾诺莎、尼采相比才是德勒兹的真正导师②，两部电影著作可谓是对柏格森《物质与记忆》最才华

① D. N. Rodowick, *Gilles Deleuze's Time Machine*, Durham and London: Duke University Press, 1997, p. 40.

② Alain Badiou, *Deleuze: "La clameur de l'être"*, p. 62.

横溢的“评论”或注释。德勒兹受启于皮尔斯的符号学，亦受启于柏格森的绵延哲学与直观法，他对影像与符号进行重新分类，最终区分出影像的两种基本趋势：运动–影像与时间–影像。在《物质与记忆》中，柏格森提出了一个极其重要的问题：什么是自在存在的影像？在柏格森看来，一切皆是影像，一切皆是运动，影像与运动绝对同一，运动–影像最终与物质合而为一，即影像=运动=物质。德勒兹重新阐释柏格森的影像理论，终结了柏拉图主义的影像再现论，赋予影像自身以内在性的力量，但运动–影像尚未彻底摆脱再现体制，不足以成为自在影像，为此他提出以时间–影像超越运动–影像，最终粉碎感觉–运动模式，或者说时间–影像是被纯化的运动–影像，在本体论的意义上优于运动–影像。“时间–影像不再是经验论的，也不是形而上学的，它在康德所赋予的意义上是‘先验的’：时间脱节了，且时间在纯粹的状态中呈现自身。”（*IT*，355）德勒兹在《电影2：时间–影像》的英译本序言中再次强调了这一点：“从希腊哲人到康德的数个世纪中，一场革命发生在哲学中：时间之于运动的隶属关系被颠倒了，时间不再是一般运动的度量，时间越来越自为地出现，并创造了悖论性的运动。时间脱节了：哈姆雷特的话语意味着时间不再隶属于运动，而恰恰是运动隶属于时间……电影重复了同样的经验、同样的颠倒……所谓经典电影的运动–影像在第二次世界大战后让位于直接的时间–影像。”①

经由康德与柏格森的时间哲学，时间最终摆脱运动的束缚，时

① Gilles Deleuze, *Cinema 2: The Time-Image*, trans. Hugh Tomlinson and Robert Galeta, Minneapolis: University of Minnesota Press, 1989, p. xi.

间–影像最终得以可能。通过柏格森的重新构思，影像获得本体论的意义，自在影像或影像自身成为柏格森论述影像的核心论题，德勒兹则通过时间–影像、晶体–影像、潜在影像与现实影像等概念深入阐释与扩充柏格森的影像本体论，影像最终获得自行存在、自主存在的地位和意义。时间–影像是德勒兹探讨自在影像的关键词之一，可视作他对20世纪60年代时间哲学与差异哲学的重新展开；晶体–影像是德勒兹的时间–影像的基石，是时间的最基本操作，晶体颠倒了时间之于运动的隶属关系，显示着直接的时间–影像。德勒兹为此重新阐释柏格森的圆锥图：平面P为知觉、物质或现在，具有绝对的现实性；倒立的圆锥则是记忆、绵延或过去，具有纯粹的虚拟性；点S则是记忆圆锥与物质平面的唯一交会点，是潜在与现实的交会之处，是影像得以发挥潜能的交会点。“对德勒兹而言，影像只有在与虚拟的记忆圆锥产生再连结时才能索回真正威力，不再停留于简单的运动–影像，晋升为时间–影像。”[①]正是因为将潜在与现实引入影像研究，德勒兹才深入推进了影像研究，使得影像重获生命力。

晶体–影像如何运作，此乃德勒兹关注的核心问题之一，直接关系着时间–影像的发生与运行。“为了时间–影像，现实影像反而必须进入与其自身的这样一种潜在影像的关系之中，必须使得起初的纯粹描述进行自身分化、‘自身重复、自身重启、分叉、自相矛盾’。必须建构一种双面的、互变的、同时是现实的与潜在的影像。”（*IT*，358）德勒兹指出现实影像本身具有一个与之相应的、可作为复本或映像的潜在影像，潜在影像与现实影像存在着一种

① 杨凯麟，《分裂分析德勒兹：先验经验论与建构主义》，第67—68页。

“嵌合”关系，形成一种双面影像，类似于镜中像、片中片。潜在影像是主观的、过去的、被回忆的，它在时间中作为纯粹的回忆存在于意识之外，而现实影像是客观的、现在的、被知觉的，现实影像与其潜在影像因此构成时间–影像的内在圆圈，呈现出记忆与知觉相互作用的圆圈运动，成为晶体–影像内部交换的外部表达。德勒兹最早在一篇被视作“草稿”或“笔记”的短文《现实与潜在》中将晶体–影像确定为潜在与现实、潜在影像与现实影像之间的动态过程，时间的两个面向——流逝的现在的现实影像与自身保存的过去的潜在影像——虽在现实化中被区分，但在晶体化中相互交换，直至两者变得不可辨识，彼此相互借用，因而晶体–影像是现实影像与潜在影像的不可分割的共生共存，是潜在与现实、过去与现在、潜在影像与现实影像、过去影像与现在影像围绕着不可辨识的点而发生着持续交换但又不可混淆的互变影像（image mutuelle）。柏格森在圆锥图式中强调圆锥的不同切面具有纯粹的潜在性，而在蚬壳图式中则强调记忆与知觉的相互作用，突出记忆的不同切面从潜在性向现实化转变的过程。在德勒兹看来：“S点无疑是现实的现在，但严格地说它不是一个点，因为它已经包含了这一现在的过去，即重复现实影像的潜在影像。”（*IT*，108）时间–影像既不是时间的影像也不是影像的时间，而是现实影像与潜在影像进行结晶化的产物。德勒兹基于差异与重复的观念创造性地解释柏格森的蚬壳图，并对柏格森的记忆模型进行改造，使得脱节的时间或非历时性的时间必须通过差异与重复来予以呈现，来自潜在与现实、潜在影像与现实影像的结晶作用。“虚拟过去自我重复于每个差异的现在之中，时间–影像就是自为重复的过去与自在差异的现在的共存。只有在这个条件下且只有以差异与重复作为语言，德勒兹的影像论才真正被建构出来，而时间得以彻底脱离其与运动的再现关系，成为影像的真正威力。”[①]在德勒兹看来，时间–影像就是影像与时间的同一，而且与思想息息相关，由此他实现了从影像=运动=物质到影像=时间=思想的转变，最终建构了“影像的德勒兹主义”。

尽管不少批评者对德勒兹的电影研究有所非议，但德勒兹的确赋予电影以哲学的维度，架起了电影与哲学的桥梁，“构成了一种罕有的哲学与电影的姻缘”（*IT*，272），彼此丰富了电影与哲学的研究领域。《电影1：运动–影像》和《电影2：时间–影像》实则是德勒兹进行思想探索与影像反思的哲学著作，电影貌似变成了德勒兹哲学概念的“跑马场”，他通过电影来进一步阐述他的差异哲学及其相关概念，创造了一种影像拓扑学。不仅如此，德勒兹提升了电影作者的理论地位，将电影作者等同于伟大的哲学家，而且还将电影确定为影像与符号的新实践。“伟大的电影作者就像伟大的画家或音乐家一样：唯有他们自己才对各自的创作谈论得最好。但他们在表述时却变了样，变成了哲学家或理论家……电影的概念不是在电影中给定的。它们无论如何都是电影的概念，不是关于电影的理论……不应再问‘什么是电影？’，而应该问‘什么是哲学？’。电影本身是一种有关影像与符号的新实践，哲学应该作为概念实践来创造影像与符号的理论。”（*IT*，366）

---

① 杨凯麟，《分裂分析德勒兹：先验经验论与建构主义》，第78页。

第三章 德里达：书写、延异与拟像

苏格拉底，这个从不写作的人。

——尼采

书写只不过是言语的再现；奇怪的是，人们热衷于确定影像而不是对象。

——卢梭《语言论未刊残篇》

在法国当代反柏拉图主义的整个激流中，德里达呈现出与福柯、德勒兹不同的思想气质，他挥舞着“解构”的解剖刀穿梭于哲学文本与文学文本之间，从柏拉图主义传统的内部进行“清淤”（désédimentation）和解构，质疑西方自柏拉图以来的整个形而上学传统，也就是对他所谓西方逻各斯中心主义（logocentrisme）的思维模式展开批判。书写（écriture）[①]是德里达批判逻各斯中心主义和语音中心主义（phonocentrisme）的起点，也是他对影像、拟像与幻像以及摹仿、再现进行研究的出发点，由之构成与解构、延异、替补与痕迹相互交织、相互辉映的解构主义，为我们研究和阐发影像、拟像提供了极富有启发意义的思想资源。

综观德里达的像论，他的早期著作《声音与现象》（*La voix et le phénomène*，1967）、《书写与差异》（*L'écriture et la différence*，

① 在法语中，écriture含义较为丰富，既指“文字”，又指“书写”或“写作”，还有“笔迹”或“字迹”等含义。德里达显然是在这些含义的交叉维度上使用这一语词，赋予这个词更加丰富的含义，不仅指语言学意义上的“文字”，而且指与“文字”有关的书写。从《论文字学》开始，“文字”开始转化为“书写”（或写作），德里达开始探讨卢梭、马拉美和索莱尔斯的写作，还有各种非文学的书写，因而他的“文字学”应该译为“文字书写学”或“文迹学”更为合适，即包含着一切与“文字”有关或无关的书写，包括文学、哲学，也包括绘画、音乐、雕塑等。关于这一点，汪堂家先生曾特别提醒读者注意德里达的用词策略：“《论文字学》中的‘文字’则要从古典意义上理解，即，既把它理解为刻画痕迹的活动又把它理解为刻画下来的痕迹。《书写与差异》中‘书写’（l'écriture）既指‘写’，又指‘写下来的东西’；而‘差异’一词的原文（différence）既可表示‘差异’又可表示‘显示差异的活动’，即，我们通常所说的区分。”（参见汪堂家，《汪堂家讲德里达》，北京：北京大学出版社，2008年，第25页。）朱刚也指出：“écriture在法文中同时有‘文字、书写’两种意思，而德里达对该词的使用也恰恰是交替利用这两种意思。这两种意思很难单独在‘文字’或‘书写’中得到表达……它也有动作性的‘书写’之意。”（参见朱刚，《本原与延异——德里达对本原形而上学的解构》，上海：上海人民出版社，2006年，第218页。）另外，德里达的解构主义首先是一种文本解读策略，他选取各种适合他进行“解构”的文本进行解读，之所以如此，与他对作为一种特殊书写的文学的认识密切相关。在一次访谈中，德里达曾指出：“更确切地说是：书写是如何变成文学写作的？书写中发生了什么才导致了文学？”（张宁著译，《解构之旅·中国印记——德里达专集》，南京：南京大学出版社，2009年，第29页。）因而écriture在德里达的哲学中有一个持续的意义增殖过程，“书写”一词的中文内涵更能含纳écriture的“文字”“笔迹”与“写作”等语义，由此écriture在本书主要译为“书写”，有时会根据具体语境译为“文字”“文字或书写”或“写作”。

1967）和《论文字学》（*De la grammatologie*，1967）集中阐述自柏拉图以来的言语与书写的关系，尤其是《论文字学》主要以“柏拉图–卢梭–索绪尔”为主线批判了书写是古典意义上的言语之“像”（影像）的观念，呈现了一种鲜明的反柏拉图主义。《柏拉图的药》（*Le pharmacie de Platon*，1968）[①]可以视作德里达实施解构主义批评策略的最佳范例，他不断地变换着阐释视角，从不同的层面阐释了pharmakon，由此从宽泛意义上的“像”转向了拟像，打开了柏拉图尘封已久的文本空间，演绎了书写、药与拟像之间纵横交错、彼此延异的复杂关系，为我们认识和把握拟像提供了全新的视角与维度。从《柏拉图的药》和《双重场景》（*La double séance*）开始，德里达对“幽灵”问题进行漫长的思考，最终《马克思的幽灵》（*Spectres de Marx*，1993）构建了他的幽灵学，他通过不断地回溯柏拉图来重新评价幽灵性的东西与重影、拟像在柏拉图摹仿论的语境中的关系，开启了拟像研究的幽灵学维度。

一、言语、“文字”与书写

在《论文字学》的“柏拉图–卢梭–索绪尔”主线下，我们始终可以清晰地看到胡塞尔对德里达的深刻影响。从其处女作《胡塞尔〈几何学的起源〉引论》（*Edmund Husserl: l'Origine de la géométrie,*

① 《柏拉图的药》于1968年发表在菲利普·索莱尔斯（Philippe Sollers）和朱莉娅·克里斯蒂娃（Julia Kristeva）主编的《太凯尔》（*Tel Quel*）杂志，后收入1972年出版的《播撒》。从其创作时间上，我们可以看到《柏拉图的药》应该是对《论文字学》中未竟的柏拉图主义进行深入阐述。

traduction et introduction，1954）[1]开始，德里达就从胡塞尔现象学中洞察文字或书写在西方形而上学建构中的意义。在胡塞尔对声音进行现象学还原的语境中，他也对胡塞尔开辟的“书写的现象学方向”之于西方形而上学一再贬斥与抑制的书写进行现象学还原。“恰恰书写的可能性将会确保对象的绝对的传承过程及其绝对的理念客观性”，“正是书写的可能性才使理念性的最终解放得以可能”。[2]及至《声音与现象》，他讨论了“胡塞尔现象学中的符号问题”，开始阐发书写与言语的关系，意在解构西方形而上学的语音中心主义，而《论文字学》则意味着德式“文字学”的正式诞生，文字或书写与言语的关系成为该书研究的核心主线，文字或书写与本原的问题成为该书探讨的核心问题，开启了对逻各斯中心主义与语音中心主义的全面解构，成为德里达解构主义的核心主题之一。

德里达曾在一次访谈中谈到他从胡塞尔现象学中要探寻的“书写”问题，希望解开他挥之不去的“书写之谜”，他说：“在我的哲学研究初期，我开始阅读胡塞尔，写有关文章的时候，也就是［20世纪］50年代初期，在萨特、梅洛–庞蒂等人对现象学的引入之后，我感到了从现象学出发提出科学、认识论问题的需要，这些是他们没有以某种方式研究的问题。因此，我就写出了我的关于科学

① 德里达第一部著作是他1954年完成的《胡塞尔哲学中的发生问题》（*Le problème de la genèse dans la philosophie de Husserl*），他已经察觉到文字或书写之于意义发生的问题，播撒了“文字学”的种子。但该书迟迟没有公开出版，直到1990年才由法国大学出版社出版。

② [法]雅克·德里达，《胡塞尔〈几何学的起源〉引论》，方向红译，南京：南京大学出版社，2004年，第62—65页。

和数学方向的最初著作，在这个过程中，我对书写问题始终关注，寻找在胡塞尔现象学中能够使我对书写进行讨论的内容。他是如何谈论书写的？他把书写看作什么？他如何连接科学、现象学和书写问题的？我在《几何学起源》中找到了这些。我对伊波利特表示要翻译《几何学起源》，要研究它。因为，对于那些从数学对象直观出发构建可交流的观念对象的学者团体来说，这里面有一种对书写，对必然性的简明、概括的说明。胡塞尔说过，只有书写能够给予这些观念对象以其最终的理想性，只有书写能够让这些对象得以以某种方式进入历史：它们的历史性是从书写而来的。然而，胡塞尔的说明是模糊隐晦的，所以我试图形成一种书写观念：它同时使我能够分析胡塞尔那里发生的事情，并且满足向现象学和现象学直观主义提出问题的需要；另一方面，我试图打开继续让我感兴趣的问题：文字记录。什么是记录（铭录）？从什么时刻出发，在什么样的条件下，一种记录是文字的（字面上的）？”①

不过德里达最终在《论文字学》中开始解释那始终萦绕他的“书写之谜”，把言语与书写的关系置于整个形而上学的背景之下进行“解构”，“形而上学的历史，尽管千差万别，不仅自柏拉图到黑格尔（甚至包括莱布尼茨），而且超出这些明显的界限，自前苏格拉底到海德格尔，始终认定一般的真理源于逻各斯：真理的历史、真理的真理的历史（不同于我们将要加以解释的形而上学转

① Jacques Derrida, *Sur parole: Instantanés philosophiques*, Paris: Editions de l’Aube, 1999. 转引自杜小真，《德里达和现象学》，《现代哲学》，2006年第4期，第67页。不过根据《胡塞尔〈几何学的起源〉引论》，这段译文中的“文字”统一改为“书写”更为合适。

向），一直是文字的堕落以及文字在‘充分’言说之外的压抑”[①]。在德里达看来，从苏格拉底之前到海德格尔的西方形而上学一直是逻各斯中心主义或语音中心主义，认为真理源于逻各斯（logos）[②]，言语或语音与逻各斯保持着直接关系，比书写更在场、更具活力；而书写从属于逻各斯和真理，是言语的不忠实的再现或堕落，处于次级的、被压抑的地位，没有什么价值。“书写因其是能指即语音的重影而始终是派生的、偶然的、特殊的、外在的。亚里士多德、卢梭和黑格尔将它称为‘符号的符号’。”（*DG*，46；40）之所以如此，乃因为言语与书写的关系正是西方思想按照二元对立的思维模式得以建构的众多关系之一，这种思维模式建构了下述二元对立关系：善与恶、存在与虚无、真理与错误、同一与差异、在场与缺席、精神与物质、主体与对象、身体与灵魂、生命与死亡、自然与文化、男人与女人、必然与偶然、言语与书写等。不过这两个项不单单是在词义上存在对立关系，而且还隐含着一种不平等的等级关系，赋予第一项优先性、支配性。第一项基本上处于支配性的中心地位，而第二项则仅仅是对第一项的否定与限制，处于附属地位，由之形成了同一之于差异、在场之于缺席、言语之于书写的优先性，从而存在被规定为在场。德里达因而将西方传统哲学称为在场

---

① Jacques Derrida, *De la grammatologie*, Paris: Minuit, 1967, pp. 11—12. 中译本参见[法]雅克·德里达，《论文字学》，汪堂家译，上海：上海译文出版社，1999年，第3—4页。本书下文凡引用该著作皆采用夹注形式注明法文版缩写（*DG*）和页码、中译本页码。

② Logos一词在希腊语中含义极为丰富，有“言说”“道理”“理性”“规律”“分寸”等含义，逻各斯中心主义就隐含着语音中心主义，又隐含着理性中心主义。

形而上学，并聚焦于言语之于书写的优先性来展开对西方形而上学的批判，由此开启了他的解构主义之旅。

德里达的“解构”源于胡塞尔和海德格尔的“拆解”观念，并在融合尼采谱系学的基础上提出自己的解构主义策略。他以最真实的和最内在的思想方式追溯概念的起源、更替、变迁与衍生，敞开文本空间，拆解封闭结构，打破同一、呈现差异，促使文本意义无限增殖。他以这一解构主义策略来追溯言语之于书写的优先性，发现“逻各斯中心主义也不过是一种语音中心主义：它主张言语与存在绝对贴近，言语与存在的意义绝对贴近，言语与意义的理想性绝对贴近”（*DG*，23；15）。“生动的言语”成为“存在的声音”，言者与听者之间没有时间或空间的距离，这种直接性和在场性似乎保证了意义的直接呈现，似乎言语比书写具有更高的价值，而书写变成派生形式、附属形式，变成言语表达的工具。这种传统可以追溯到柏拉图《斐德罗》“文字是言语的影像”的观念；亚里士多德进一步强化了一种“言为心声”的观念，他在《解释篇》中指出：“口语是心灵的经验的符号，书面语言是口语的符号。”[①] 言语与心灵有着直接的联系，是“思想的符号”，并关联着意义的呈现，成为语音中心主义的集中反映。西方表音文字表现了这种语音中心主义，表现了言语之于书写的支配地位。德里达的“文字学”就是批判这种语音中心主义，就是批判在场形而上学。德里达从“书本的终结”中洞察了“言语的死亡”，希望以解构的方式开

① [古希腊]亚里士多德，《工具论》，李匡武译，广州：广东人民出版社，1984年，第55页。

启“文字学与作为文字学的崭新变革”，他以解构主义的策略对言语之于文字的压抑进行“清淤”，“‘理性’支配着被大大推广和极端的文字，它不再源于逻各斯——也许正因如此，它应当被抛弃。它开始拆毁所有源于逻各斯的意义，但不是毁坏，而是清淤（la désédimentation）和解构（la dé-construction）”（*DG*，21；13），呈现“文字”本身的面相。德里达超越了传统的、狭隘的文字观念，扩充了“文字”一词的含义：“现在我们往往用‘文字’来表示这些东西：不仅表示书写铭文（inscription）、象形文字或表意文字的物质形态，而且表示使它成为可能的东西的总体；并且，它超越了能指方面而表示所指方面本身。因此，我们用‘文字’来表示所有产生一般铭文的东西，不管它是否是书面的东西，即使它在空间上的分布外在于言语顺序，也是如此：它不仅包括电影、舞蹈，而且包括绘画、音乐、雕塑等‘文字’。它也可以指竞技文字，假如考虑到那些管理军事和政治领域的技巧的话，它肯定还可以指军事和政治文字。所有这些不仅旨在描述与这些活动发生次要关系的符号体系，而且旨在描述这些活动本身的本质与内容。”（*DG*，19；11）“文字”已经不再局限于书写的字，而且包括一切书写下来的东西，从原始人的“画道道”到小孩子的“涂鸦”，从能指到所指，甚至电影、音乐、舞蹈、雕塑等都可视之为“文字”，乃至军事和政治、生物学和数学等诸多领域也可视之为“文字”。总之，一切与“书写”有关的东西都可称为“文字”——或者德里达喜欢使用的词汇——“痕迹”“文本”；换言之，德里达为了他的解构主义策略的需要而扩充、丰富了“文字”的概念，一切书写都是文字，一切文字都是书写，一切皆痕迹，一切皆文本。德里达认为，从柏拉图至海德格尔的西方形而上学把“文字”或书写置于逻各斯或意义之外，使书写、阅读与文本处于次要地位。他采取“打入内部”的解构策略——“必须从内部入手”（*DG*，39；32）——对形而上学进行解构，批判黑格尔的文字之思、海德格尔的“先验所指”，把尼采从海德格尔式的解读中解放出来。他认为尼采的写作与思想从形而上学–神学的根基处撕开一道裂缝，促使书写、文本与阅读摆脱逻各斯、真理或意义的束缚，敞开了意义创造与意义增殖的文本空间。

二、言语、“像”与书写

统观德里达的“文字学”，一种影像的观念蕴含在言语与书写的运作之中，犹如一种或隐或现的书写留下的“痕迹”（trace）一样挥之不去。这种观念始终隐含着一道反柏拉图主义的阴影，让我们不断地回返到柏拉图在《斐德罗》中所谈及的文字起源神话，促使我们从一个全新的视角来理解和把握德里达的解构主义策略。在《论文字学》中，德里达多次提到柏拉图《斐德罗》的文字神话，认为柏拉图“提出了关于‘像’、绘画与摹仿的理论，这种理论比索绪尔的语言学的诞生所依据的理论更为精致、更为关键、更令人不安”（*DG*，50—51；46）。他洞察柏拉图关于书写、“像”与言语的隐秘关系，这种关系在《斐德罗》中表述为“书写只不过是言语的影像”（《斐德罗》，276a）[①]。根据柏拉图的“床喻”，“理念的床”“现实的床”与“艺术的床”之间存在着一种不平等的等级关系，后者是对前者的摹仿和分有，是前者的摹本或复本，书写与言语的关系在柏拉图看来也遵循着这样一种等级关系，书写是言语的影像或摹本，远离了逻各斯或真理，这本身就隐含着一种柏拉图意义上的拟像观念。卢梭深谙柏拉图的这一理念，他提出一种令人深思的观点：“书写只不过是言语的再现；奇怪的是，人们热衷于确定影像而不是对象。”[②]在书写与言语的关系中，人们热衷于书写作为言语的影像，似乎洞察可见的书写与不可见的声音之间的自然隶属关系，或者它们是柏拉图的可见世界与不可见世界、影像世界与理念世界的翻版。

遵循着柏拉图主义传统，索绪尔不仅指出书写作为言语的派生功能，而且还阐述言语与书写是两种不同的符号体系，对言语的再现是书写存在的唯一理由，书写在本质上外在于语言的内部系统，这无疑肯定了逻各斯中心主义与语音中心主义。在能指（signifiant）与所指（signifié）的构造中，索绪尔保留了柏拉图的书写之“像”，

① 另参见[古希腊]柏拉图，《柏拉图文艺对话集》，朱光潜译，北京：人民文学出版社，1963年，第171页：“你说的是哲人的文章，既有生命，又有灵魂。而文字不过是它的影像，是不是？”；[古希腊]柏拉图，《柏拉图全集》（第二卷），王晓朝译，北京：人民出版社，2003年，第199页：“你指的不是僵死的文字，而是生动的话语，它是更加本原的，而书面文字只不过是它的影像。”（在原译文的基础上有所修改）需要注意的是，德里达在《论文字学》中主要从影像（image）的角度来阐述书写是言语之影像，不过，到了《柏拉图的药》，他开始从拟像（simulacre）来谈论书写与言语的关系，这可能与他参照的《斐德罗》的法译本有直接关系，也与他对书写、言语与拟像关系的重新定位有关。

② 转引自[法]雅克·德里达，《论文字学》，第37页。

他建议保留符号（signe），以所指和能指分别替代概念和“音响影像”（image acoustique）。[1]在此能指是指声音的影像，或者声音的能指是言语的影像；而作为视觉性的能指，书写（或文字）是声音的能指，是“能指的能指”，书写不过是言语的“形象表达”（figuration）。这种将书写归于语言系统外部的构想也为书写的“僭越”埋下祸端，书写不断敲击着心灵的门扉，实施着破门而入的暴力。索绪尔强烈地感受到卢梭提出的“书写僭越”问题，他不得不对书写进行谴责：“首先，语词的书写影像犹如持久、稳固的对象一样使我们产生强烈的印象，它比声音更适合通过时间来构建语言的统一性。这种关系徒然是表面的，徒然制造了纯粹虚假的统一性；它远比声音的唯一真正的自然关系更容易把握。”（*CLG*，46；50）书写作为言语之“像”以及由此形成的关系虽然被索绪尔谴责为“表面的”“虚假的”，但人们更偏爱明晰可见的、持久稳定的书写，也容易接受和把握作为不可见的言语或语音之“像”的、可见的文字或书写，由之书写篡夺主导地位，言语或声音的价值和地位遭到贬低。“在大多数个体的脑子里，视觉印象比声音印象更清晰和更持久，因此他们更偏爱前者。最终书写影像就专横起来，贬低了语音的价值。”（*CLG*，46—47；50）显然索绪尔正是在影像的维度上洞察到书写的篡权，洞察到书写的主导性地位，这致使书写与言语或声音的关系错综复杂，令人难以容忍，同时却令人痴迷不

---

① F. de Saussure, *Cours de linguistique générale*, Paris: Payot, 1983, p. 99. 中译本参见[瑞士]费尔迪南·德·索绪尔，《普通语言学教程》，高名凯译，北京：商务印书馆，1980年，第102页。本书下文凡引用该著作皆采用夹注形式注明法文版缩写（*CLG*）和页码、中译本页码。

已。“难以容忍而又引人入胜的恰恰是‘像’与事物、字符与声音的这种错综复杂的亲密，以至于通过反映、转换与倒置的效果，言语似乎反过来成了‘最终篡夺主导地位’的书写的窥镜。再现与其所再现的东西相互交织，以至于人们说话就像书写一样，人们思考就好似被再现的东西只不过是再现物的影子或映像……映像、像、重影将其再重影的东西一分为二。思辨的本原变成了差异。能被反观的东西不是一，而且本原与其再现、事物与其影像的相加律就是一加一至少等于三。不过把‘像’置于现实控制之下的历史性僭越与理论性怪事被规定为对单一本原的遗忘。”（*DG*，54—55；49—50）在这段论述中，文字或书写与言语或声音的关系通过映像、重影或影子的运动变化发生逆转，两者在人类学习语言的自然关系中被颠倒，“像”与物、本原与再现的关系也解体了本原的同一性，某种差异性的东西悄然而生。卢梭和索绪尔都承认这一点，他们谴责人们被可见的文字或书写搞得眼花缭乱，被这种可见物冲昏头脑，颠倒意义通过书写向心灵呈现的自然性、原始性和直接性，使无意识的心灵突然遭遇书写的暴力。本来一个人在学会写之前先学会说，也就是言语或声音先于文字或书写，但是文字或书写之于言语或声音的暴力却颠倒这种自然关系，导致对“影像–文字”（lettre-image）的反常崇拜。在索绪尔看来，这种对文字的迷信是一种偶像崇拜（idolâtrie）的罪恶，导致了某种自然的偏离。

不过，德里达不同意索绪尔的这种情绪化判断，他试图运用解构主义策略对这一点进行阐释：“因此，解构这一传统并不在于颠倒书写的暴力，也不在于宣布书写无罪，而是在于表明书写的暴力为什么没有降临到无辜语言的头上。之所以存在书写的原始暴力，乃因为语言首先就是书写，并且这一点日益明显。‘僭越’早已开始。正当性的意义出现在轮回的神话效果之中。”（*DG*，55；50）德里达通过不断进行的“清淤”与“解构”，发现索绪尔及其后继者错失“语言学的完整的具体对象”——书写，导致书写四处流浪、漂泊不定。之所以书写会出现这样的窘况，乃是整个西方形而上学传统导致的结果。“与表音–拼音文字相联系的语言系统是产生逻各斯中心主义的形而上学的系统，而这种形而上学将存在的意义确定为在场。这种逻各斯中心主义，这个充分言说的时代，始终给对文字的起源与地位的所有自由思考，给整个文字学加上括号，对它们存而不论，并因为一些根本原因对它们进行抑制，但文字学并非本身有赖于神话学和自然书写的隐喻的技术和技术史。”（*DG*，64；59—60）逻各斯中心主义悬置对文字或书写的起源与地位的自由思考，致使文字或书写遭到抑制与排斥，致使文字或书写成为言语或语音的影像或再现，成为那徘徊在语言学周围的漂泊者。“然而，将书写作为‘外在系统’排除在外是必不可少的，因为书写要落在‘影像’‘再现’或‘形象表达’、语言实在的外在反映上。”（*DG*，66；62）德里达认为从柏拉图至索绪尔的“书写是言语之像”的观念是站不住脚的，存在着很大的问题。由于书写既不是言语的影像或记号，书写既不外在于言语，也不内在于言语，且言语本身也已经是书写，或者说一切人为的痕迹都是书写，由之德里达改变书写与言语的自然关系，使书写进入差异的游戏。

三、延异、拟像与替补

在《普通语言学教程》中，索绪尔是自相矛盾的，存在着前后不一致性。一方面，他承继柏拉图以来的语言理论，肯定言语或语音之于文字或书写的优先地位与支配地位，由此肯定逻各斯中心主义和语音中心主义。“他认为，出于必要的和基本上是形而上学的理由，必须赋予言语以及维系符号和声音的一切联结物以特权。他也谈到思想和话语、意义与声音之间的‘自然联系’。他甚至谈到了‘思想–声音’。”[①]另一方面，索绪尔却肯定符号的差异性原则，将语言界定为差异的符号系统。“语言中只有差异……就拿所指或能指来说，语言不可能有先于语言系统而存在的观念或声音，而只有由这系统发出的概念差异和声音差异……语言系统是一系列声音差异和一系列观念差异。”（*CLG*，166；167）概念和意义也只是符号的差异本身所产生的效果，并不诉诸语言之外的对象，这意味着书写不再是言语的影像，在场形而上学由之遭到否定。“索绪尔的《普通语言学教程》激发了结构主义和符号学，一方面它堪称是对在场形而上学的有力批判；另一方面，它又毫不含糊地肯定了逻各斯中心主义，无可避免地被卷入其间。德里达因此阐释了索绪尔的话语怎样解构了自身。但是他没有为此诋毁《教程》，相反，有一点不容忽视，《教程》的自我解构运动是其力度和韧度的根本所在。文本的价值和力量，在相当可观的程度上赖于它怎样解构同

① [法]雅克·德里达，《多重立场》，佘碧平译，北京：生活·读书·新知三联书店，2004年，第25页。

它相应的哲学。”[①]乔纳森·卡勒回应了不少研究者对德里达的质疑和“诋毁”，肯定德里达正是基于《普通语言学教程》的解构运动进行阅读和阐释，从中发现文本自身的价值和力量，由此为解构主义文学批评提供理论资源。

在《普通语言学教程》中，索绪尔强调了声音的差异，更准确地说是“音响影像”与“音响影像”之间的差异，他指出语言的能指“本质上绝不是声音的，它是无形的——不是由它的物质实体，而完全由把它的音响影像与其他音响影像分开的差异构成”（*CLG*，164；165）。这一区分对索绪尔而言至关重要，但经常被研究者忽视的一点是，“这种情况在另一个符号系统——文字——里也可以看到，我们可以拿来比较，借以阐明这整个问题”（*CLG*，164；165）。索绪尔已经将这种差异原则应用于文字或书写，从整体上提出“语言中只有差异”的观点。这一观点对德里达而言至关重要，《普通语言学教程》本身蕴含着自身解构的要素，本身就蕴含着一种差异游戏。德里达从中洞察到这种差异游戏，将这种差异原则彻底化，成为他的“延异”（différance）思想的重要依据。德里达从《声音与现象》就开始探讨书写与“延异”的关系，逐渐发展出“痕迹”、“替补”（supplément）、“间隔”（spacing）、“原-书写”（arch-écriture）等“概念”[②]，从而将索绪尔的静态的“差异”变成动态的“延异”。différance是德里达生造的一个词，读音

① [美]乔纳森·卡勒，《论解构》，陆扬译，北京：中国社会科学出版社，1998年，第84页。

② [法]雅克·德里达，《声音与现象》，杜小真译，北京：商务印书馆，1999年，第85、104页。

在法语中与“差异”（différence）相同，但书写形式不同。这种以字母a取代e的书写形式显然不能通过声音来区分，沉默的a蕴含着极其丰富的含义，它是字母表的第一个字母，象征着原初的和绝对的起源；它的大写字母A在视觉上像金字塔，象征暴君的死亡，由此开启索绪尔所说的差异游戏。“索绪尔不得不召回的差异游戏，是任何符号的功能和可能性的条件，它本身是沉默的。恰恰两个音素之间的差异令人难以听见，这种差异仅仅容许它们如其所是地存在和运作。”[①] différance的这种“音”同形“异”隐含着德里达对言语与书写的传统关系的怀疑，隐含着书写之于差异的重要意义。虽然德里达赋予“延异”以丰富内涵，但“延异”具有两个基本含义：延迟与差异，也就是différance和différence的词源différer一词的双重含义。德里达从différer的现在分词différant借用a，“延异中的a直接源于différer的现在分词différant”（*MLP*，8），因此也隐含着某种动态性。“这样一来，德里达就有意从某种程度上改变自柏拉图到黑格尔、海德格尔和索绪尔以来的整个西方哲学传统对同一与差异的关系的认识……德里达用différance来表示差异的动态性、过程性对改造传统形而上学具有革命性意义。”[②]

在德里达看来，延异是差异的根源，差异是延异的结果，是延迟着的差异，是正要到来的、正在发生着的差异。延异没有起源，不可定义，它完全超越了“什么是différance？”的问题模式，但德

① Jacques Derrida, *Marges de la philosophie*, Paris: Minuit,1972, p. 5. 本书下文凡引用该著作皆采用夹注形式注明法文版缩写（*MLP*）和页码。

② 汪堂家，《汪堂家讲德里达》，第48页。

里达认为可以在不同的语境下运用延异的词汇家族的成员来描述différance的特征，这些成员有痕迹、替补、间隔、原–书写、原–痕迹等。“痕迹”与延异的关系极为密切，在德里达看来，没有痕迹就没有差异发挥作用，意义也就不会呈现。纯粹的痕迹就是延异，是感性得以丰富的条件。痕迹是指消逝了的东西所留下来的东西，可以是符号、文字、书写、踪迹，也可以指广义的声音。在延异的链条上，某种消逝的东西总是要留下痕迹，它本身也会被后继者“涂擦”，还会留下一道道痕迹，这种差异性的纯粹运动总是通过纯粹的延异得以持续。“在要素或系统之中，没有任何纯粹的在场或不在场的东西。只有差异和痕迹的痕迹遍布各处……延异是差异的系统游戏，是差异的痕迹的系统游戏，也是间隔的系统游戏，正是通过间隔，各种要素才发生了关系。”[①]这种差异的游戏、差异的痕迹的游戏又被德里达称为“原–书写”。痕迹更加古老、更具本源性，实际上是一般意义上的绝对本原（origine），是展示显像与意指活动的延异，也使传统的线性时间观念陷入困境。“对痕迹的思考告诉我们，它不可能仅仅从属于关于本质的存在–现象学问题。痕迹就是虚无，它不是‘在者’（étant），超越了‘是什么’的问题，并且使之成为可能。人们可能再也不会相信原则与事实的对立，但这种对立一直是各种形而上学的、本体论的和先验的形式在‘是什么’的问题系统中发挥作用。”（*DG*，110；107）在德里达看来，痕迹演绎着差异的游戏，呈现出差异的延异，而痕迹在显现差异的

① Jacques Derrida, *Positions,* Paris: Minuit, 1972, p. 38. 中译本参见[法]雅克·德里达，《多重立场》，第31页。

游戏时既不是在场也不是缺席，痕迹最终成为在场的拟像。“痕迹不是在场，而是自身脱位、自身移位、自身指涉的在场的拟像，它本来就没有场所，涂擦属于痕迹的结构……这种结构的悖论，用形而上学的语言来说就是产生如下效果的形而上学的概念的颠倒：现在变成符号的符号、痕迹的痕迹。它不再是任何指涉在上一层级中所指涉的东西。它变成一种在普遍化的机构中的功能。它是痕迹，而且是痕迹的涂擦的痕迹。”（*MLP*，25）

与延异密切相关的另一个核心关键词是“替补”。书写是对言语的替补，体现了一种“替补”的逻辑。“替补”的主要含义是“替代”与“补充”。“但替补进行补充。书写仅仅为了替代进行补充。它介入或潜入替代性（à-la-place-de）；如果它进行填补，就好像人们填补虚空一样。它通过在场的原有欠缺进行再现和充当影像（fait image）。替补既是补充又是替代，它是一种附属物，是进行替代的附属诉求。”（*DG*，208；209）这种替补的逻辑意味着本原的“虚空”，意味着本原是欠缺的、不在场的，因此本原需要替补来补充原有的欠缺，需要替补来再现和充当影像，最终替补在一种延异的关系中替代本原，因而替补是“危险的”。卢梭将书写视作危险的手段，认为书写是对不在场的言语的补充，“书写作为影像或再现来补充言语或与言语进行结合”（*DG*，207；208）。书写作为言语的补充手段是在言语不在场时逼迫言语出场而精心设计的圈套，是“奇怪的”而又危险的、充满暴力的补充手段。不过，德里达却从卢梭的谴责中洞察到一种“替补”的逻辑、一种替补的悖论：替补既威胁着本原又拯救了本原，既是对本原的遮蔽，又是对本原的实现。在替补链上，“符号、影像和再现要替补不在场的在场，它们是骗人的错觉”（*DG*，221；223）。替补既非在场也非不在场，本体论不能思考替补的功能。传统形而上学所追求的永恒在场的本原变成“不在场的在场”，被符号、影像和再现所替补，最终导致了那作为“幻影”（mirage）的本原。“替补的中介产生了它们所延异的那链接本身的意义：事物本身的幻影、直接在场的幻影、原始知觉的幻影。直接性是派生的。一切都从中间状态开始，这是‘理性理解的’部分。”（*DG*，226；228）

四、书写、药与拟像

在《论文字学》中，德里达基于“柏拉图–卢梭–索绪尔”的主线批驳柏拉图以来的“书写是言语之像（image）”的观念；然而到了《柏拉图的药》，德里达对书写的认识发生根本性改变，书写不仅可以作为药，兼具“良药”与“毒药”之功能，而且书写开始作为拟像发挥作用。德里达以精妙独到的解构主义解读策略对pharmakon的不同翻译进行层层剖析，他认为法语用remédie（良药）、poison（毒药）、drogue（药剂）、philtre（媚药或魔药）都无法传达pharmakon的丰富内涵。他通过分析《蒂迈欧》《斐德罗》《菲莱布》和《普罗泰戈拉》等对话来对作为pharmakon的书写进行区分，从善与恶、真与假、内与外、本质与表象等对立价值评价好的书写和坏的书写。尤其在《斐德罗》关于书写与言语的关系上，他批评“书写是言语之‘像’（image）”的译法，赞成“书写是言语的拟像（simulacre）”的译法，这在某种程度上可视作德里达在书写的问题上从宽泛的“像”转向拟像，书写与拟像在差异的运动中呈现了德里达的解构主义策略。

在《斐德罗》中，柏拉图叙述了一则文字神话：文字之神Theuth向埃及国王Thamous展示他的各项发明，谈及文字时，Theuth说：“大王，这项发明可以使埃及人受更多的教育，有更好的记忆力，它是医治教育和记忆力的良药！”国王回答道：

> 多才多艺的Theuth，能发明一种技术的是一个人，能权衡应用那种技术的利弊的是另一个人。现在你是文字的父亲，由于笃爱儿子的缘故，把文字的功用恰恰给说反了！你这个发明结果会使学会文字的人善忘，因为他们就不再努力记忆了。他们就信任书文，只凭外在的符号再认，并非凭内在的脑力回忆。所以你所发明的这剂药，只能医再认，不能医记忆。至于教育，你所拿给你的学生们的东西只是真实界的形似，而不是真实界的本身。因为借助文字，他们可无须教练就可以吞下许多知识，好像无所不知，而实际上却一无所知。还不仅此，因为自以为聪明而实在是不明智。（《斐德罗》，274c—275b）

在这则神话中，文字作为礼物献给国王，国王的评判决定了文字的价值，也正是在这一点上，苏格拉底借助国王之口来攻击书写的含混效果：表面上，通过文字进行的书写似乎有助于记忆，让更多的人接受教育，学到更多的知识；实际上，通过文字的书写却助长了人们健忘的恶习，不利于人们掌握真理。首先，从国王Thamous与Theuth的功能来看，国王是言语之神，是众神之王，他通过言说来创造世界，从不进行书写，因而书写毫无必要；而Theuth是书写之神，是附属之神，他希望通过书写来助人记忆，促人认识真理，因而书写有益于真理。苏格拉底与柏拉图的关系不就如同国王Thamous与Theuth的关系一样吗？苏格拉底是个述而不作的人，尼采曾言："苏格拉底，这个从不写作的人。"[①]而他的弟子柏拉图则是苏格拉底的记录者或"传声筒"，终生以记录恩师的言行为荣。Theuth把文字或书写比作灵丹妙药，有助于人的记忆；而国王却认为其效果适得其反，只会导致记忆力衰退，这两者的观点不就是pharmakon的含混效果吗？两种性质相反的功效置入同一个词中，呈现出同一事物的不同面向。其次，从国王Thamous与Theuth的关系来看，国王就像父亲一样发挥作用，Theuth把作为pharmakon的文字或书写呈献给父亲，惨遭父亲拒绝、贬斥，由之柏拉图主义的模式就在于把言语（逻各斯）的起源和权力分配给父亲的位置，与整个在场的形而上学密切相关。一旦失去父亲，逻各斯也只不过是书写，因而书写与父亲的缺席息息相关，处于一种弃儿的地位，活生生的逻各斯与僵死的文字书写形成鲜明对比。

通过谱系学的方法，德里达追溯文字神话的起源，发现这一神话与埃及、巴比伦、亚述的神话具有相似的结构，尤其在古埃及神话中，Theuth对应着图提（Thot），Thamous对应着太阳神阿蒙拉（Amon-Rê），两者存在着一种父子关系。阿蒙拉是万物之父，通过

① 转引自[法]雅克·德里达，《论文字学》，第7页。

言说创造世界万物，他是一个“隐匿者”（le caché），是一个被隐匿的太阳。图提是阿蒙拉的长子，是神的代言人，是一个被孕育的神，是一个反射太阳光辉的月亮。因而阿蒙拉与图提的关系隐含着彼此对立的二元结构：言语与书写、生命与死亡、父亲与儿子、主人与仆从、灵魂与身体、内与外、善与恶、严肃与游戏、白昼与黑夜、太阳与月亮等，意味着一种主从的附属关系。作为次级语言的神，图提把差异引入语言，“他只有通过换喻性替代、历史性移位以及偶尔为之的暴力性颠覆才能变成创造性言语的神”[①]。德里达认为这一点如同《斐莱布》所描述的Theuth一样，他实际上是被诉诸差异的作者，也就是语言中进行差分化的作者，也是将无限多样性引入语言的作者。（《斐莱布》，18b—c）“这种替代就这样使图提取代阿蒙拉，就如同月亮取代太阳。书写神也由此变成阿蒙拉的替补者，他在阿蒙拉缺席和基本上消失的时候补充和替代阿蒙拉。这就是月亮作为太阳的替补的起源，是黑暗之光作为白昼之光的替补的起源。书写，作为言语的替补。”（*LD*，100—101）作为阿蒙拉的替代者，图提就像反射太阳光的月亮一样，自身不发光。这种替补就像一种“痕迹”和“替补”的纯粹游戏一样运作，由之图提又悄然引入重复，他变成亡灵的记录者和复活神，他在生命与死亡之间更关注作为生命之重复的死亡与作为死亡之重复的生命、生命的复苏与死亡的重启。图提正是在这种替补的过程中重复一切，因此书写神也是医药神，他在“同”与“异”的游戏中进行替代行动，成

① Jacques Derrida, *La dissémination*, p. 100. 本书下文凡引用该著作皆采用夹注形式注明法文版缩写（*LD*）和页码。

为pharmakon的含混性呈现。因此，书写无论好坏，本身都不具有本质或价值，因为言语关系着生命、记忆、知识与真理，真理的运动意味着记忆逐渐展开，促使生命去认识真理；而书写连接着死亡、遗忘、无知与非真理，书写的展开意味着遗忘力量逐渐增加，扩大了死亡、无知与非真理的领域。书写在拟像中进行游戏，以痕迹来摹仿记忆、知识、真理等，因而书写的人在神看来不是有智慧的人（sophoi），而是伪装的或自吹自擂的智者（doxosophoi），由此把哲人与智者或者说把苏格拉底与吕西亚斯区分开来。以苏格拉底为代表的哲人是述而不作的言说者，以吕西亚斯为代表的智者是伪装的书写者。柏拉图正是从书写的角度对智者们提出控诉："依赖书写的人吹嘘着书写向他提供保证的权力和知识，这个被Thamous揭穿的拟仿者（simulateur）具有智者的全部特征：《智者》（268c）所说的'有智慧的人的摹仿者'。"（*LD*，120）书写的人就像智者们的孪生兄弟，从事着类似的活动：智者们貌似多才多艺，卖弄着所谓"真知灼见"，他们炫耀的不是记忆本身（mnème），而是档案、复制品、引文、笔记、传说、故事、族谱之类的遗迹（hypomnémata），是众多的回忆录，他们以此来满足贵族青年们的需求，赢得欢呼。智者们假装知道一切，他们的"博学"也不过是假象而已，实际上他们远离记忆与真理，走向拟像世界。书写亦是如此，助长了记忆力衰退，而非有生命的记忆，与知识、真理和辩证法相异。书写类似智者们玩弄的把戏，是对知识和真理的摹仿。"这种语言的技艺是由追随信念的人，而不是由知道真理的人来展现的，它实际上是一种可笑的技艺，或者说它实际上根本不是技艺。”（《斐德罗》，262c）德里达通过在书写、拟像与智者之间建立起一种相似关系来阐释书写的拟像性特点，当然他意不在“回归智者”（retour-aux-sophistes），他也从智者与哲人、诡辩学派与柏拉图主义的对立中洞察到智者们也曾劝告世人要运用记忆，而不是依赖书写。苏格拉底的确盗用了智者们的论证，采取以子之矛攻子之盾的策略来攻击智者们，在真理与书写之间竖起了柏拉图主义的层层围墙。

柏拉图在《斐德罗》中借用智者Isocrate或Alcidamas的论证来反对书写，攻击作为拟仿者的智者学派。为了恢复他们所摹仿的真理，柏拉图也拟仿这些摹仿者。“辩证学者实际上如何拟仿他谴责为拟仿者、拟像之人的人？一方面，智者们像柏拉图一样劝告人们运用记忆。不过，如前所述，这是为了能够无知地进行言说、为了无判断地进行吟诵，无须担心真理，只是为了提供符号。更确切地说，是为了兜售它们。通过这种符号的经济，智者们在他们自我辩护时就是书写的人。”（*LD*，128）在柏拉图看来，智者们就像诵诗人伊安一样无知地进行言说，对他吟诵的荷马史诗毫无判断。他可以凭着他的吟诵技艺获得比赛头奖，但他只是提供语言符号，对真理和灵魂没有兴趣。智者们以生动的修辞和活生生的言语感染听众和打动听众，柏拉图批评他们以花言巧语蛊惑青年，其实苏格拉底在柏拉图的笔下就是这样一副智者的形象，就是一名被指控蛊惑青年最终被判喝毒药而亡的“巫师”（pharmakeus）；智者们是进行书写的人，他们兜售符号，获得钱财，赢得尊敬；柏拉图虽然从事诱捕智者的工作，但他实际上拟仿了智者，他通过书写记录恩师苏格拉底的思想，必然要通过书写来唤起对善和真理的回忆。因而，德里达认为有两种pharmakon：哲人的pharmakon，关系着理念、真理、辩证法和哲学，与之相对立的是智者的pharmakon和对死亡的恐惧，由之pharmakon没有固定的本质和属性，也不具有同一性，含混不清、模棱两可。"如若pharmakon是'模棱两可的'，那恰恰为了构建对立项相互对立的中间地带，构建使彼此相互关联、相互颠倒、相互融入的运动和游戏（灵魂/身体、善/恶、内/外、记忆/遗忘、言语/书写等）。正是在这一游戏或运动中，对立者或差异物才被柏拉图终止。pharmakon是差异的运动、场所和游戏（产物）。它是差异（différence）的延异（différance）。在其不清楚的阴影和前夜中，它坚持保留着辨别要从中划分出来的差异物与纠纷。"（*LD*，145—146）作为pharmakon的书写穿梭于柏拉图主义的二元对立之间，开启了相互关联、相互颠覆、相互逆转、相互游戏的差异运动，是差异的延异。

随着文本分析的层层推进，书写的内涵逐渐发生变化，书写与拟像、差异、重复的关系也发生变化。"在幻像或拟像的名义下，柏拉图从最激进的、极其苛刻的角度把那如今突出的部分谴责为书写。至少我们能够从哲学和摹拟学的内部来命名那超越柏拉图由之界定幻像的概念之间的对立的东西。超越这些对立、超越真理、非真理的价值，我们可以猜到书写的这种盈余不再能简单地被拟像或幻像加以定性，尤其不能被书写的古典概念加以定性。"（*LD*，159）书写超越它的古典内涵——书写是言语之"像"，书写在"像"的替补运动中填补拟像。"书写不是自主的意指领域，它是衰弱的言语，是没有完全僵死的东西：一个不死的亡灵、一个延迟的死者、一种推迟的生命、一种噪声的伪饰；活话语的鬼魂（fantôme）、幻像、拟像不是死气沉沉的，它不是没有意义，只是它意义有限，且总是相同。这个甚微的能指、这种没有担保者的话语就像全部的鬼魂一样：漂泊不定。”（*LD*，165）书写变成漂泊不定的弃儿，远离逻各斯，像鬼魂一样飘忽不定。柏拉图在《斐德罗》中通过苏格拉底与斐德罗的对话明确指出书写不过是拟像而已：

> 苏格拉底：此外是否还有另一种文章，和上述那种文章是兄弟却是嫡出的呢？我们来看看它是怎样生出来的，以及它在本质和效力两方面比上述那种要强多少。
>
> 斐德罗：你说的是哪种文章？依你看，它是怎样生出来的？
>
> 苏格拉底：我说的是现在学习者心灵中的那种有理解的文章，它是有力保卫自己的，而且知道哪时益于说话，哪时益于缄默。
>
> 斐德罗：你说的是哲人的文章，既有生命，又有灵魂。而文字只不过是拟像（eidôlon）？
>
> 苏格拉底：对极了，我说的就是那种。（《斐德罗》，276a；*LD*，171）[①]

---

① 在这一段陈述中，柏拉图借苏格拉底之口指责了书写的沉默不语，指责书写就是拟像。值得注意的是，德里达引用了法国古典学家罗斑（Leon Robin）的现代译文，eidôlon被译为simulacre（拟像），而不再是布德学会（Association Guillaume Bude）版本的传统译文，eidôlon被译为image（像）。

五、幽灵、影像与拟像

通观德里达的哲学世界，“幽灵”（spectre）始终在德里达的著作中徘徊，时隐时现，“几十年来，我的著作到处出现了众多幽灵”①，“声音”“书写”“他者”“精神”“朋友”等概念似乎成了“幽灵”的变体，持续游荡在德里达的文本之间。与此同时，“幽灵”与死亡、“像”/“影像”“拟像”密不可分，共同构成德里达幽灵学的重要内容。及至《马克思的幽灵》，德里达从《哈姆雷特》的“鬼魂”显形入手，阐述了幽灵的特点、呈现方式与马克思主义的关系，集中论述他所谓“幽灵学”或“幽灵诗学”，进而明确“幽灵”与哲学、伦理学、政治学、当代技术等领域的多维关系。“至于幽灵性的逻辑——与（作为可重复性的效果的理想性的理性化的）理念之理念、动机本身密不可分，让我们不要谈解构的‘理念’，这种逻辑以最常见的、清楚的方式在我过去二十余年

① 方向红认为德里达在早期著作《胡塞尔〈几何学的起源〉引论》中就提到幽灵或鬼魂的概念：“然而，当我们谈论隐蔽在人类中的理性时，我们很难摆脱官能或权能的心理学鬼魂……胡塞尔早在他的心理主义批判中、在‘回到实事本身’作为‘真正的实证主义’的来临这一主题中就要求将心灵能力的幽灵以及所有传统实体主义的残余全部驱逐出去。”但他指出德里达从1982年出版的《他者的耳朵》才开始出现了一个“幽灵”概念的谱系，呈现出“第三只耳朵”“精神”“朋友”等形态。关于这一点，参见方向红，《Unheimlichkeit：幽灵与真理的契合点——德里达“幽灵”概念的谱系学研究》，《现代哲学》，2006年第4期，第72—77页。这一论点失之偏颇，缺乏对德里达幽灵学的整体观照，因为“幽灵”从《播撒》（1972）就开始成为德里达后期著作经常与死亡、鬼魂、坟墓等一起出现的概念，而不是1982年出版的《他者的耳朵》。关于这一点可参见德里达等人合著的《游戏中的马克思》：“几十年来，我的著作到处出现了众多幽灵。”（Jacques Derrida, Marc Guillaume, *Marx en jeu*, Paris: Descates & Cie, 1997, pp. 57—58.）

出版的论著中，尤其在《论精神》（*De l'esprit*）一书中发挥着作用。‘归魂’（revenant）也是《论精神》的第一个名词（我将谈论归魂……）。”[①]因而，从时间节点上看，《播撒》应该是德里达探讨幽灵学的真正起点，而且《播撒》的内容也充分证明幽灵与死亡、幻像、拟像的密切关系。“毕竟有关鬼魂、鬼影和幽灵的思想始终在德里达的全部著作（从《播撒》[1972]到《绘画中的真理》[1978]、从《为了保罗·德曼的回忆》[1988]到《每次都独一无二，世界的终结》[2003]）中起作用。”[②]从《柏拉图的药》和《双重场景》开始，德里达就对“幽灵”问题进行深刻的研究，最终构建了独具特色的幽灵学。

如若从词源上探讨“幽灵”问题，我们的目光将不得不投向古希腊世界，不得不探讨“幽灵”与“像”（eidôlon）、“幻像”（phantasma）、“鬼魂”（phasma）和“灵魂”（psuche）之间的密切关系。这些词语经常出现在荷马史诗、古希腊悲剧、柏拉图对话录等作品中，关联着影子、水中影、镜中像、梦境等词语，意味着某种可见的或视觉性的东西，模模糊糊，极不真实。例如，奥德修斯游冥府时看到了众多希腊英雄的“幽灵”，他们的音容笑貌与生前相似，不过他们飘忽不定，难以捉住，“幽灵”或“亡魂”由此成为“像”的呈现形式之一，徘徊在生与死、实在与非实在之间，变成了生者的重影。法国古典学家韦尔南曾以石像（colossos）

① Jacques Derrida, *Spectres de Marx*, Paris: Galilée, 1993, p. 24. 本书下文凡引用该著作皆采用夹注形式注明法文版缩写（*SM*）和页码。

② Kas Saghafi, “The ghost of Jacques Derrida”, *Epoché*, Vol. 10 (Spring 2006), pp. 264—265.

为例来探讨“像”与幽灵、亡魂、偶像、梦境、影子等现象的关系，尽管这些词语之间的词义差异较大，但它们都涉及“重影”：“在墓底代替尸首的是石像，目的不在于重现死者的相貌，不在于展现死者的肉体面目。化身并固定在石头上的不是死者的外形，而是他在彼岸世界的生命，这个生命与尘世的生命相对立，就像黑暗的世界与光明的世界相对立一样。石像不是一个外形，它是一个重影，正如死者本身是生者的重影一样。”[①] 因而，在古希腊人的观念中，“幽灵”或“鬼魂”经常作为生者的“重影”与这些词汇交织在一起，“值得认真研究的是这些意义有所不同的词语如何用西方哲学语言来翻译——如figura，forma，simulacrum，effigy与imago（此后的image）——柏拉图主义在整个西方形而上学中所主导的翻译以及由之进行的解释”[②]。

在《双重场景》中，德里达将马拉美（Mallarmé）的评论《摹拟》（Mimique）与柏拉图的《斐莱布》进行对照性解读，将西方传统的摹仿论置于现代主义的文学语境中进行考量。他的这一研究启发我们重新思考一种充满“幽灵性”的摹仿理论，重新激活那些居于生与死、在场与缺席、实在与非实在之间的拟像、幻像、重影和鬼魂，促使它们相互交织、相互游戏。在德里达看来，柏拉图的摹仿论必然关系着形而上学的真理观，必然涉及柏拉图的理念论。“但在这两种情况下，摹仿（mimesis）被要求遵从真理：摹仿或

① [法]让-皮埃尔·维尔南，《希腊人的神话和思想——历史心理分析研究》，第337页。维尔南即韦尔南。

② Kas Saghafi, “The ghost of Jacques Derrida”, *Epoché*, Vol. 10 (Spring 2006), p. 265.

者以摹本或重影替代存在者的方式妨碍物本身的‘去蔽’，或者通过重影的相似来为真理效劳。尽管本身被书写所摹仿，但逻各斯只有作为真理才具有价值；也正是在这一名义下，逻各斯才被柏拉图质询。”（*LD*，213）在第一种情况下，摹仿通过摹本替代原型的方式进行，例如书写之于言语的摹仿，远离真理；在第二种情况下，摹仿根据相似性的原则来为真理效劳，正如言说之于逻各斯，直接呈现真理。在《理想国》中，柏拉图通过“床喻”谴责荷马和悲剧诗人，认为他们是摹仿者，他们制造幻像，与真理隔了两层，由此远离真理与实在。（《理想国》，599a）[①]“床喻”具有层次鲜明的等级关系，被德里达称为摹仿的“临床范式”（paradigme clinique）（*LD*，213，253）[②]：“理念的床”居于最高层，具有绝对的优先性；“现实的床”次之，是对“理念”的摹仿，是理念的摹本；“艺术的床”处于最底层，是对现实的摹仿，是“摹本的摹本”，因而作为“摹本的摹本”的“拟像”在这个等级关系中是最低级的，理念与实在先于它而显现，在本体论上具有优先权和主导权。进而言之，被摹仿者处于更加实在的、更具本体性的等级，由所指、单纯物所构建；而摹仿者处于次级的、远离真理与实在的

① 在《智者》（265a—b）中，柏拉图也谴责智者们从事着摹仿活动，是影像的制造者，不是实物的制造者。

② 在法语中，lit的词义是“床”，不过它又是动词lire（读）的第三人称单数的直陈式现在时动词变位。德里达在此玩弄了一个文字双关游戏，既要对柏拉图的摹仿论进行“临床分析”，又要进行重新解读，最终通过分析马拉美的《摹拟》来使“柏拉图的临床范式”不再发挥作用。“《摹拟》的句法打上了‘非柏拉图主义的’拟像移动，其中‘le lit’（床、读它）在功能上变得混乱，直至承认主体的多样性的境地，在这些主体中你未必找到自己。柏拉图的‘临床范式’不再可行了。”（*LD*，253）

等级，由能指、重影所构建。因而，好的摹仿应该遵循着真理的过程，忠实地、似真地摹仿被摹仿者，真理的规则、秩序、法则就是在场者的在场（la presence du présent）。在德里达看来，被摹仿者与摹仿者之间存在着一种类似幽灵显现的关系，像写作和绘画等摹仿性艺术远离真理与实在，只是后者的显现而已。德里达通过《斐莱布》的对话为这一点提供佐证，阐释了柏拉图意义上的灵魂、书写与绘画的隐秘关系。柏拉图以书比喻灵魂的方式阐释书写与绘画，他认为书写是对活生生的逻各斯的摹仿，逻各斯决定它的价值与意义，而绘画则是对书写的摹仿，摹仿的摹仿，远离逻各斯和真理。“逻各斯确实以理念（eidos）的原型为摹本，书再生产了逻各斯，而且一切都根据这种有关重复、相似、再重影、复制的关系来组织，经由这种镜子的光芒和反射的过程，其中事物、言语与书写相互映照。”（*LD*，214）书写与绘画只有在彼此被解释为活物、活生生的言语的影像、再生、再现、重复和动物性的形态时才是彼此的影像。因而，柏拉图始终拒绝书写与绘画在“本来的”意义上对事物本身产生直觉，因为它们只不过与摹本、摹本的摹本有关。“我们在得出意见和论断的时候要把视觉或其他感觉去掉，在此之后这位画家又在我们心中绘画，也就是在我们先前对之发表过意见和论断的那些对象的图画或影像。”（《斐莱布》，39b—c）

不过，在德里达看来，绘画与逻各斯之间出现一种奇怪的关系，一方始终是另一方的替补，绘画逐渐摆脱逻各斯的束缚，在隐喻的意义上与书写相互指涉，而且在柏拉图主义的内部出现“反柏拉图主义”。由此，德里达通过解读马拉美的《摹拟》使幽灵、拟像或幻像进入相互游戏，开启了与德勒兹“颠倒柏拉图主义”不同的“没有颠倒柏拉图主义及其传统的移位”（*LD*，240）。德里达没有像德勒兹那样致力于摹本与拟像的区分，而是基于摹仿的维度将书写与拟像联系起来，由之书写开启“重影、摹本、摹仿、拟像的可能性”（*LD*，181），进而改变柏拉图基于“临床范式”对拟像的界定。拟像不再是摹本的摹本，而是徘徊在“像”与原型之间，因此拟像是没有原型的“像”，既不是“像”，也不是原型，而是居于两者之间。马拉美在《摹拟》中分析了充满死亡氛围的哑剧剧本《皮埃罗杀妻》（*Pierrot assassin de sa femme*），这个剧本讲述了皮埃罗（Pierrot）发现妻子高隆比娜（Colombine）不忠，把她捆绑在床上，挠她的脚心，令她狂笑而亡。

> 马拉美就这样保留摹拟或摹仿的差分结构，但摈弃了柏拉图主义的或形而上学的解释，后者意味着在某个地方存在者的存在被摹仿。马拉美甚至坚持（置身于）一种如同柏拉图那样定义的幻像结构：作为摹本之摹本的拟像。不再有原型，也就是不再有摹本，而且这一结构（也包含了柏拉图的文本，包括他试图对文本的逃避）不再被用于指涉形而上学乃至辩证法。（*LD*，234—235）

马拉美式的移位导致没有指涉对象的摹仿，在摹仿与摹仿的差异游戏中对摹仿进行摹仿，就像对柏拉图的拟像进行拟仿一样，因此拟像不再是理念的派生物，而是像空洞的幽灵一样的“重影”。

德里达指出马拉美的这种“没有颠倒柏拉图主义及其传统的移位”，认为马拉美在摹拟与摹仿之间或摹仿与摹仿之间让剧中人物皮埃罗像没有肉身的鬼魂一样到处游荡。皮埃罗瘦骨嶙峋、脸色苍白，犹如僵尸的面孔一般，致使柏拉图的“临床范式”遭遇危机。此外，德里达在《双重场景》中还玩弄一个文字游戏：apparaître与l’apparition，后者是前者的名词形式，两个词既指一般意义上的显现或出场，同时又可以指神或鬼魂的显灵，德里达如同阐释pharmakon（药）一样巧妙地利用apparence（表象）的含混性来获得一种幽灵性效果。“语词apparence的历史性含混（既是现在的存在者[l’étant-présent]的显现或显灵，也是现在的存在者在它的表象后面的掩饰）提供了它在这一既非综合的也非冗余的序列上的未定褶皱：‘在现在的虚假表象之下’（sous une apparence fausse de présent）。”（*LD*，239—240）在《皮埃罗杀妻》的哑剧表演中，表演者保罗·马格利特“在现在的虚假表象之下”摹仿过去发生的杀妻过程，也就是以现在时的方式摹仿一个过去的事件。表演者马格利特轮番扮演着皮埃罗与高隆比娜，也就是谋杀者与被谋杀者，最终在痉挛和狂笑中达到戏剧高潮。

马拉美极其重视摹拟与拟像，认为我们所面对的是没有摹仿任何东西的摹拟，是每种使任何东西再重影的重影。在这种充满镜像的游戏中，皮埃罗就像一个面目狰狞的鬼魂一样游荡，“没有任何肉身，飘荡不定，没有过去，没有死亡，没有出生，也没有在场”（*LD*，234）。德里达在《双重场景》中不断重复着《摹拟》的一个句子：“无声的独白，那苍白的鬼魂从头到尾以表情与手势依恋着他的灵魂，就像一张尚未被书写的白纸一样”（soliloque muet que, tout du long à son âme tient et du visage et des gestes le fantôme blanc comme une page pas encore écrite），一个拟像式的幽灵游荡在《皮埃罗杀妻》《摹拟》与《双重场景》之间，不再有原本与摹本，哑剧演员没有再现任何东西，也没有摹仿任何东西，不再遵从任何外在的指涉对象。“《摹拟》的皮埃罗与《受罚的小丑》（*Pitre châtié*）的‘不祥的哈姆雷特’（mauvais Hamlet）可以这样被彼此解读……皮埃罗就是那萦绕着马拉美文本的哈姆雷特的全部兄弟。”（*LD*，222）值得注意的是，德里达在这里引用了马拉美的诗《受罚的小丑》，其中“不祥的哈姆雷特”与皮埃罗成为“难兄难弟”，不仅萦绕着马拉美的文本，而且还暗示了德里达的《马克思的幽灵》与《哈姆雷特》的隐秘关系，为“哈姆雷特的鬼魂”在《马克思的幽灵》中的出场埋下了伏笔。

“哈姆雷特的鬼魂”最终在德里达“马克思主义往何处去？”（Whither marxism ? / Où va le marxisme ?）的追问中骤然登场[①]，它也是马克思和恩格斯撰写《共产党宣言》的灵感来源：“一个幽灵，共产主义的幽灵，在欧洲徘徊。”[②]德里达恍然洞察到两者的内在秘密，他开始像哈姆雷特一样“与鬼魂交谈”，希望最终在生与

---

① 1993年4月，加利福尼亚大学思想与社会中心召开了题为“马克思主义往何处去？”的大型国际研讨会，德里达受邀做了两次专题发言，题目是“马克思的幽灵——债务国家、哀悼活动和新国际”，后经扩充修改，于同年由Galilée出版社出版。

② [德]马克思、恩格斯，《共产党宣言》，中共中央马克思恩格斯列宁斯大林著作编译局译，北京：人民出版社，1964年，第21页。

死之间学会生活：

> 学会生活，如果此事有待于去做，也只能在生与死之间进行。既不仅仅在生中，也不仅仅在死中。那是在两者之间发生的事，而且是在某人所乐意的所有“两者”之间（如生与死之间）发生的事，只有与某个鬼魂一起才能维护自身，只能与某个鬼魂交谈且只能谈论某个鬼魂。因此必须对灵魂有所认识。尤其是，如果这东西或者幽灵并不存在，如果那既非实体、又非本质、亦非存在的东西本身永远也不会到场……并且这种与幽灵共存也是，或者不仅仅是记忆政治学、遗传政治学和生成政治学。（*SM*，14—15）

德里达重提柏拉图在《理想国》中的一个重要论题：“一个人该如何生活？”[①]他认为这个问题需要在正义的名义下探讨我们所处的世界自苏联解体和东欧剧变之后建立的国际新秩序，需要对“那

① 德里达在《马克思的幽灵》中的“开场白”颇似《理想国》的开场白：《理想国》从此岸世界的荣辱探讨正义问题，从正面质询“一个人该如何生活？”，对当时的智者们进行批驳；《马克思的幽灵》则从彼岸世界的回返探讨正义问题，从反面拆解“一个人该如何生活？”，对福山等当代智者们进行批判。正义是一个自柏拉图《理想国》以来的西方思想绕不开的话题，德里达通过鬼魂、遗传和生成寻求“记忆政治学、遗传政治学和生成政治学”，这是他为“马克思主义往何处去？”指出的方向。这也是他对柏拉图和《理想国》的回应，在一定意义上也回应了美国古典政治学家阿兰·布鲁姆的《人应该如何生活？》。另外，德里达还回应了柏拉图在《斐多》中的教导：“哲学就是练习死亡”，“学会与鬼魂交谈”不就是人练习死亡的最好方式吗？

既非实体、又非本质、亦非存在的东西本身”进行招魂、祛魅与重生。

在幽灵学的探索中，德里达从西方文化世界的众多鬼魂中选取“哈姆雷特的鬼魂”作为幽灵学构建的起点。他用解构主义策略将马克思和恩格斯的文本与莎士比亚、瓦莱里、布朗肖、海德格尔和福山等人的文本相互交织，进而揭示马克思所开创的幽灵政治学对新国际神话的解构意义。在这一解读中，《哈姆雷特》的“鬼魂”是一条核心主线，构建了文本阅读的基本框架。《马克思的幽灵》第一章以“哈姆雷特的鬼魂”开篇，又以《哈姆雷特》宫廷侍卫马西勒斯对霍拉旭说的一句话结束：“你是有学问的人，去和它说说话，霍拉旭。”全书围绕着《哈姆雷特》拟仿着不断复现的幽灵或“哈姆雷特的鬼魂”，形成了一种类似“幽灵出场、幽灵退场、幽灵再出场”的回环往复结构。除此之外，“哈姆雷特的鬼魂”具有超越时空的典型症候，意味着“哈姆雷特的鬼魂”“共产主义的幽灵”与“马克思主义的幽灵们”具有某种共通性，暗示了丹麦王国、19世纪的欧洲、当代世界都面对着“这是一个脱节的时代”的难题。

在《马克思的幽灵》中，德里达针对鬼魂、幽灵和拟像提出了令人深思的哲理性疑问：“鬼魂是什么？幽灵——那似乎仍然与拟像一样无效的、潜在的或不坚实的东西——的效果性（effectivité）和在场（présence）是什么？在那里，在那东西本身与它的拟像之间存在着一种持久的对立吗？”（*SM*，31）面对着这些疑问，“哈姆雷特的鬼魂”[①]开始登场：

哈姆雷特：……宣誓吧。

鬼魂：（在下）宣誓。

（二人宣誓）

哈姆雷特：安息吧，安息吧，受难的灵魂！好，朋友们，我以满怀的热情，信赖着你们两位；要是在哈姆雷特的微弱的能力以内，能够有可以向你们表示他的友情之处，上帝在上，我一定不会有负你们。让我们一同进去；请你们记着无论在什么时候都要守口如瓶。这是一个颠倒混乱的时代，唉，倒霉的我却要负起重整乾坤的责任！来，我们一块儿去吧。[②]

马克思极其喜欢莎士比亚，而且经常引用莎士比亚的作品，毋庸置疑，以“幽灵”开场的《共产党宣言》（“一个幽灵，共产主义的幽灵，在欧洲徘徊”）显然受启于莎士比亚的《哈姆雷特》，召唤着沉默不语的“哈姆雷特的鬼魂”重返旧欧洲的舞台。德里达从中洞察到新近出现的同一谱系，在一群又一群的鬼魂喧嚣中，瓦莱里悄然登场，他在《精神的危机》中写道：

---

① 严格地说是“老哈姆雷特的鬼魂”或者“哈姆雷特父亲的鬼魂”，但我们循着德里达的思考方式，哈姆雷特不就是一个萦绕着欧洲人的幽灵吗？他的生与死的追问不也时刻纠缠着欧洲的知识分子吗？

② [英]莎士比亚，《哈姆雷特》，《莎士比亚全集》（五），朱生豪等译，北京：人民文学出版社，1994年，第311页。

> 欧洲的哈姆雷特注视着成千上万的幽灵。但他是一个知识的哈姆雷特。他思索着真理的生与死。他将我们争论的全部对象视为鬼魂；他的懊悔是我们的荣耀的全部头衔，如果他抓住了一个头颅，那就是一个卓越的头颅——这是列奥纳多……另一个是梦想着世界和平的莱布尼茨的头颅。还有这个是康德的头颅，他生成了黑格尔，（黑格尔）生成了马克思，（马克思）生成了……哈姆雷特并不知道如何处理所有这些头颅。但如果他放弃了他们……他就不再是他自己了吗？（*SM*，23—24）

德里达的这段引文是我们理解《马克思的幽灵》的重要切入口之一。瓦莱里勾勒了一段自文艺复兴以来的欧洲精神发展史，描述了这一发展史从达·芬奇、莱布尼茨、康德、黑格尔到马克思的演变过程。通常“头颅”（crâne）象征精神，瓦莱里的文章标题《精神的危机》显然强化了头颅与精神的这种内在关系。德里达在这段引文的注释中指出，这一论题旨在将欧洲的问题再次定义为精神的问题，也就是幽灵的问题。擅长解读的德里达发现“一个奇特笔误”，一个省略号，“还有这个是康德的头颅，他生成了黑格尔，（黑格尔）生成了马克思，（马克思）生成了……”德里达认为这是幽灵意象与马克思一起的退场，或许会在其他地方重现。

更重要的问题是，注视着成千上万幽灵的哈姆雷特与这一系列“头颅”产生了什么样的关系？德里达指出了一个新系列，“莎士比亚生成了马克思，马克思生成了瓦莱里（以及某些其他人）”

（*SM*，23），于是两个差异性的系列开始运作，或者说精神系列与幽灵系列相互交织，马克思成为这两个系列的交汇点，两者开始变得难以区分，创造了那正如瓦莱里所说的“精神之精神”（esprit de l’esprit）的东西。“一旦幽灵与精神不再被区分，它就获得了形体，作为精神，它就会在幽灵中具体化……幽灵是一个矛盾结合体，是生成–形体（devenir-corps），是精神的某种现象的和肉身的形式。确切地说，它生成了某个仍难以被命名的‘东西’：既非灵魂，也非肉体，而且又亦此亦彼……精神、幽灵，并不是相同的东西，我们不得不突出这种差异。”（*SM*，25）幽灵是某种难以描述的“东西”，已经溢出了我们的知识范围；幽灵可以使精神显形，但又与精神有所不同。幽灵显现而又消失，似乎可见，但又不可见，它注视着我们，但我们却看不见它，或者说它根本不是什么东西，但它又会显形。“马西勒斯：什么？这东西今晚又出现过吗？勃那多：我还没有瞧见什么。”[①]幽灵产生了德里达所谓“面甲效果”（effet de visière）：我们看不见谁在盯着我们，隐隐约约感觉到某个不可见的东西，其中隐藏着不可见物的可见性或可见物的不可见性。哈姆雷特父王的鬼魂“自头至踵全身甲胄”，甲胄令人根本看不见鬼魂的形体，也令人难以识别，但鬼魂可以看见别人而又不被别人看见。哈姆雷特焦急地想知道谁看到他的父亲，看到他的眼睛。不管怎样，总是有一双眼睛注视着我们，我们却看不见那双眼睛与目光，其中存在着一种不对称性和不可逆性。“这某种幽灵性的其他人注视着我们，我们感觉到被它注视着，在任何同时性之外，甚至

① [英]莎士比亚，《哈姆雷特》，《莎士比亚全集》（五），第284页。

在我们的任何目光之前和之上，按照一种时间先前性（它可能属于世代的秩序，且不止一个世代的秩序）和绝对的不对称性，按照一种绝对不可控制的比例失调。时间错位在此成为法（loi）。感觉自己被一种永远不可能相遇的目光注视着，这就是我们从法中继承来的面甲效果。”（*SM*，27）德里达认为这样就可以把幽灵与圣像和偶像、影像的影像、柏拉图的幻像区分开来，还可以与某个东西的简单拟像区分开，尽管它与拟像很相近，在某些方面还共享了很多特点。综上所论，德里达试图解释“鬼魂是什么？”或“鬼魂不是什么？”的问题，尝试着对幽灵的效果性进行描述，为我们认识幽灵与拟像的关系奠定坚实的基础。

“鬼魂”在《哈姆雷特》中占据着国王的位置和父亲的位置，“我是你父亲的灵魂”。鬼魂一再出场，萦绕着城堡的上空，制造了一种“阴魂不散”的氛围，这关涉着鬼魂与拟像之间的重复问题。“重复与第一次重复也是重复与最后一次重复，因为任何第一次的奇异性（singularité）也就成了最后一次重复。每一次都是事件本身，第一次也是最后一次。完全是另一回事。历史的终结即将登场。我们不妨称之为幽灵学（hantologie）。”（*SM*，31）幽灵的这种重复性逻辑启发着哈姆雷特“生存还是死亡”的本体论追问，植入一种末世论和终结论的维度。历史终结之后，精神以归魂的方式到来，它既可以赋形于归来的死者，又可以赋形于一次次被期待归来的鬼魂。老哈姆雷特的鬼魂归来就呈现了这种特点，“精神的危机”在哈姆雷特的身上表现得更加突出：“生存还是毁灭，这是一个问题。”一次又一次回归，循环往复，鬼魂出场，鬼魂退场，鬼魂再出场……如此往复，由之鬼魂与它的拟像构成一种循环往复的关系，而不是一种对立关系，每次归来的都是一种幽灵性的重现，是鬼魂的重复性归来，是归魂（revenant）的拟象性重生形态。这已然不是某个东西的简单拟像，柏拉图基于摹仿论的拟像不再发挥作用，因为鬼魂是非真实的、非实在的、非生命的非存在，它的本身不是某个东西，飘忽不定，若隐若现。“重复的问题，就是幽灵永远是归魂。”（*SM*，32）“幽灵”在《共产党宣言》中以颇具戏剧性的显形登上19世纪欧洲的舞台，这难道不就是一个重复性的归魂，不就是一场“精神的危机”的重新归来吗？“幽灵”就是一个类似老哈姆雷特的父亲般角色，比活生生的在场更具有潜在的效能，它质疑“历史的终结”“马克思主义的终结”“哲学的终结”“人的终结”“最后一个人的终结”等末世学论题。“幽灵”促使德里达深入思考哈姆雷特的“这是一个脱节的时代”（The Time is out of joint）论题——马克思和德里达承继的论题。

在对“这是一个脱节的时代”的四种法译本分析中，德里达指出原作与各种译本的翻译如同鬼魂与归魂一样运行，鬼魂到处游荡，居无定所，具有一种幽灵性的效果。译本的混乱、脱节、无序进一步凸显“这是一个脱节的时代”的隐秘意义，促使着哈姆雷特匡扶正义，重整乾坤：“这是一个颠倒混乱的时代，唉，倒霉的我却要负起重整乾坤的责任！”这一点恰恰与德里达在《马克思的幽灵》的“开场白”中所探讨的正义问题相呼应，鬼魂、幽灵和归魂归根结底还是“一个人该如何生活”的问题，学会生活最终要“学会与鬼魂谈话”，或许这是德里达并置《共产党宣言》系列与《哈姆雷特》系列的根本原因。借此，他希望解决“这是一个脱节的时代”的论题，呼唤马克思的幽灵们还魂。归魂超越时空的限制，终将复返，隐含着一个多样性的、异质性的未来，意味着一种“没有弥赛亚主义的弥赛亚”[①]。就此，德里达在一个关于本雅明的注释中给出清晰的阐释：“我们试图在此谈论某种贫乏的弥赛亚，在一种继承与生成的幽灵性逻辑中谈论，不过是一种在异质的和脱节的时间中引向未来而不是过去的逻辑。”（*SM*，95—96）这种幽灵性逻辑正是德里达批评福山历史终结论的观念论逻辑（logique idéaliste）和经验主义逻辑的重要依据，也是马克思幽灵政治学的内在逻辑。马克思在其鬼魂、幽灵、归魂等意象云集的著作中充分调动这种幽灵性逻辑，无论是金钱还是意识形态要素，全部观念化的运动都是“各种鬼魂、错觉、拟像、表象或显灵的产物”（*SM*，81），仿佛金钱既是精神的起源，也是贪婪的起源，商品的变形也经受了幽灵诗学（spectropoetique）的变样的观念化过程。这种观念化的过程或精神化的过程既使幽灵化变成资本（本金），又使主体“变成绝对的鬼魂，实际上是精神–幽灵的鬼魂的鬼魂，是永无终结的拟像的拟像”（*SM*，203—204）。

在德里达看来，马克思是自相矛盾的柏拉图主义的继承者。正如柏拉图通过苏格拉底之口贬斥、诱捕、围剿或驱逐智者们一样，马克思也对他同时代的“智者”施蒂纳（Stirner）进行诱捕或围剿。

① 在德里达的书名*Spectres de Marx*中，幽灵使用复数形式，指出幽灵“不止一个”（plus d’un），旨在诉诸一个多样性的、异质性的未来。参见Jacques Derrida, *Spectres de Marx*, p. 21。

其实德里达又何尝不是如此，他以马克思为面具，也继承柏拉图主义的这一传统，对福山等当代“智者们”也展开诱捕与围剿：

> 在他们的共同揭露中，在这一揭露同时更具批判性和本体论的部分中，马克思与圣麦克斯（saint Max）也承继了柏拉图主义传统，更准确地说是承继了这一严格地在其活死者（mort-vivant）的鬼魂式的或游荡的维度上把“像”与幽灵、偶像（idole）与幻像（phantasmata）联系起来的传统。《斐多》（81d）或《蒂迈欧》（71a）没有与‘拟像’（eidôla）区分开的“幻像”，是一些死魂灵的形象，是死者的灵魂：它们不是在墓碑和墓地附近闲逛（《斐多》），就是日夜纠缠着某些活人的灵魂（《蒂迈欧》）。这种结合不仅十分紧密，而且重复出现，不会被拆开。它促使人思考活死者的幸存，回归那属于偶像的本质。当然也属于偶像的非本质的本质。属于那赋予思想以形体的东西，不过这形体只有较低级的本体论内容，或者它与其说是实在的，倒不如说是观念本身。只有在死亡的背景下，偶像才出现，或者才被规定。这大概是一个毫无原创性的假设，虽然其结果可以通过一个巨大传统的稳定性加以衡量。必须谈及哲学的遗产，就像这笔遗产通过最具弑父性质的转变来从柏拉图传给圣麦克斯，传给马克思及其他人。（*SM*，235）

德里达批评柏拉图在《斐多》和《蒂迈欧》中关于幽灵与“像”“幻像”、拟像的思想是一个毫无原创性的假设，是较低级的本体论探讨，它没有触及这一问题的实质，但是作为一笔哲学遗产，柏拉图主义的这一传统还是传给马克思及其他人。柏拉图曾用拟像、摹仿术（mimème）和幻像诱捕和围剿智者们，马克思也继承这种反诡辩术，不得不使用拟像、摹仿术和幻像来诱捕和围剿他的对手施蒂纳，他们就像一对孪生兄弟一般围绕着幽灵展开一场毫无休止的角逐，最终马克思在《德意志意识形态》中绘出一张关于幽灵的十诫表（Table）[①]。

这张十诫表的周围，成群结队的幽灵蜂拥而至，它们游荡着，吵闹着，不停地繁殖着。“结果、联系、一连串的嘈杂声、没有终结、络绎不绝的现象形式的过程，在深夜里，一切都是白色的和透明的。显形的形式就是精神的现象形体，这就是幽灵的定义。鬼魂是精神的现象。”（*SM*，216）幽灵来自精神，它分有着精神，它从属于精神，它就好像鬼魂的重影一样追随着精神。不过，精神也是自身的精神，也是一个鬼魂，一个始终是通过重新返回来作为另一种精神的腹语而让人惊异的鬼魂。[②]鬼魂在精神的火焰[③]上召开一次圆桌会议，它们在幽灵般的图表上舞蹈。Table在法语中不仅指“图表”“表格”，而且指“桌子”。德里达敏锐地捕捉到这个词语的

① 十个鬼魂有最高存在、存在或本质、世界的虚空、善的存在与恶的存在、本质与它的王国、诸存在、人–上帝、人、民族精神、一切。

② [法]雅克·德里达，《论精神——海德格尔与问题》，朱刚译，上海：上海译文出版社，2008年，第52页。

③ 德里达曾在《论精神》中谈到“精神之火”：“精神是火焰。一种去点燃着的或自行燃烧的火焰：同时是两者，既是一个又是另一个，彼此相与。二者在共燃本身中的共燃。”参见[法]雅克·德里达，《论精神——海德格尔与问题》，第109页。

奥妙。“这种诸精神的图表将以圆桌会议的影像变动。它开始在我们的眼前跳舞，就像《资本论》中的某张‘桌子’一样，当它生成商品的过程敞开隐秘的、神秘的和拜物教的维度时，我们马上就看到它在移动。”（*SM*，226）桌子登上舞台，当市场的帷幕拉开时，戏剧性的变化发生了：一张木制的桌子变成商品，一种超自然的东西，一种可感的而又非可感的、可感的而又超可感的东西，本来是一件物品，却在幽灵的效果下变成一件商品。桌子有腿，有面，有形体，它站立着，上升、起立，它抬起头（一个木制的头），它在其他商品面前显形，是物品、动物、对象、商品，总之它就是幽灵。桌子开始疯狂、执拗、难以固定，从木质的头颅中提炼出各种各样的奇思妙想，从木制品向非木制品转变，从质料向非质料转变①，由此木头获得生命，获得精神，质料与形式的结合变成一张会舞蹈的桌子，变成一个“幽灵性拟像”（simulacre spectral）。“咳，幽灵在你的头脑中游荡……”②

六、影像、技术与幽灵性

“这儿，现在，是的，相信我，我相信鬼魂（crois-moi, je crois aux fantôme）！”这句话经常萦绕着德里达，就如同幽灵一般在

① 在亚里士多德的“四因说”中，hylé一词的本义是“木头”，后来演变成“质料”。德里达提醒我们要注意该词从本义向引申义演变的过程，其中蕴含着幽灵化的过程。

② [德]马克思、恩格斯，《马克思恩格斯全集》（第三卷），北京：人民出版社，1960年，第171页。

他的头脑中游荡……这是法国女演员帕斯卡莱·奥吉尔（Pascale Ogier）在拍摄《幽灵之舞》（*Ghost Dance*）期间对他说过的一句话，是奥吉尔不经意间流露出的一句话，但是这句话却永远留在德里达的深层记忆之中，挥之不去，就如同归魂一样在某个不确定的时间归来。话说德里达曾于1983年参演《幽灵之舞》，他扮演哲学教授，在办公室里与奥吉尔面对面坐着，他问奥吉尔："那么你，你相信鬼魂吗？"她在导演的指令下不得不回答："是的，现在，是的。"这段场景，德里达和奥吉尔在办公室曾排练了不下三十次，令他记忆深刻。然而，奥吉尔1984年因心脏病突发逝世，年仅26岁。两三年后，德里达在美国受学生之邀再次观看《幽灵之舞》，这段尘封已久的记忆突然打开，而且产生了一种幽灵性的效果。"我看见帕斯卡莱的脸突然出现在屏幕上，我知道那是死人的脸……她回答我的问题'你相信鬼魂吗？'她深情地看着我，她再次在大屏幕上对我说：'是的，现在，是的'。"德里达紧张不安，感觉到"她的幽灵的幽灵"回来跟他说："现在……现在……现在，也就是在另一个大陆、另一个世界的这个黑暗房间里，这儿，现在，是的，相信我，我相信鬼魂！"[①]德里达在他《马克思的幽灵》出版后与贝尔纳·斯蒂格勒（Bernard Stiegler）的访谈中详细描述了这段经历，并从幽灵学角度分析他亲身经历的幽灵性问题。"相信我，我相信鬼魂！"不仅有力地回答了德里达的提问，强化

① Jacques Derrida, *Échogrephies de la télévision: Entretiens filmés*, Paris: Galilée, 1996, p. 135. 本书下文凡引用该著作皆采用夹注形式注明法文版缩写（*ETEF*）和页码。

了一种幽灵与信仰的密切关系，而且这种对鬼魂的信仰“既解释了‘鬼魂’、拟像、重影以及影像在德里达著作中的重要意义，显示了它们与死亡和哀悼的关系，或者又指出重影或拟像的结构与我们称之为‘合成的’影像之间的相似之处……还思考了影像、鬼魂、信仰之间的联盟”[①]。

不过，对于德里达而言，这种奇异的、不真实的体验不但促使德里达对幽灵、拟像、影像进行哲学思索，而且还促使他将幽灵性分析扩展到新技术领域。“我关注的原因是‘幽灵性’的问题，‘幽灵性’的概念，今天似乎成为理解比方技术、交流变革方法（电视、网络、电话、手机等）的东西，它接受物理空间和向地空间。‘幽灵性’的概念对于分析我们时代的这些技术、这些新技术的发展是必不可少的。‘幽灵’意味着既不是真实的、又不是想象的物，他既不是生者，也不是死者。他制造传播、印记、技术的形象。”[②]幽灵性成为德里达分析新技术的重要概念，对于理解电视、电话、网络、手机等新技术具有重要意义。他通过大屏幕感觉到奥吉尔的幽灵的回归——非真非假、非生非死、非在场非缺席，幽灵“超越了可见的与不可见的、可感的与不可感的之间的全部对立”，“幽灵既是可见的又是不可见的，既是现象的又是非现象的：一种痕迹，预先以它的缺席标出在场。幽灵的逻辑实际上是一种解构的逻辑”。（*ETEF*，131）在这种逻辑下，奥吉尔的显灵通

---

① Kas Saghafi, “The ghost of Jacques Derrida”, *Epoché*, Vol. 10 (Spring 2006), p. 264.

② 杜小真、张宁编译，《德里达中国讲演录》，北京：中央编译出版社，2002年，第78页。

过影像技术所进行的“保存”和“复制”使那不在场的“奥吉尔”变成在场的奥吉尔，德里达看到奥吉尔的“数字影像”意味着他面对的正是她的鬼魂显灵、“她的幽灵的幽灵”，也就是她的幽灵的回返、她的拟像的显形。她的幽灵般的显现质疑“生动的在场”与影像的保存和复制之间形成的时间模式，这种貌似真实的影像所追求的是以在场形而上学为中心的现在模式，而这种影像恰恰造成时间的延异与脱节。影像技术记录奥吉尔所说的“现在”，把生命的瞬间植入永恒，一旦影像拍摄完成，奥吉尔在隐喻意义上已经“死亡”，幻化为一种影像的幽灵。然而，一年后奥吉尔的突然死亡进一步强化了这种幽灵性效果，而这种幽灵性效果彻底瓦解在场的模式及其时间模式，进一步印证了德里达在《幽灵之舞》中的预言：“未来属于幽灵。”（*ETEF*，129）一方面，德里达强调幽灵性对于在场形而上学的解构，幽灵的复返导致一种延异的、脱节的时间；另一方面，德里达强调电影、电视等现代技术强化了幽灵的潜能，由之强调“未来属于幽灵”。“毫无疑问，媒介超乎寻常的技术发展不得不应对空前的、未被倾听的幽灵性的可能性，而且技术是生产、处理、组织某种幽灵性并从中获益的方式。电视结构、计算机化的结构都与幽灵性息息相关。这深刻改变公共空间，也就是政治空间，不仅仅是以国家为单位，而且还通过所谓的全球化、世界化。”[①]关于这一点，德里达在《马克思的幽灵》中有过论述：“技术科学（techno-science）或远程技术（télé-technologie）……促使

① Jacques Derrida, “Specters of Media”, in *Deconstruction Engaged, the Sydney Seminars*, eds. Paul Patton and Terry Smith, Sydney: Power Publications, 2001, p. 45.

我们比以前更多地思考空间与时间的潜在化、潜在事件的可能性，这些事件的运动与速度自此以后（比以前更多且方式完全不同，因为这并非绝对地、彻头彻尾都是新的）禁止我们把下列内容对立起来：在场与它的再现、'真实的时间'（temps réel）与'延异的时间'（temps différé）、效果性与它的拟像、生命与非生命，总之是生命与它的鬼魂的非生命。"（*SM*，268）这意味着幽灵性逻辑要超越上述两者之间的对立，或者居于两者之间指向未来。现代技术极大地压缩和跨越时空维度，通过貌似真实的影像制造一种"人造真实性"（artifactualité），增强时空的潜在化与潜在事件的可能性，导致影像、拟像的无限繁殖和丛生，致使现实与虚拟难以区分。"我们已经是'远程播放'（télévisé）的幽灵……一旦影像被抓拍、诱捕，这种影像在我们缺席时将是可复制的，因为我们已经知道这一点，我们已经被这种导致我们死亡的未来萦绕着……我们提前被镜头幽灵化，被这种幽灵性诱捕或占有。"（*ETEF*，131）

在德里达看来，奥吉尔的显形游荡于在显现与再显现、可见与不可见、可感与不可感之间，这种幽灵性始终在运行，在他的时空中挥之不去。奥吉尔曾在他的办公室里不停地重复着"这儿，现在，是的，相信我，我相信鬼魂！"这句话，她曾经在那儿、在那个曾经的"现在"重复着这句话，终有一天"她"还会复返，会说："我死了，我知道我在我所在的地方正在谈论的东西，而且我正在注视着你。"德里达强烈感受到这种效果，感受到了"这种注视是不对称的，是超越了全部可能的交流的交流，是没有眼线（eye-line）的眼线，是注视的眼线，后者固定和寻找他者、他的他者、他的对应物，另一种注视相逢在无限的黑夜中”（*ETEF*，135）。这种注视不就是德里达在《马克思的幽灵》中所阐述的“面甲效果”吗？奥吉尔的归魂不就像莎士比亚笔下的“国王的鬼魂”吗？“这个不是东西（chose）的东西（Chose）、这个在它两次显形之间的东西（Chose），当它再次显现时，它没有以肉身的形式被看见。然而这个东西注视着我们，即便它就在那儿，我们也看不到它。一种幽灵性的不对称性在此干扰一切镜像性。它消解同时性，它令我们想起来时代错位。我们将此称为面甲效果：我们看不见谁注视着我们。”（*SM*，26）德里达在他与斯蒂格勒的访谈中进一步阐述这种“他者”思想：“幽灵不单单是我们看见某个正在回来的人，他也是我们得以通过他就像通过法律一样被观看、被观察、被审视的某个人：我们‘在法面前’，没有任何可能发生的对称性，没有相互性，在他者仅仅观看我们、仅仅关注我们的情况下，我们正在观察着它（以人观察和尊敬法的方式），但不能遭遇他的目光，由此产生法的不对称性和他律的形态。”（*ETEF*，137）在“面甲效果”的基础上，德里达发展出新的思想——幽灵完全是他者，他享受着绝对审察的权利，他就是审察本身。在这种绝对审察的他者目光下，人是不是失去了自由，受制于他者？“这并不意味着我是不自由的；相反，它是自由的条件，可以这么说：我的自由来自那在他者的眼睛下、在他者的目光下产生于他律的这种责任的条件。这种注视就是幽灵性本身。”（*ETEF*，137）

在影像、远程技术、屏幕的名义下，德里达重新对幽灵、拟像与技术的关系进行思考，进一步丰富他的幽灵学思想——或者以他与斯蒂格勒的访谈进行命名，称之为“摄魂术”或“摄影术”（spectrographie）[①]。访谈开始时，斯蒂格勒提出罗兰·巴尔特在《明室》中也曾谈到过摄影的“鬼魂的效果”，希望与德里达的幽灵效果进行对比，不过他更强调照相的真实效果和物质性。“严格说来，照片是拍摄对象的‘流溢物’（emanation）。那里有一个真实的物体，从它身上发出辐射，触及了站在这里的我……一种脐带式的联系连接了被拍摄的对象的形体与我的注视：光线尽管触不到，但它的确是肉体的媒介，是一层我与被拍摄的人共享的皮……昔日的东西通过它的直接辐射（它的亮度）的确触及那个反过来又被我的注视触及的表面。”[②]在罗兰·巴尔特看来，照片的真实效果不是外在的光线与观者的视线相遇的结果，而是来自拍摄对象散发出来的“流溢物”与观者的视线相遇的结果。斯蒂格勒赞成罗兰·巴尔特的观点，一再强调物质性之于摄影的重要意义，摄影对象与底片、照片与观者之间的一系列接触正是基于这种物质性，由之保证照片的真实效果。不过德里达并不认同这一点，他从他者的视角予以解释，即便是真实效果也无法避免，不是因为有某个真实的物在那里，“而是因为有某个观看我或关注我的其他物。这个物就是他者……‘真实效果’在此来自另一个世界起源的不可化约的他异性。它是另一个世界起源。我在此称之为注视，他者的注视，

① Spectrographie通常在法语中是指光学意义上的摄谱术、摄谱学，基于spectre的“光谱”含义。德里达将这篇访谈取名为spectrographie肯定是基于spectre的“幽灵”含义，因此，将其试译为“摄魂术”或“摄影术”。

② Roland Barthes, *La chambre claire: Note sur la photographie*, Paris: Gallimard, 1980, p. 34.

不单单是对影像知觉的另一个机器。它是现象性的另一个世界、另一个来源，显现的另一个零度”（*ETEF*，134）。观者与另一个世界起源、另一种注视或他者的注视之间的关系暗示着一种幽灵性，最终这种他者的他异性也就是要求尊重鬼魂，这在某种程度上回应了德里达在《马克思的幽灵》的“开场白”中提出的“一个人该如何生活”的论题。

通观德里达的幽灵学体系，“幽灵”是其哲学思考的核心主线之一。基于柏拉图主义传统，德里达促使幽灵、鬼魂、归魂与拟像、幻像相互交融，最终提出了一种基于幽灵性逻辑的“幽灵性拟像”，开启了拟像研究的幽灵性维度。基于马拉美的《摹拟》，德里达将西方传统的摹仿论置于现代主义的文学语境进行考察，促使幽灵、拟像或幻像进入相互游戏，使得柏拉图的“临床范式”不再发挥作用，开启了与德勒兹“颠倒柏拉图主义”不同的“没有颠倒柏拉图主义及其传统的移位”，启发我们重新思考一种充满着幽灵性的摹仿理论，由此开启了在柏拉图主义内部进行“反柏拉图主义”的哲学事业。

基于“哈姆雷特的鬼魂”，德里达并置了《哈姆雷特》系列与《共产党宣言》系列、精神系列与幽灵系列，他重提柏拉图在《理想国》中的一个重要论题——“一个人该如何生活？”，阐释一种介于生与死、可见与不可见之间的拟象性的“面甲效果”，又以幽灵的重复性阐释一种指向未来的幽灵性逻辑。最终德里达正如马克思一样承继柏拉图主义的自相矛盾的传统，拟像不再是摹本的摹本，而是徘徊在影像与原型之间；拟像也不再是理念的派生物，而是像空洞的幽灵一样的“幽灵性拟像”，现代影像技术的发展又进一步强调这一“幽灵性的未来”：“幽灵的游荡意味着要记住一个人没有活在当下的事实，记住那本质上不具有在场形式的东西。电影是一门‘摄魂术’（phantomachia）。它让幽灵复返。电影加精神分析等于一门幽灵学。与各种表象相反，现代技术尽管是科学的，但却十倍地提升了幽灵的力量。未来属于幽灵。”（*ETEF*，129）

第四章　鲍德里亚：拟像、模拟与超真实①

拟像从来都不是隐藏真相的东西——恰恰是真相隐藏的就是没有真相。

拟像是真的。

——鲍德里亚《拟像与模拟》②

---

① Jean Baudrillard在国内译名尚未完全统一，有博德里亚尔、波德里亚、鲍德里亚、布希亚等，本书皆统一为鲍德里亚；simulacre的译名也不统一，有类象、仿象、仿像、拟象、拟像等，本书皆统一为拟像。

② 鲍德里亚在《拟像与模拟》第一篇文章《拟像的进程》中引用了这一段话，他郑重其事地注明他引自《旧约·传道书》，但我们无法在《传道书》中查到这句话，不少研究者认为这是鲍德里亚巧妙地实践了其思想：他拟仿了《传道书》的话语。或许不仅仅如此，鲍德里亚有可能希望他的话语也像《传道书》一样，向当代人“传道”——他讲述拟像之道。

让我们永远都不要忘记的是，真实只是模拟而已。

——鲍德里亚《突然发作》

在法国当代哲学谱系中，鲍德里亚不是一位严格意义上的哲学家[①]，他早年试图融合符号学与政治经济学，希望从中洞察当代社会的拟像过程，由此把拟像与当代社会现实联系起来，在一种奇异的颠倒柏拉图主义的背景下探讨拟像运作的奥秘，用以揭示当代社会“模拟”与“超真实”的生存状况。“拟像”是鲍德里亚的理论体系中的核心关键词之一，他在某种程度上成为拟像理论的化身。与德勒兹、福柯和德里达相比，鲍德里亚在拟像理论上的重要贡献就在于他把拟像引入政治、经济、社会、文化等各个领域，对当代理论产生了极其广泛的影响。

从20世纪70年代开始，鲍德里亚就尝试着从“功能性拟像”（simulacra fonctionnel）的视角研究“物”在消费社会中的符号功能，探讨“物”在拟像背后所发挥的社会区分的功能：“在更普遍的情况下，我们要与功能性拟像（伪装[make-believe]）打交道（这不仅发生在物的世界中），物在这种拟像背后继续发挥着它们社会区分的功能。”[②]他由此确立拟像在社会批判中的重要地位，突出

---

① Thomas P. Brockelman, “In the Wake of Critique: Notes from the Inside Cover of Baudrillard’s *Simulacra and Simulation*”, in *Subjects and Simulations: Between Baudrillard and Lacoue-Labarthe*, eds. Anne O’Byrne and Hugh J. Silverman, London: Lexinton Books, 2014, p. 115.

② Jean Baudrillard, *Pour une critique de l’économie politique de signe*, Paris: Gallimard, 1972, p. 12. 本书下文凡引用该著作皆采用夹注形式注明法文版缩写（*CEPS*）和页码。

拟像在社会权力和社会关系中所发挥的重要功能，为我们认识和思考拟像提供了新维度和新视角。在当代媒介、计算机和通信技术高速发展的背景下，鲍德里亚见证了拟像在当代社会中的迅速增殖，他从模拟、超真实的维度上描绘拟像在现代社会的演进谱系，由此构建他的拟像秩序理论，最终他完成了从物体系向符号制造术、从真实向超真实、从消费社会向符号社会、从现代性向后现代性的转变，构建了一种迄今为止最引人注目而又最极端的后现代理论，深刻影响了当代文化研究、媒介研究、艺术理论和社会理论。[①]

一、拟像秩序的谱系

如果说鲍德里亚面向柏拉图主义进行的影像之思是为拟像寻求遥远的缘起，探寻拟像出场的“暗夜”，那么他则在现代性视角下演绎了一部文艺复兴以来在斑驳陆离的商品与符号下的拟像发展简史。他的叙述主要集中在《象征交换与死亡》（*L'échange symbolique et la mort*，1976）的第二部分《模拟的秩序》和《拟像与模拟》（*Simulacres et simulation*，1981）的第一篇文章《拟像的进程》，两者合起来就是一部理论与史实、案例相结合的拟像发展简史，前者侧重梳理拟像发展的历史脉络，后者侧重理论与现实相结合的阐释方式。如果说福柯曾为文艺复兴以来的“物”撰写历史，旨在演绎西方思想和文化如何在词与物的交互运作下构建“事物的秩序”，

① [美]道格拉斯·凯尔纳、斯蒂文·贝斯特，《后现代理论——批判性的质疑》，张志斌译，北京：中央编译出版社，1999年，第143页。

“像”经历了文艺复兴的“相似”、古典时代的“再现”、现代的“人”，最终走向了后现代的“拟像”，那么鲍德里亚则在福柯的知识考古学的启发下开始在符号与商品的交互运作下构建“拟像的秩序”[①]（见表1），经历文艺复兴的“仿造”、工业革命的“生产”和现代的“模拟”，拟像最终走向超真实的存在，走向“分形的拟像”。他在《象征交换与死亡》中概要地区分了拟像的秩序[②]：第一种秩序处于文艺复兴到工业革命的“古典时期”，基于价值的自然规律，以仿造（countrefaçon）为主导形式；第二种秩序贯穿工业时代，基于价值的商品规律，以生产（production）为主导形式；第三种秩序弥漫于当前的消费时代，基于价值的结构规律，以模拟（simulation）为主导形式；第四种秩序是他后来在《恶的透明性》

① 关于福柯的知识考古学对鲍德里亚的“拟像的秩序”的影响，最早见于道格拉斯·凯尔纳的论述：“在深受福柯在《词与物》中所阐述的知识考古学影响的、关于拟像秩序的历史性梗概中，鲍德里亚主张现代性通过引入虚假的、民主化的符号世界而与稳定的、关涉符号和社会地位的中世纪封建等级制度决裂。”（Douglas Kellner, *Jean Baudrillard: From Marxism to Postmodernism and Beyond*, Stanford: Stanford University Press, 1989, p. 78.）保罗·赫加蒂表达了类似的看法：“鲍德里亚概述了一个与福柯的知识型观念相类似的谱系，正如福柯在《词与物》中所陈述的那样。”（Paul Hegarty, *Jean Baudrillard: Live Theory*, London and New York: Continuum, 2004, p. 49.）

② Jean Baudrillard, *L'échange symbolique et la mort*, Paris: Gallimard, 1976, p. 77. 在《恶的透明性》中，他以价值为中心进行阐释：“曾经出于某种晦涩的分类需要，我提出了价值的三重描述：自然阶段（使用价值）、商品阶段（交换价值）和结构阶段（符号价值）。当然这些区分是形式上的区分。”（Jean Baudrillard, *The Transparency of Evil: Essays on Extreme Phenomena*, London and New York: Verso, 1993, p. 5.）而且在《拟像与模拟》中，鲍德里亚又重述了拟像的三种秩序，包括“自然的拟像”（simulacres naturels）、“生产的拟像”（simulacres productifs）和“模拟的拟像”（simulacres de simulation）。（Jean Baudrillard, *Simulacres et simulation*, Paris: Galilée, 1981, p. 177.）

（*La transparence du mal*，1990）中增补的，以增殖（prolifération）为主导形式，它是分形的，或者是病毒性的、放射性的，它在假设的系列中获得一席之地，价值规律失效，没有外在指涉。[1]从整体上看，拟像秩序尽管比较简单，也常遭人诟病，但却是鲍德里亚最具原创性的内容，是他进行拟像理论探索的基本框架，由此他在模拟逻辑与资本逻辑的相互作用下构建了现代社会的世界图景。

表1　拟像的秩序

规律 / 价值	主导形式	符号特征	符号形式
自然的	仿造	任意的、中性的	堕落的象征
市场的	生产	系列的	像似符
结构的	模拟	代码的领域	索绪尔式的符号
分形的	增殖	转喻的	指示符

在鲍德里亚的拟像秩序探索中，柏拉图主义时隐时现，犹如拟像的幽灵一样萦绕着他的思考，成为他的拟像理论不断回归的起点。如前所论，德勒兹循着尼采和克罗索夫斯基的道路，通过拟像进行颠倒柏拉图主义的伟大事业；鲍德里亚也同样进行着类似福柯所说的“反柏拉图主义”的哲学思考，他也通过拟像来反对柏拉图主义，“完全拒绝这种对拟像的‘柏拉图主义的’理解”，“受弗里德里奇·尼采和皮埃尔·克罗索夫斯基的影响，他所理解的拟像不是虚假的影像，也不是表面背后的模糊的真理，而是那‘隐藏真

① Jean Baudrillard, *The Transparency of Evil: Essays on Extreme Phenomena*, p. 5.

理的非实存’的东西”，“在这种意义上，拟像是真的”。[①]基于这一点，鲍德里亚被认为是一名“反常的柏拉图主义者”（perverse Platonist）[②]，或者是一名“新柏拉图主义者”（neo-Platonist）[③]。像德勒兹一样，他的模拟理论也被认为是一种“颠倒柏拉图主义”的形式。[④]很多研究者认为，鲍德里亚似乎有一种在真实问题上过于简单的柏拉图主义模式，他没有深入阐释《理想国》“洞穴隐喻”和“床喻”在真实层面上的柏拉图主义模式。[⑤]《黑客帝国》一度被广泛地认为是鲍德里亚模拟理论的最佳呈现；不过，在鲍德里亚看来，《黑客帝国》只不过呈现了柏拉图主义的朴素观念，忽视了他苦苦探索的拟像与模拟问题：“电影最令人尴尬的部分是，模拟所提出的问题与影片的古典的、柏拉图主义的讨论混淆了。”[⑥]不管学界如何定位鲍德里亚与柏拉图的渊源关系，鲍德里亚依旧是通常意义上的柏拉图主义的“注脚”，他不得不在柏拉图主义的阴影下探寻着拟像的发展过程，从中演绎出拟像与模拟在当代社会的重要意

---

① William Pawlett, “simulacra+simulacrum”, in *The Baudrillard Dictionary*, ed. Richard G. Smith, Edinburgh: Edinburgh University Press, 2010, p. 196.

② Charles Levin, *Jean Baudrillard: A Study in Cultural Metaphysics*, London: Prentice Hall, 1996, p. 82.

③ Paul Hegarty, “Fate of the animal”, in *Jean Baudrillard: Fatal Theories*, eds. David B. Clarke et al., London and New York: Routledge, 2009, p. 137.

④ Christopher Norris, *What's Wrong with Postmodernism: Critical Theory and the Ends of Philosophy*, Hemel Hempstead: Harvester Wheatsheaf, 1990, p. 166.

⑤ Paul Hegarty, “Fate of the animal”, in *Jean Baudrillard: Fatal Theories*, p. 145.

⑥ Jean Baudrillard, “The Matrix Decoded: *Le Nouvel Observateur* Interview with Jean Baudrillard”, *International Journal of Baudrillard Studies*, Vol. 1, No. 2 (July 2004), https://baudrillardstudies.ubishops.ca/the-matrix-decoded-le-nouvel-observateur-interview-with-jean-baudrillard/, accessed February 7, 2023.

义，为我们认识当代社会提供理论范式。

在《理想国》和《智者》中，柏拉图讨论了拟像在真实的、不变的、非物质的理念世界与虚假的、可变的、物质的可感世界的区分中的重要作用；尤其《理想国》以“床喻”探讨真实与理念的等级关系，这是我们探讨鲍德里亚与柏拉图关系的最佳切入点，为我们研究鲍德里亚的“拟像秩序”提供了理论起点。按照柏拉图的观点，超越性的理念是一切事物赖以存在的最终根据，一切事物“真实”与否取决于该事物摹仿或分有“理念”的程度。“对于每一种有多个个体而我们予它们以同一个名称的东西，每一种我们都为它们举出一个单一的形式来”（《理想国》，596a），这个“单一的形式”就是柏拉图所说的“理念”，其中“神”是原创的、完美的、超越性的理念的创造者，而“神”创造了“是其所是”的理念。在《理想国》第十卷中，柏拉图以“床喻”为例构建柏拉图主义的“事物的秩序”，其中预示了鲍德里亚在《拟像与模拟》的《拟像的进程》中所区分的“影像”的前两个阶段。“神圣的木匠”创造“理念的床”，木匠摹仿“理念的床”制造“现实的床”，而画家摹仿“现实的床”绘制“艺术的床”。因而“神”是各种各样的床的“祖先”，是唯一的“真实的床”的“创造者”，木匠是“制造者”，而画家是“再现者”“摹仿者”。“就神那方面说，或是由于他自己的意志，或是由于某种必需，他只制造出一个本然的床，就是‘床之所以为床’那个理念，也就是床的真实体。他只造了这一个床，没有造过，而且永远也不会造出，两个或两个以上这样的床。”（《理想国》，597c）木匠摹仿神创造的“床”，已然离开

“真实的床”；而艺术家所摹仿的只是木匠制造的“床”，“与真实隔了两层”，更加远离“真实”。不仅如此，绘画和悲剧还滋养了人的非理性部分。“原先我说图画和一切摹仿的产品都和真理相隔甚远，和它们打交道的那种心理作用也和理智相隔甚远，而它们的目的也不是健康的或真实的。”（《理想国》，603a—603b）如果将鲍德里亚的“拟像秩序”与柏拉图的“秩序”进行对照，那么“影像”（image）的第一阶段对应着“现实的床”，后者恰好“是某种深度现实的反映”；第二阶段对应着“艺术的床”，后者恰好“遮蔽深度现实，并使之变质”[①]。柏拉图谴责第三等级的“床”，认为它是不真实的，是邪恶的摹仿。鲍德里亚在这一点上回应了柏拉图对摹仿的批评，他将影像的第二个阶段视为“邪恶的显像”，属于“巫术秩序”。由此，鲍德里亚几乎是在一种柏拉图主义的认识论框架下构建拟像理论，似乎柏拉图对“床喻”的阐释成为鲍德里亚构建拟像秩序的参照体系。

不过，面对由拟像、模拟、模式和超真实构成的第三秩序，鲍德里亚没有像柏拉图那样对以生产为主导形式的第二秩序与以模拟为主导形式的第三秩序进行区分，因为在他看来，第二秩序早已坍塌，应直接进入第三秩序。“而且柏拉图将整个伦理体系立基于强大象征秩序和再现等级的维持之上，立基于对危险而又模糊的权威的抑制之上（就像在书写的情况下和洞穴的寓言中一样）。鲍德里亚也表达了他的伦理立场。不过这种立场似乎在伦理（或者审美）

① Jean Baudrillard, *Simulacres et simulation*, Paris: Galilée, 1981, p. 17. 本书下文凡引用该著作皆采用夹注形式注明法文版缩写（*SS*）和页码。

上具有一个与其说是柏拉图主义的倒不如说是尼采式的起源，这种起源借尼采之口说骗子的世界是真实的世界，而真实的世界是错觉的世界。”[①]的确，柏拉图将理念视为绝对真实的存在，鲍德里亚肯定不会同意这一点，他认为影像背后别无他物，“那么整个系统处于失重状态，它本身只不过是一个巨大的拟像——不是不真实，而是拟像”（*SS*，16）。在鲍德里亚看来，除了拟像之外，柏拉图所追求的真实是不存在的，这无疑从本体论上颠倒柏拉图主义；但鉴于鲍德里亚在理论上与柏拉图主义的暧昧关系，他的理论可被称为“奇异的颠倒的柏拉图主义”[②]。

在柏拉图主义的阴影下，鲍德里亚尝试着对现代社会进行诊断，实现了从消费社会向符号社会的理论转变，最终走向超真实的“模拟社会”。在琳琅满目的商品背后，马克思发现了资本的内在秘密，洞察商品价值规律的运作机制；而鲍德里亚则将结构主义符号学与政治经济学结合起来，试图阐明符号与商品交错运行的内部机制。在鲍德里亚看来，一切都按照商品的逻辑运作，而且被景观化、符号化。“商品的逻辑之所以普及了，乃因为它如今不仅支配着劳动过程和物质产品，而且还支配着整个文化、性征、人际关系乃至个体的幻想和冲动。一切都被这一逻辑接管了，不仅在全部功能、全部需要都按照利益被客观化和被操纵的意义上，而且还在一切都被景观化——也就是被唤起、被教唆和被编排成影像、符号和

① Julian Pefanis, *Heterology and the Postmodern: Bataille, Baudrillard, and Lyotard*, Durham: Duke University press, 1991, pp. 60—61.

② Scott Durham, *Phantom Communities: The Simulacrum and the Limits of Postmodernism*, Stanford: Stanford University Press, 1998, p. 86.

消费模型——的更深刻意义上。”[①]商品逻辑接管一切，符号在商品的斑斓表面上像幽灵一般舞蹈，最终实现政治经济学与符号学的相互融合。如同货币在资本市场上流动一样，产品、劳动、需求乃至观念、价值和信仰也都作为符号流动，从日常世界到精神世界，符号、影像、幻像到处蔓延，最终促使拟像社会的到来。“价值的结构形态只不过结束了生产和政治经济学的制度而已，同时也结束了再现和符号的制度。这一切都与代码一起跌入模拟。”[②]

二、拟像：从仿造到生产

在鲍德里亚看来，拟像秩序的起点始于文艺复兴。伴随着封建秩序的解体，这种定位意味着拟像是现代性的产物，只有到了现代，拟像才成为我们世界图景的一个问题域。在欧洲中世纪封建社会中，符号没有获得自由，拟像也没有成为问题。当时的社会秩序构建了一套符号使用的等级秩序，符号是固定的、清晰的，可以从一个人的衣着服饰判定他的社会阶层和社会地位；同时符号也是受限制的、残暴的，一旦使用不当，人就会遭到惩罚。“在种姓社会、封建社会或古代社会中，即在残暴的社会中，符号数量有限，传播也受限制，每种符号都有完整的禁忌价值，每种符号都是种姓、氏族或者个人之间的相互义务：因此符号不是任意的。”

---

① Jean Baudrillard, *La société de consommation*, Paris: Denoël, 1970, p. 308.

② Jean Baudrillard, *L'échange symbolique et la mort*, p. 20. 中译本参见[法]让·波德里亚，《象征交换与死亡》，车槿山译，南京：译林出版社，2006年，第6页。本书下文凡引用该著作皆采用夹注形式注明法文版缩写（*ESM*）和页码、中译本页码。

（*ESM*，78；68）随之到来的文艺复兴冲破这种等级秩序，在符号上出现任意性的趋势，能指与所指一一对应的强制性符号关系走向终结，开启了索绪尔意义上的“符号的任意性”，每个个体都从受限制的秩序走向符号的按需生产，都可以无区别地玩弄符号，由之仿造成为这一时期的再现范式，开启了基于仿造的自然拟像。现代符号摆脱一切束缚，可以被不加区别地使用，从此变成竞争性的符号；然而现代符号仍植根于“自然”，以自然为参照，摹仿和再现自然。鲍德里亚由此强调“价值的自然规律”，拟像不仅用来再现自然，而且还体现资产阶级的代议制民主和“自然权利”或“自然法则”。“因此，现代符号正是在‘自然’的拟像中找到了自己的价值。这是‘自然’的问题体系，是实在与表象的形而上学：这将是文艺复兴以来的整个资产阶级的形而上学，资产阶级的符号之镜，古典符号之镜。”（*ESM*，79；69）仿造品从文艺复兴开始就与自然一起出现，新兴资产阶级开始对自然的摹仿，他们具有普罗米修斯式的雄心壮志，梦想着通过仿造的模式创造一个新世界，假背心、假牙、仿大理石室内装饰、巨大的巴洛克式舞台布景装置都充分体现了这一点，“显示了仿造的形而上学和文艺复兴时期的人类新抱负——这些是世俗造物主的抱负，即把任何自然都转变为唯一的、戏剧性的实体，以此作为资产阶级价值符号下的统一社会性，超越了血统、等级或种姓的差异”（*ESM*，80；70）。鉴于自然的这种重要性，鲍德里亚将其定义为“自然的拟像”：“自然的拟像，是自然主义的，立基于影像、摹仿和仿造，是和谐的、乐观的，而且旨在按照上帝的影像来重建或理想地构建自然。”（*SS*，177）

不止如此，鲍德里亚还洞察到拟像在这一时期就开始出现的微观政治学问题，他认为拟像不仅仅是符号的游戏，而且还折射出社会权力和社会关系，这是鲍德里亚在拟像理论上最重要的理论创见之一。拟像不仅在物体系中占据着主导性地位，而且还渗透到社会的各个层面，具有了福柯所探讨的全景敞视监狱的意味。[①]仿大理石不仅在物的世界中满足资产阶级创造世界的需要，创造了各种各样的仿造品，而且还表征着巴洛克风格，而巴洛克风格又关系着反宗教改革运动、耶稣会士的传教活动。为了建立政治和精神世界的霸权，重新寻回基督教大一统的世界，耶稣会士不得不使用仿大理石等新物质材料来创造一些有效的拟像，由此实现普遍控制和普遍霸权的共同设想，这意味着拟像秩序的内在目标就是要创造普遍可控的秩序和权力系统。"仿造影响的只是实体和形式，还没有影响关系和结构，但它在这一层面上已经瞄准了对社会的控制，这个社会在一种逃离死亡的合成实体中被平定、被塑造：一种不可摧毁的假象，后者将保证权力的永恒……这是一种政治和精神霸权的设想，一种封闭的精神实体的幻想。"（*ESM*，81；72）

伴随着工业革命的轰隆隆的机器声，大量的、无差别的产品从机械化的工业流水线上源源不断地被生产出来，拟像的第二秩序来临了，从此生产取代仿造，价值的商品规律取代价值的自然规律，最终生产的拟像取代自然的拟像。鲍德里亚以自动木偶与机器人为

① 关于拟像与权力的关系，鲍德里亚在《拟像的进程》一文中又专门以"全景敞视监狱的终结"为题进行探讨。参见Jean Baudrillard, *La société de consommation*, pp. 48—56。

例描述这种从仿造向生产的转变：自动木偶是对人的戏剧性、机械性、钟表性的仿造，技术屈从于类比和拟像的效果，而机器人则是机器占据主导优势，构建了一种相当于商品交换的等价关系。“自动木偶扮演宫廷里的人或有教养的人，它在大革命前参与戏剧和社会的游戏。机器人则如其名指示的，它在劳动：戏剧结束了，人的机体登场了。自动木偶是人的类比物，而且仍然是人的对话者（它可以和人下象棋）。机器人则是人的等价物，并且在操作过程的统一性中把人作为等价物据为己有。这是拟像的第一秩序与第二秩序之间的根本差异。”（*ESM*，82；73）如前所述，拟像的第一秩序总是牵扯到原型的问题，关系着对自然的摹仿，自动木偶就是不断地与活人对比，要比活人更自然，始终难以消除拟像与真实之间的差异。“拟像的第二秩序则通过吸收表象或消除真实（怎么说都行）简化了这个问题——总之，它建立了一种没有影像、没有回声、没有镜子、没有再现的现实：这正是劳动，正是机器，正是与戏剧性幻觉原则根本对立的整个工业体系。不再有上帝或人类的相似性或相异性，但是有一种操作原则的内在逻辑。”（*ESM*，83—84；75）第二秩序不再追问再现问题，也不再追求相似性，机器和劳动是唯一的现实，机器不停地生产，持续地再生产，由此自然变成可操控的对象，再生产变成社会主导法则，以价值的商品规律为基础，不断地进行等价交换。拟像的第二秩序也导致机器人的霸权、机器的霸权、活劳动对死劳动的霸权，导致拟像秩序从仿造转向生产或再生产，从价值的自然规律转向价值的商品规律。

不过，拟像的第二秩序与第一秩序之间，或者生产的拟像与自然的拟像之间，还有更深刻的差异。鲍德里亚还将生产的拟像称为工业性拟像（*ESM*，85—88；76—79），突出拟像基于工业生产的特性。工业时代出现流水线上的大规模生产，同一产品不断地复制，不断地进行再生产，最终导致同一产品的系列，出现一种无差异的等价关系。“它们之间的关系不再是原型与仿造的关系，既不再是类比，也不再是反映，而是等价关系，是无差异关系。在系列中，物体成为相互的无限拟像，而且生产物体的人也是如此。只有消除原型参照，才能带来普遍的等价原则，即生产的可能性本身。”（*ESM*，85；76）在工业性的拟像中，不再有可以作为摹仿对象的原本，也不再有原本与摹本的关系，只有无限复制的拟像，甚至连人也是无限复制的拟像。一切差异都消失了，原本的独特性也消失了，只有等价关系发挥作用，使再生产得以持续，最终导致原本消失、摹本无限复制的境况：

> “拟像”一词是法国人鲍德里亚首先使用的，其定义之一是：拟像是那些没有原本的东西的摹本。可以说“拟像”描写的正是大规模生产，例如说汽车，T型汽车自始至终的产品，假设有五百万辆，都是一模一样的，在工业生产中具有完全相同的价值。我们的世界是个充满了机械性复制的世界，这里原作原本已经不那么宝贵了。或者我们可以说拟像的特点在于其不表现出任何劳动的痕迹，没有生产的痕迹。原作和摹本都是由

人来创作的，而拟像看起来不像任何人工的产品。[①]

杰姆逊以汽车为例清楚地阐述了鲍德里亚的“工业性拟像”的特点，由此来例释拟像的定义和特点。不过，杰姆逊难免以偏概全，因为“工业性拟像”在鲍德里亚那里也只是拟像的第二秩序而已。

在生产的拟像中，人们看到现代性特有的经济神话，其中蕴含着巨大的力量和潜在的能量，而且这股力量和能量投射到更广阔的世界。“生产的拟像，是生产主义的，立基于能量、力量、它通过机器并在整个生产体系中的物质化——普罗米修斯式的企图就是全球化和持续扩张、无限能量的解放（欲望是与拟像的这一秩序相关的乌托邦的一部分）。”（*SS*，177）这种能力、力量完美地体现在机械化大生产之中，企图通过持续的再生产征服世界，继续追逐着政治和精神霸权的梦想。然而，这美好的梦想难以掩盖工业生产所导致的无限复制特点，只有拟像的再生产而已，别无其他。鲍德里亚正是在这一点上援引本雅明在《机械复制时代的艺术作品》中的再生产思想，肯定了再生产的价值和意义。本雅明开启了以再生产符号来研究艺术、电影和摄影的新天地，在鲍德里亚看来是“第一次点明了这种再生产的基本意义”（*ESM*，86；77）。本雅明察觉到

① [美]杰姆逊讲演，《后现代主义与文化理论》（精校本），唐小兵译，北京：北京大学出版社，2005年，第196页。原文“类象”皆统一为“拟像”，“博德里涯”统一为“鲍德里亚”。值得注意的是，通过本书对克罗索夫斯基、德勒兹、福柯和德里达的研究，杰姆逊关于“‘拟像’一词是法国人鲍德里亚首先使用的”的结论是不确切的。

艺术作品的“灵韵”消失在机械复制时代具有普遍的意义，这不再局限于艺术领域，而是一个时代的症候：

> 在机械复制时代凋萎的东西正是艺术作品的灵韵。这是一个具有症候意义的进程，它的深远影响超出了艺术的范围。我们可以总结道：复制技术使复制品脱离了传统的领域。通过制造出许许多多的复制品，它以一种摹本的众多性取代了一个独一无二的存在。复制品能在持有者或听众的特殊环境中供人欣赏，在此，它复活了被复制出来的对象。这两种进程导致了一场传统的分崩离析，而这正与当代的危机和人类的更新相对应。这两种进程与当前的种种大众化运动密切相连。[①]

在本雅明看来，机械复制时代的艺术作品颠覆原本与摹本的关系，大量的复制品以摹本的多样性取代原本的独一性，也就是原本那种原创的、奇异性的“灵韵”消失了，柏拉图意义上大写的、摹本和拟像之意义来源的“理念的床”被机械复制时代的大量复制品消解，反而这些复制品通过受众获得存在的价值和意义。最重要的是本雅明洞察到“这两种进程”逐渐蔓延到整个社会领域，可以有效地解释机械复制时代的症候。任何物品都可以简单地进行复制，这种系列重复取代仿造，“再生产吸收生产过程，改变其目的性，使产品和生产者的地位变质”（*ESM*，86；77）；技术也不再

① [德]瓦尔特·本雅明，《启迪：本雅明文选》，[德，美]汉娜·阿伦特编，张旭东、王斑译，北京：生活·读书·新知三联书店，2008年，第236页。

是马克思反复阐释的“生产力”，而是一种具有形式与规则的“中介”。鲍德里亚在这一点上充分肯定本雅明以及麦克卢汉的革新意义：“本雅明和麦克卢汉看得比马克思更清楚：他们认为，真正的信息，真正的最后通牒就是再生产本身，生产则没有意义：生产的社会目的性丧失在系列性中。拟像压倒了历史。”（*ESM*，86—87；78）在艺术领域中对这一点进行形象化再现的莫过于安迪·沃霍尔，他在如同工厂一般的工作室中以工业生产的模式对机械复制时代的产品图案进行复制，他利用机械再生产技术——胶片制版和丝网印刷技术——对坎贝尔汤罐头图案进行再复制。他的行为本身极具解构性——不是绘画，而是像机器一样生产，他曾说：“我想成为机器，我不要成为一个人，我像机器一样作画。”他一方面拟仿机械复制时代的产品生产，呈现了系列重复的特点；另一方面又以这种再生产的方式生产作品，使这种生产陷入无限重复的再生产，致使生产丧失意义。如果说本雅明从绘画、电影、摄影等艺术领域走向对机械复制时代的批判，洞察再生产的秘密，那么沃霍尔则逆向而行，以机械复制的技术戏弄着绘画，使艺术作品的“灵韵”彻底丧失。或许这就是沃霍尔的波普艺术的意义所在。

三、拟像：从模拟到分形

如果说拟像的第一秩序或自然的拟像基于前现代时期对原本的仿造、对自然的摹仿，遵循着价值的自然规律，拟像的第二秩序或生产的拟像基于现代时期纯粹的系列、系列的生产，遵循着价值的商品规律，那么拟像的第三秩序或模拟的拟像则基于后现代主义的模式和代码，遵循着价值的结构规律，走向超现实、控制论的游戏和社会的全面控制。“我们由此进入拟像的第三秩序，不再有第一秩序中对原本的仿造，也不再有第二秩序中的纯粹系列：这里只有一些模式，所有形式都经由差异性调制产生于这些模式。只有纳入模式才有意义，任何东西都不再按照自己的目的发展，而是出自模式，即出自‘参照的能指’，它仿佛是一种前目的性，唯一的似真性。”（*ESM*，87；78）经历了漫长的历史演变过程，模拟的拟像逐渐从工业时代的生产的拟像发生裂变，逐渐以模拟的模式来构建世界，超越并最终摧毁再现，使再现的机制走向终结；取而代之的是模拟的逻辑，社会也从生产主义的资本主义社会转向以全面控制为目标的控制论秩序的新资本主义。“模拟的拟像，基于信息、模式、控制论的游戏——整体的可操作性、超现实、全面控制的企图。”（*SS*，177）模式和代码是人与物存在与呈现的“语法”，模式的生成替代系列的生产，价值的结构规律取代价值的商品规律，模式操控着人与物，而代码的秘密不再隐藏于技术与经济之中，而是生产的可能性本身隐匿在代码和拟像的起源之中，而且拟像的起源从遗传的代码中找到最完美的形式。“这是再现性戏剧的终结、符号空间的终结，是符号冲突和符号沉默的空间的终结：只剩下代码的黑匣子。”（*ESM*，90；81）

在模拟的拟像的阐述中，鲍德里亚采用一种在语言、基因和社会组织之间的暗示性类似：“正如语言包含着种种结构着我们交流的模式或代码，正如我们细胞包含着种种结构着我们体验和行为的基因代码（DNA），社会也包含着种种结构着环境与人类生活的社会组织的模式和代码。”[①]整个社会都按照模拟的逻辑操控着，模式或代码不仅结构着各种媒介产品、购物、家居、建筑、设计、时尚、性等日常生活领域，而且还操纵着民意调查、选举、国际关系等领域，最终走向“代码的形而上学”：“人类建构的各种巨大拟像从自然法则的世界，走到力量和张力的世界，今天又走向结构和二进制对立的世界。存在与再现的形而上学之后，然后是能量与确定性的形而上学之后，然后是非决定论与代码的形而上学。”（*ESM*，89；80）鲍德里亚进一步在形而上学的层面上对拟像的三种秩序进行区分：拟像的第一秩序处于自然世界，遵循着价值的自然规律，是“存在与再现的形而上学”；拟像的第二种秩序走向力量和张力的世界，遵循着价值的交换规律，是“能量与确定性的形而上学”；拟像的第三秩序则走向结构和二进制对立的世界，遵循着价值的结构规律，是“非决定论与代码的形而上学”。在拟像的第三秩序中，鲍德里亚强调“结构”和“二进制对立”，带有结构主义的鲜明印记，但又有所不同，他强调的是二进制对立的结构而非二元对立统一的结构，是莱布尼茨所强调的0与1的二进制系统，一切都在记录和解码中消解了。“这就是拟像的第三秩序；这就是‘只有0与1的二进制系统那神秘的优美’，所有生物都来源于此；这就是符号的地位，这种地位也是意指的终结：这就是DNA或操作性的模拟。”（*ESM*，90；81—82）

① Douglas Kellner, *Jean Baudrillard: From Marxism to Postmodernism and Beyond*, p. 80.

在鲍德里亚看来，自动控制、模式生成、差异性调制、反馈、问/答等都是模拟社会的操作形态，数字性是这种操作形态的形而上学原则，DNA则是这种操作形态的先知。模式与代码构建日常生活与社会组织，由此构建一个差异性的二进制系统，操控着整个社会的运行。正如电视节目制作者调制电视代码来生产节目一样，时尚、商品、广告设计、城市规划、政治选举和民意测验等也都调制各自的代码或模式来生产各自的“节目”或“程序”，它们在肯定或否定的二进制系统中构建测试、问/答、刺激/反应的具体形式。到处都是相同的剧本，提供选择答案的剧本，到处是提供预先答案的测试，一切都被预先写入代码，都处于同一性与被程序化的差异之中，严格讲根本就没有差异，只有通过程序代码进行控制的模式。这种突变“是整个历史的结果，在这一历史中，上帝、人类、进步以及历史本身都为了代码的利益相继死亡，超越性为了内在性的利益而死亡，而内在性对应的则是令人眩晕的社会关系操纵中远远更加先进的阶段”（*ESM*，93；85）。一切都在代码中相继死亡。鲍德里亚陷入历史虚无主义，他否定了启蒙以来的主体和进步神话。经济的发展与技术的进步没有带来人类的自由和解放，反而奴役和殖民人类生活的各个层面。“计算机代替思想的操作，让大脑处于荒废之中，就像19世纪机械技术代替体力劳动那样。人们越来越像行尸走肉。”①

在模拟社会中，测试、问/答、刺激/反应都变成最具体的、最

① [法]让·波德里亚，《冷记忆 1》，张新木、李万文译，南京：南京大学出版社，2009年，第287页。

基本的社会控制形式，控制着人的行为与选择。在貌似可供选择的二进制系统中，一种不确定的社会控制蔓延到社会的各个层面。在政治、经济、文化和日常生活中，个体不得不按照预先设定的、预先编码的程序进行选择，做出回应，测试与全民公决在媒介时代变成模拟的完美形式，在预先设计好的答案中进行选择，制造了一种策略性幻觉，最终导致真与假、真实与想象的解体。政治选举、民意调查、时尚、购物、媒介等都是二进制调节系统的组成部分，通过非此即彼的两种选择、两党政治、两种敌对力量维持着亚稳态的或动态的平衡。永远是0/1在模拟社会中发挥作用，永远是二进制的格律划分操纵着整个世界，最终控制论的资本主义在假设的、主导性的两极之间获得胜利。“符号为了变得纯粹，必须重叠自身：正是通过重叠，符号才能真正地终止所指涉的东西。沃霍尔全部作品的秘密就在这一点：梦露面孔的大量复制既是原型的死亡，也是再现体制的终结。”（*ESM*，108；101）真实在符号的自主性指涉中消解，化为乌有，最终为了真实而真实地追逐着超真实，模拟原则最终也战胜现实原则和快乐原则，成为社会组织和社会控制的全新法则。

在拟像的三种秩序之后，是否还有其他的可能？这个问题始终萦绕着鲍德里亚。经过了长时间的思索，他在20世纪80年代末开始谈拟像的第四秩序。他最早在《鲍德里亚：主体与重影》（Baudrillard: le sujet et son double，1989）的访谈中将其界定为“一种价值的增值，一种价值的蔓延，但其中价值完全被分形化，而且不再能被定位”[①]。他以分形思想来界定拟像的第四秩序，显然受到数学家伯努瓦·曼德博（Benoît Mandelbrot）的著作《分形学》（*Les objets fractals*，1975）的影响。最初他用这种“分形”理论来描述美国文化，认为“整个美国文化是一种类似地震造成的形式：一种分形的、间隙的文化，诞生于一种与旧世界的裂缝之中，一种触得到的、易碎的、移动的表面文化”[②]。接着他在《恶的透明性》一书中进一步阐述拟像的第四秩序——分形的拟像。他首先总结价值的演变过程：自然阶段，对应着使用价值，呈现价值的自然层面；商品阶段，对应着交换价值，呈现价值的商品层面；结构阶段，对应着符号价值，呈现价值的结构层面。他还是采用他惯常使用的科学思维方式来谈论拟像的第四秩序，认为拟像的前三种秩序之间存在着形式上的差别，类似于粒子上的差别，总会有新粒子加入它们的行列，尽管不会取代先前发现的粒子，但会在假设的系列中占据位置。他以此类推，将一种新粒子引入拟像的微观物理学，认为在价值的自然、商品和结构的阶段之后到来的是分形的阶段。如果说拟像的第一秩序具有自然的参照，价值立基于世界的自然使用而形成，拟像的第二秩序立基于一般等价物和价值参照的商品逻辑而形成，拟像的第三秩序受代码支配和价值参照的一系列模式而形成，那么：

① Jean Baudrillard, “Baudrillard: le sujet et son double”, F. Ewald (interview), *Magazine littéraire*, n°264 (avril 1989), p. 22.

② Jean Baudrillard, *Amérique*, Paris: Grasset, 1986, p. 27.

> 拟像的第四秩序则是分形的，或病毒性的，或辐射的，不再有任何参照，而且价值在占据全部间隙时向各个方向辐射，没有参照任何东西，凭借纯粹的邻近性。在第四秩序中，不再有任何等价，无论是自然的还是一般的。严格来说，现在没有价值规律，只有一种价值的传染病，一种价值的转移，一种价值的随意增殖和弥散。的确，我们真不应该再谈“价值”，因为这种传播或反应链使任何估值不再可能。①

因而，拟像的第四秩序不再有任何参照，不再有任何等价，不再有任何价值规律，也就是说它不具有前三种秩序的任何内容，任何价值规律都不再起任何作用，就如同不可能同时计算量子的速度和位置一样，也不可能在美与丑、真与假、善与恶之间做出评估。价值任意蔓延、转移、增殖和弥散，如同病毒一样扩散和转移，毫无规律可循，难以进行定位和估算。在分形的拟像中，每种价值或每种价值的碎片在模拟的天空中闪烁片刻，然后就沿着彼此交错的弯曲路径消失在虚空之中。鲍德里亚认为这种分形的模式也是当前文化的模式，价值在模拟中蔓延、弥散，好像它们是真实的，好像存在着现实，也就是鲍德里亚所定义的“整合的现实”（réalité intégrale）。这种极端的现实同时终结了现实与错觉，价值在这种分形的维度上变成任意的，真与假、善与恶、美与丑难以评估，难以确定，一切都变得“似是而非”。一切似乎是政治的、经济的，

---

① Jean Baudrillard, *The Transparency of Evil: Essays on Extreme Phenomena*, pp. 5—6.

但准确地讲又都不是如此。例如，进步的观念消失了，但进步仍然继续；生产曾经包含的财富观念消失了，但生产仍然继续。这种悖谬的二元性依然持续，到处蔓延，没有终止。概念、理论、个体观念、意识形态就像病毒一样不停地进行复制，但已经没有了任何终极价值和目的。

在拟像秩序的漫长思索中，鲍德里亚逐渐摆脱早期的政治经济学的樊篱，构建了一种基于拟像与模拟的原创性理论体系，体现了他对文艺复兴以来现代社会的思考，为我们认识和理解现代社会提供了理论资源和理论视角；但是他构建的这套理论体系也存在着诸多矛盾，例如他不断地寻找一个又一个例子来证明他在拟像的第三秩序中所阐述的二进制系统的作用，强调控制论的资本主义理论，难免忽略众多例子的丰富性和差异性。不仅如此，整个理论体系构架过于粗糙。虽然他摹仿福柯为"事物的秩序"撰写的《词与物》，但是缺少严密的论证和详细的文献证据，很多问题没有展开深入论证，致使例证与理论之间缺少融贯性，反而影响他的拟像理论的原创性，最终使他的拟像理论变成类似于《美国》那样的"理论的碎片"，消弭在模拟社会的幻想之中。

四、从博尔赫斯到拟像的进程

在拟像的秩序中，拟像徘徊在原本与摹本、现实与超现实、真实与"超真实"之间，呈现出极为不同的拟像的向度与定位，由此形成拟像的不同秩序。尤其是鲍德里亚对"超真实"的思索是拟像理论的最具原创性内容之一，使柏拉图以来的拟像彻底断绝与任何外在现实的指涉关系，拟像犹如断了线的风筝翱翔在模拟的天空中，自由自在，毫无羁绊，又如漂泊的幽灵游荡在冷酷的数码世界中，充满了魔幻的魅力，萦绕着当代社会现实。（*ESM*，116；109）[①]从迪士尼乐园到水门事件、从核威胁到海湾战争，一切都在预先设计的代码中变得“比真实更真实”，最终走向“超真实”。

在《拟像与模拟》的开篇，鲍德里亚重述了魔幻现实主义作家博尔赫斯的《科学的严谨》来阐释他的超真实理论。《科学的严谨》本是一段不起眼的文字，却因鲍德里亚的重述而吸引着研究者的目光，文章倒不长：

> ……在那个帝国里，绘制地图的技巧已臻完美，一张省图大及一座城池，而帝国全图则可覆盖一个省份。随着时间的流逝，人们对那些巨幅地图不再满意，于是各地图学会就绘制一幅跟帝国的疆土一般大小并完全切合的地图。对地图学并不那么热衷的后人发觉那么大的地图没有用处，所以不无残忍地让那地图任由日晒雨淋。西部沙漠至今还保留有那已经变成野兽和乞丐巢穴的地图残片，那是在全国唯一可以见到的“地图绘制法”的遗迹。[②]

---

① 鲍德里亚曾在《象征交换与死亡》中提到拟像的幽灵性，延续了希腊以来对“像”的认识传统，也可参照德里达的拟像幽灵学。

② [阿根廷]豪·路·博尔赫斯，《博尔赫斯全集》（诗歌卷·上），林之木、王永年译，杭州：浙江文艺出版社，2006年，第201页。

在这段似乎是虚构的小说但又注明出处的、被置于诗集开篇但又不是诗的文字里，博尔赫斯提供了一个含义极为丰富的阐释空间，召唤着读者去阅读、阐发。制图者按照帝国领土绘制一幅与之一样大小的地图，意味着帝国时代的人相信地图与领土之间存在着再现关系，地图可以再现帝国的疆域，真实在现实与再现之间是存在的；而随着时间的流逝，后人不再相信再现真实的可能性，作为再现的地图就变成真实的碎片。

然而，鲍德里亚却以自己的概念和术语进行重述和阐释，他认为博尔赫斯的这段文字是“模拟最美丽的寓言”，只不过具有第二秩序的拟像的些许魅力而已，帝国地图的形而上学的美景也变成了岁月的灰烬。不过鲍德里亚却解读出一个模拟的世界，地图意味着一种产生真实的模式：

> 如今抽象不是地图、重影、镜子或概念的抽象。模拟不再是领土、指涉物或实体的模拟。模拟是那没有本源也没有现实的真实通过种种模式的自然发生：超真实（Elle est generation par les modèles d'un réel sans origine ni réalité: hyperréel）。领土不再先于地图，也不会在地图消失后继续存在。自此以后，是地图先于领土——拟像的进程——正是地图产生领土，而且如果寓言不得不被重述，那么如今也是其碎片在地图的范围上慢慢腐朽的领土。是真实而不是地图，它的遗迹继续在沙漠的各个角落存在，沙漠不再是帝国的沙漠，而是我们的沙漠。真实本身的沙漠。（*SS*，10）

在这段著名的阐释中，鲍德里亚指出“真实”没有本源也没有现实，它通过种种模式最终实现了模拟。模拟与现实无关，与任何外在指涉无关，再现已不再可能。模拟的运作必须改写博尔赫斯的寓言，改变领土与地图的关系，也就是改变地图与现实的关系——不再是先有领土后有地图，而是地图产生领土，由之产生“真实”，这就是“拟像的进程”。地图一度与领土之间存在着“至高无上的差异”（différence souveraine），后者建构地图的诗意和领土的魅力、概念的魔法与真实的魅力，如今再现的这种想象消失在模拟之中，最终导致整个形而上学的丧失。在模拟的运作下，“真实”是可操作的，是组合模式的放射性综合的产物。“真实是从微小细胞、矩阵和记忆、操纵模式中被生产出来，而且它能被无数次再生产。”（*SS*，11）模拟的运作消除真与假、概念与对象、现实与再现之间的差异，解体传统的再现体制，“真实”可以被生产，甚至可以被无限地生产，而且“真实”最终被“超真实”取代。“在这一向其曲线既不再是实在的也不再是真理性的空间转变中，模拟的时代因此通过清算全部指涉物开启了——更糟糕的是：通过这些指涉物在符号（比意义更具延展性的材料）系统中的人为复活，由于意义向整个等价系统、全部二进制对立、全部组合代数呈现自身，问题不再是摹仿、重影，甚至不再是戏仿。问题是符号的真实对真实的替代，也就是一种对整个真实过程的进行制止的操作，通过其可操作的重影，通过亚稳态的、程序化的、无可非议的指号机器，后者提供真实的全部符号，并使真实的全部波动短路……从此超真实不受想象的侵扰，也与真实和想象区分开来，因为超真实只给模式的轨道式重现和差异的模拟性发生留有位置。”（*SS*，11—12）在模拟的时代中，全部指涉物被清算，摹仿、再现与戏仿失效，“符号的真实”取代真实，导致一切再现物都变成模拟物，“超真实”成为唯一的真实。

在鲍德里亚的阐释中，博尔赫斯的寓言完美地呈现“拟像的进程”——地图先于领土，也就是他提出的“模式先行”原则。如前所述，在拟像的第三秩序中，模拟是代码或模式的形而上学，模式和代码是模拟社会的基本形式，经由信息技术、生物科学、媒介传播等制造超真实的整个氛围。“这也是现实在超现实主义、真实的精细重复中脱根据化，优先从另一种复制中介开始——广告、照片等——从中介到中介，真实化为乌有，它变成死亡的隐喻，但它也通过自身的摧毁而增强，变成了为真实而真实、对丢失物的拜物教——不再是再现的对象，而是否定及其自身仪式性毁灭的狂喜：超真实。”（*ESM*，111—112；105）鲍德里亚开始从文学艺术领域来阐释从“真实”向“超真实”的演变过程，他指出真实的修辞在现实主义小说时代就遭到质疑，超现实主义又质疑现实主义；但他洞察到超现实主义存在着严重不足，它只是以想象性的决裂重复现实主义，不过超现实主义还是不够彻底、纯粹。在他看来，只有“超真实”才能实现与现实主义的彻底决裂，他认为以罗布-格里耶为代表的法国新小说代表了这一趋向，代表了一个更高级的阶段。“甚至随着真实与想象之间的这种矛盾的消失，超真实代表的是一个更加高级的阶段。非现实不再是梦想或幻像的非现实，不再是彼岸或此岸的非现实，而是真实与自身的幻觉性的相似。为了摆脱再现危机，必须把真实禁锢在纯粹的重复之中。”（*ESM*，112；105）新小说反对传统小说的“真实”，突出对“物”和场景的客观描绘，淡化了故事情节和人物塑造，摒弃任何心理刻画与主观叙述，消解意义和深度。“我们必须制造出一个更实体、更直观的世界，以代替现有的这种充满心理的、社会的、功能的意义的世界。让物件和姿态首先以它们的存在去发生作用，让它们的存在继续为人们感觉到、而不顾任何企图把它们归入什么体系的说明性的理论，不管是心理学、社会学、弗洛伊德主义，还是形而上学的体系。”[①]新小说这种客观的、物化的叙述制造了“一种现实的眩晕”“一种死亡的眩晕”，也就是鲍德里亚所说的“模拟的眩晕”。新小说通过“细节的真实”、结构性视觉、本义的系列形式和两项之间的极小差异来制造这种“模拟的眩晕”。

鲍德里亚由此区分“真实”与“超真实”，并在此基础上区分超现实主义与超真实。“真实的定义本是：那个可以等价再生产的东西……真实不仅是那再生产的东西，而且是那永远已经再生产的东西：超真实。”（*ESM*，114；107）这个定义的产生与科学的公设和工业合理性是同时代的，科学的公设是指一个过程在一定条件下可以准确地再现，而工业合理性公设了一个普遍的等价系统。按照鲍德里亚的区分，真实的观念是现代性的产物，是科学和工业发展的伴生物，是等价再生产的东西。但是科学技术的发展却引发

---

① [法]阿兰·罗伯–葛利叶，《未来小说的道路》，朱虹译，载柳鸣九编选：《新小说派研究》，北京：中国社会科学出版社，1986年，第 63 页。罗伯–葛利叶即罗布–格里耶。

现代性的危机，其中“真实”的观念遭到质疑，在鲍德里亚看来，出现了一种比真实更真实的“超真实”。模拟是现代后期在通信、自动化和系统理论方面发生的一场符号系统的革命，这套符号系统按照模式和代码的自我指涉方式，通过大众传媒、遗传学和数字技术等制造出比“真实”更真实的“超真实”。在文化艺术领域，真实与艺术也出现问题，超现实主义虽然达到艺术顶点，但最终没有超越再现，而超真实正是在模拟的运作中超越再现，最终实现“内爆”。这种趋势也不再限于文学艺术领域，“今天则是政治、社会、历史、经济等全部日常现实都吸收了超现实主义的模拟维度：我们处处都已生活在真实的‘美学’幻觉中了”（*ESM*，114；108）。对于鲍德里亚来说，政治、社会、文化、经济、性等领域都在模拟的维度上实现内爆，越来越多的社会生活领域都成为模式和代码的再生产，真人秀、迪士尼乐园、时尚、购物广场等超真实领域通过模式、代码和影像都变得比真实更真实，个体逃离了“真实的沙漠”，沉浸于通信技术和传媒技术制造的模拟世界。

在鲍德里亚看来，模拟与再现是对立的，再现遵循着符号与真实的等价性原则，是符号对真实的乌托邦式再现；模拟则是对这种再现的乌托邦的颠覆，始之于对符号作为价值的彻底否定，彻底颠覆和扼杀任何指涉。再现总是涉及外在的指涉对象，总是有某个外在的“原型”，试图通过把模拟解释为虚假的再现来加以吸收；而模拟则彻底清算任何指涉，最终将再现本身作为拟像加以涵括，走向超真实的拟像。基于影像对现实的反映关系，鲍德里亚区分了影像的四个阶段（*SS*，17）：

（1）影像是深度现实的反映；

（2）影像遮蔽深度现实，并使之变质；

（3）影像遮蔽深度现实的缺席；

（4）影像与任何现实都毫无瓜葛，它是自身的纯粹拟像。

在第一个阶段中，影像与现实之间存在着一一对应关系，是对现实、理念、真理等“原型”的真实反映，因而影像是一种良善的显像，由之而来的再现属于“神圣的秩序”（l’ordre du sacrement）。在第二阶段中，影像与现实的关系歧异，影像歪曲、背离现实，造成虚假的意识形态，因而影像是一种邪恶的显像，由之产生的再现属于巫术秩序（l’ordre du maléfice）。在第三个阶段中，影像属于魔法秩序（l’ordre du sortilège），现实消失了，作为显像的影像自主嬉戏，影像不再有外在的指涉，开始变成自主的拟像；尤其在基督教世界中，上帝消失了，留下的是上帝的各种影像，基督教徒则转而崇拜上帝的拟像。在第四个阶段中，影像属于模拟秩序（l’ordre du simulation），它不再与任何外在的显像秩序有关，也就是它与任何外在的指涉毫无关系，变成了自主性的纯粹拟像。“影像不再能让人想象现实，因为它就是现实。影像也不再能让人幻想真实的东西，因为它就是其虚拟的真实。”[①] 影像与现实无关，或者影像本身就是现实，制造虚拟的真实，本身就是纯粹的拟像，由之进入超真实的模拟世界。

在影像与现实关系的四个阶段中，鲍德里亚认为“掩饰某种东

① Jean Baudrillard, *Le crime parfait*, Paris: Galilée, 1995, p. 16. 本书下文凡引用该著作皆采用夹注形式注明该法文版缩写（*CP*）和页码。

西的符号”诉诸真理和神秘的神学，是对深度现实的再现和遮蔽；“无所掩饰的符号”消解某种深度和意义，意味着现实的缺席和消失，从前者向后者、从再现向模拟的转变是决定性的转折，由之开创了拟像和模拟的时代。在这样一个时代中，“不再有上帝来承认它们，不再有末日审判来区分真与假、真实与真实的人为复活，因为一切已经死亡而又被提前复活”（*SS*，17）。昔日需要指涉的、崇拜的上帝变成拟像性的存在，或者说拟像取代上帝，成为“全知全能的上帝”。“这恰恰因为他们预感到上帝的这种全能、他们从人类意识抹去上帝的权能和这种他们使之窥见的、摧毁性的、歼灭性的真理，因为上帝从根本上讲从未存在过，只不过上帝的拟像存在，甚至上帝本身只不过是自身的拟像而已，由此激发他们摧毁影像。”（*SS*，14—15）

通而观之，影像的四个阶段与拟像的秩序之间存在着某种对应关系，影像的第二阶段与以仿造为主导形式的拟像的第一秩序相对应，影像的第三阶段与以生产为主导形式的拟像的第二秩序相对应，影像的第四阶段则与以模拟为主导形式的拟像的第三秩序相对应。这种对影像的描述虽然具有一定的历史发展痕迹，但不具有如拟像秩序那么鲜明的历史性，而是主要基于对影像的不同认识，最终把影像与“现实”的关系置于模拟性之中。通过阐述影像与现实的关系，鲍德里亚强调的是如何忠实地呈现真正的现实，阐发他对当代现实的反思。“即便情况如此，鲍德里亚关于‘真正的现实’的模式超越了被建构的现实，是在现实化的必要时刻的影像中不能被再现或被反思的象征交换（象征交换在某种程度上处于真实的建构的外部，而且一般来说，正是象征交换甚至还萦绕着模拟，作为摆脱了中介的项）。总是存在着不同影像，而影像移除了任何事物可能存在或不存在的现实。”[①]鲍德里亚以一种怀旧之情绘制影像的谱系，这种对真实世界的感知在某种程度上遵循着尼采在《偶像的黄昏》中所描述的进入真实世界的模式。“‘真实的世界’——一个不再有任何用处、一个不再有任何约束力的理念——一个变得无用的、多余的理念，因而是一个被驳倒的理念：让我们废除它……我们废除了真实的世界：剩下的是什么世界？也许是虚假的世界？……不！随着真实的世界的废除，我们同时废除了虚假的世界！”[②]尼采不仅呼吁废除真实的世界，而且同时呼吁废除虚假的世界，再现不再自行发挥作用，真实与再现之间的差异也不复存在。鲍德里亚面对真实的世界的消逝，一种怀旧的情愫油然而生，同时也伴随着模拟时代的到来。“当真实不再是昔日的真实，怀旧之情就会赋予它充盈的意义。起源的神话和现实的符号竞相增加，还有二手的真理、客体性与本真性镜像增加。真实、体验不断升级，形象的复活，其中对象和实体消失了。真实和指涉物的失控性生产，与之平行的是物质生产的失控，而且前者要高于后者：这就是模拟在与我们相关的阶段中呈现出来的样子——真实、新–真实和超真实的策略，威慑的策略到处使之重影化。”（*SS*，17）鲍德里亚以模拟作为反对“真实”的策略，最终走向超真实的时代。

---

① Paul Hegarty, *Jean Baudrillard: Live Theory*, p. 51.

② [德]尼采，《偶像的黄昏——或怎样用锤子从事哲学》，第30页。

五、模拟的迪士尼乐园

在鲍德里亚的拟像理论中，迪士尼乐园是全部错综复杂的拟像秩序的完美典型，也是他运用理论阐释具体拟像的最经典案例之一，成为我们理解模拟秩序最生动、最形象的典范。在拟像秩序中，迪士尼乐园应该属于拟像的第三秩序，这意味着它遵循着价值的结构规律，追逐着模拟性的效果，呈现出符号的自主性游戏；在影像的阶段中，迪士尼乐园应该属于影像的第四阶段，这意味着它与任何现实都没有关系，它只是它自身的拟像而已。迪士尼乐园首先是错觉与幻像的游戏世界，是一个与现实无关的超真实世界。它源自虚构的迪士尼动画片，本身是对影像的“摹仿”或“再现”，或者说是影像的影像，根本没有原本或原型，也就是说它是以卡通形象为核心构建的拟像世界，制造了一个梦幻般的童话世界，旨在让人体验和感受虚幻的快乐。迪士尼乐园迫使人回到儿童世界——一个充满幻想的、幼稚的虚假世界，成年人在拟像的世界中扮演着稚气的孩童，似乎寻回童年的快乐时光，然而这一行为只会导致成年人产生稚气的幻觉，让自己永远生活在拟像世界中。这里远离现实，没有痛苦和忧伤，到处都是欢声笑语，到处充满了柔情蜜意，到处都渲染着绚丽的色彩，营造了一个欣悦的乌托邦世界。在迪士尼乐园中，个体和群体的形态融入其中，到处勾画美国的对象性轮廓，宣扬着美国的价值理念。迪士尼乐园蕴含着美国的意识形态价值，体现着“对美国生活方式的概括，对美国价值的颂扬，对充满矛盾的现实的理想性转换。当然，这也掩盖了其他东西，即这一

‘意识形态的’栅格本身就为第三秩序的模拟充当了遮盖物：迪士尼乐园之所以存在，就是为了掩盖它是一个‘真实的’国度，为了掩盖‘真实的’美国就是迪士尼乐园。……真实的美国和洛杉矶不再真实，反而属于超真实和模拟的秩序。问题不在于现实的虚假再现（意识形态），而在于掩盖了真实不再是真实，因此在于拯救现实原则”（*SS*，25—26）。因而，迪士尼乐园变成美国的代名词，渗透着美国的生活方式和价值理念，由之导致“真实的”美国反而不再“真实”，变成超真实和模拟的世界，变成拟像性的存在。现实的美国反而被迪士尼的虚幻掩盖了，变得比真实还真实，彻底进入超真实的模拟世界。“美国既不是梦也不是现实，它是一种超真实。超真实是因为这是一个乌托邦，然而是一个从一开始就被认为是已经实现了的乌托邦。这里的一切是真实的、实用的，这里的一切却又让人陷入幻想。可能美国的真相只能被一个欧洲人发现，因为只有他在这里看到了完美的拟像，对一切价值的内在性和物质转换的拟像。美国人完全体会不到模拟的意义。他们自己就是最完美的模拟形式，但是没有掌握模拟的语言，因为他们本身就是模式。”①

迪士尼乐园也体现了拟像的社会权力和社会控制关系。毫无疑问，迪士尼乐园是一个没有本源、没有指涉对象的拟像世界，不过是在控制论的资本主义秩序下操纵着游人的快乐和体验，一切都按照预先设计好的模式运行，固定的路线、相同的步骤、流水线式

---

① [法]让·波德里亚，《美国》，张生译，南京：南京大学出版社，2011年，第47页。

的快乐生产，一切都被预先设计和控制。迪士尼乐园之所以获得成功，之所以吸引大众，就在于它是“社会的缩影，它是真实美国及其限制和快乐的宗教似的、缩微的愉悦。只要你在外面停好车，排队进入，那你就完全被出口抛弃。在这个想象的世界中，唯一的魔幻效果就是内在于人群的温柔与热情，就在于大量适合维持多样效果的、充分而又过量的新花样。与停车场——名副其实的集中营——的绝对孤独形成了全面对比。或者更确切地说：乐园里面各色的新花样吸引人群定向流动，而外面则是指向独特新玩意的孤独：汽车。”（*SS*，25）迪士尼乐园的出口或出入口区分了内外不同的世界，一旦进入，游人就被现实世界抛弃，进入虚幻的拟像世界，其中各色早已设计好的新玩意新花样、预先设定好的游乐路线，按照鲍德里亚的词汇来说，“磁化”（magnétise）了人群，引导着人群的定向移动。在这魔幻的乐园里，人沉湎于绚丽多彩的拟像世界，屈从这一拟像世界制造的虚假快乐，消极地、被动地体验着与冷冰冰的现实世界暂时隔离之后的既定快乐，自然而然的快乐不复存在，虚幻的人造快乐充斥着乐园的上空，快乐被生产着，被不同的个体按照相同的模式进行着无限的再生产，也就是说快乐可以被复制，而且可以不断地进行再复制。“商业和娱乐之间原本就有的亲和性，却表明了娱乐的特殊意涵：即防范社会……快乐意味着什么都不想，忘却一切忧伤。从根本上说，这是一种孤立无助的状态。其实，快乐也是一种逃避，但并非如人们认为的那样，是对残酷现实的逃避，而是要逃避最后一丝反抗观念。娱乐所承诺的自由，不过是摆脱了思想和否定作用的自由……即便有时候公众偶尔会反抗快乐工业，这种反抗也是软弱无力的，因为快乐工业早就算计好了。”[①]在这魔幻的乐园里，游人忘记痛苦和忧伤，忘记孤独和苦闷，忘记乐园外面的停车场就是集中营、社会就是集中营的残酷现实，更忘记这是一个被长眠地下的人——华特·迪士尼构想和实现的幼稚而又冻结的世界。他们满心欢喜地被吸引到这里，被虚幻的快乐集中到这个封闭的、充满虚假快乐的虚拟世界。在这虚假的背后隐匿着资本主义新秩序对人的社会控制，由之迪士尼乐园变成一个被拟像世界操控的拟像“集中营”，完成了对人的规训与教化，以便更好地适应整个迪士尼化的美国社会。“加利福尼亚州：唯一真实的迪士尼乐园。世界上拟像的发源地。所有剩下的地方都已经迪士尼化了，只有南加利福尼亚仍然是超真实的摇篮，不予起诉的圣地。”[②]不只有迪士尼乐园，还有魔幻村庄、海底世界和魔山等游乐场所包围着洛杉矶，“就像电子和原子的发电站一样，也像电影制作片场一样，这个城市本身只不过是一个巨大的场景，而且是一个连续不断的长镜头，它需要老式的想象来作为一个由孩童时期的符号和电影特技制造的幻像构成的神经交感系统”（*SS*，26）。在鲍德里亚看来，整个美国就像洛杉矶一样变成一个“模拟的试验场”，它按照迪士尼乐园的模式和代码来组织美国社会生活。按照传统的观念，应该是迪士尼乐园摹仿真实的美国，而当下美国却拟仿了迪士尼乐园，迪士尼乐园成为日常生活的完美模型。

---

① [德]马克斯·霍克海默、西奥多·阿道尔诺，《启蒙辩证法：哲学断片》，渠敬东、曹卫东译，上海：上海人民出版社，2006年，第130—131页。

② [法]让·波德里亚，《冷记忆 4》，张新木、陈凌娟译，南京：南京大学出版社，2009年，第129页。

美国不少居民社区也都“迪士尼化”，各种卡通形象和人造形象也融入了美国人的日常生活，创造了一个比真实更真实的超真实世界。而且像《加勒比海盗》等游艺节目再次被改编，拍摄成影视作品，整个拟像世界自身不断地进行再生产、再复制，致使拟像无限地增生和自主地游戏，淋漓尽致地演绎了模拟逻辑的完美运作。不仅在美国本土，迪士尼乐园通过国际资本运作也从美国本土扩散到世界各地，其影响力和渗透力不断地增强，加剧了世界性的拟像化进程。“当迪士尼乐园被当作美国生活的符号，当美国生活本身成为一种超现实的存在时，迪士尼就是一个与现实无关的乐园，它隐藏了日常生活的现实性。在乐园之外，社会生活中的压迫、异化和苦难的一面被遮蔽了；在繁荣的美国社会之外，丰富多元的世界文化正在不断地被蚕食和吞噬。”[①]

而且，鲍德里亚还发现迪士尼乐园发挥着类似垃圾处理厂的功能，发挥着“心理垃圾”处理厂的功能，以更加隐秘的方式实施着社会控制。迪士尼乐园在一个重塑的想象空间中回收、利用梦想、幻像——历史的、仙境般的想象、儿童和成人的传奇，它在心理层面上处理这些超真实文明中第一批有毒的排泄物。鲍德里亚洞察到一种极其隐秘的、类似于迪士尼乐园垃圾处理厂的心理机制，人类回收、利用久已失落的技能、身体、社会性、对事物的味觉，通过资本的运作重新发明匮乏、禁欲和野蛮性，由之重新发明匮乏/符号、匮乏/拟像、某种未开发的模拟行为，与此相应的就是天然

① 张劲松，《重释与批判：鲍德里亚的后现代理论研究》，上海：上海人民出版社，2013年，第190页。

食品、健康食品、瑜伽，而且在生态学、能源危机和资本批判的幌子下增添最后一抹神秘的光辉。这些只不过类似于迪士尼乐园的新玩意，按照迪士尼乐园的模式被回收、利用，制造着拟像式的虚假消费需求。食欲、性欲、味觉乃至身体等都以这种拟像的方式被操控，让人陷入类似迪士尼乐园的虚幻世界，在某种程度上暗合了资本主义新秩序，在更隐秘的层面上反映了美国迪士尼化的进程。“对鲍德里亚而言，新资本主义社会的整个表面和生态层是超真实的，因为越来越多的社会生活领域都被组织进模式和代码的模式再生产。模拟的这样一个超真实社会包括州际高速和城市高速交通系统、时尚、媒介、建筑与房产开发、大型购物中心和商品，它们都是模式的再生产、代码的实例化。”[①]

六、拟像、模拟与艺术

毫无疑问，拟像、模拟与超真实也融入了鲍德里亚对艺术和美学的思考，成为他理论研究和文化反思的最重要内容之一。自20世纪60年代以来，他持续不断地探讨艺术问题。70年代他开始把波普艺术纳入他的消费文化叙事，随后又将沃霍尔写入“拟像的秩序”，在20世纪八九十年代对艺术、美学和文化生产等领域产生深刻影响。甚至很多艺术家从鲍德里亚的社会批判理论获得创作灵感，将模拟、超真实和内爆直接融入他们的创作实践，进一步扩大

① Douglas Kellner, *Jean Baudrillard: From Marxism to Postmodernism and Beyond*, p. 83.

了鲍德里亚在艺术领域的影响；同时他也不断地以讲座、评论、对话等形式直接回应艺术家的创作实践，进一步阐发他对艺术和美学的思考，持续地影响着艺术领域。

首先，鲍德里亚把艺术视为物的区分性方式，他把艺术品视为重要的人工制品，在构建日常生活的物体系中发挥着重要作用。在《消费社会》中，鲍德里亚以现代艺术为例阐述艺术品在20世纪初期的戏剧性变化：艺术品不再被赋予伦理价值和心理价值，因此终止其在主体性的阴影下的生存状况，开始在立体主义的空间分析中作为自主性的要素发挥着重要作用，而且走向了抽象化。达达主义和超现实主义进一步强化这种抽象化的趋势，最终被新具象绘画和波普艺术所解构，艺术品在消费逻辑下被取消了传统的崇高地位，与其他物品一样作为符号发挥作用。“当任何艺术乃至波普艺术立基于‘深度’的世界观时，波普艺术仍自称自己与符号的这种内在秩序是同质的：与它们的工业性和系列性生产同质，并因此与整个环境的虚假的人造特点同质，与空间上的饱和度同质，同时与物的这一新秩序的文化素养的抽象化同质。”[①]波普艺术接受消费社会的符号逻辑，主动认同符号的内在秩序，意味着再现的终结、透视法的终结、见证的终结、创造性姿态的终结，以及对世界颠覆与对艺术诅咒的终结。在鲍德里亚看来，艺术首先变成符号的再生产，然后成为消费社会的符号系统的组成部分。“因此，在鲍德里亚看来，波普艺术反映了符号对其指涉对象的胜利、再现艺术的终结、新艺术形式的开启，而他不久就以他的术语‘模拟’赋予这种新艺

① Jean Baudrillard, *La société de consommation*, pp. 175–176.

术形式以特权。从这个角度看，艺术因而仅仅变成影像的模拟和当代世界的物品。”[①]这种观念在《符号政治经济学批判》（*Pour une critique de l'économie politique de signe*，1972）中又得以详述，他将绘画视作被签名的符号，绘画的价值由差异性的符号决定。他以福柯的“事物的秩序”为参照探讨艺术作品进入现代之后发生的变化，以“赝品”来讨论绘画如何作为艺术符号发挥作用。直到19世纪，对原作的摹仿具有自身的价值，而且具有合法性，赝品与原作之间具有一种平等关系，不存在“非法的”“非真实的”问题。“各种复制品没有在现代意义上构成一种以‘原创的’作品为原型的系列：所有被避免的部分都是平等的，原作与复制品在面向合理性逃避它们的相同结局时都是平等的。掩藏价值的真正来源是不可能的。赝品并不存在。”（*CEPS*，115—116）然而这一切随着现代性的到来改变了，艺术作品存在的条件也发生了变化。“我们存在于时间之中，而不再存在于空间之中；我们存在于差异之中，而不再存在于相似性之中；我们存在于系列之中，而不再存在于秩序之中。这最后一点是最重要的。一旦合法性转向了绘画行为，那么后者只能坚持不懈地证明自身：它通过事实本身来构造系列。”（*CEPS*，116）相似性不再起作用，而是差异性发挥着建构功能；绘画作品不再是世界的表象，而是差异性的系列。原型消失，主体隐退，只有绘画行为本身在作品与作品之间的系列中发挥着符号功能。因而，艺术不再是世界秩序的再现，也不是主体的自我表达，

① Douglas Kellner, “Baudrillard and the art conspiracy”, in *Jean Baudrillard: Fatal Theories*, eds. David B. Clarke et al., London and New York: Routledge, p. 93.

它变成符号的运作和系列的重复。当代艺术“不是世界的摹写，而是对创造的行为细节的摹写——点、线、留痕。与此同时，那实为再现——在空间中对世界的重迭——的东西，变成了重复——在时间中对行为的无限重迭”（*CEPS*，119）。安迪·沃霍尔和劳申伯格（Rauschenberg）等艺术家都生产了貌似相同的系列，他们炫耀自己是系列性（sérialité）的画家，在系列中几乎重复着相同的作品，这种创作行为意味着当代艺术不再是对世界的再现，而是作品中的行为系列和符号游戏。“面对这个当代世界，现代艺术恰恰就是共谋的艺术。它玩弄着游戏，而且融入游戏。它能够戏仿、阐明、拟仿、伪造这个世界，但它从未扰乱这个世界的秩序，后者也是它自身的。”（*CEPS*，125）

从20世纪70年代中期开始，鲍德里亚开始运用拟像和模拟来分析波普艺术和错视画，因为它们呈现了拟像复制现实的方式，体现着拟像与现实难以区分的进程，由此超真实的模式逐渐操纵和规定了艺术与社会生活。他从拟像的第三秩序评价波普艺术不同于超现实主义的重要意义，从安迪·沃霍尔的创作实践中预感到“艺术死亡”的讯息，因而他常常被视为后现代模拟艺术的预言家。他指出安迪·沃霍尔的重要意义：“为了说明符号是纯粹的，符号必须自主地重迭自身：正是符号的重迭才真正地终结它所指称的东西。玛丽莲·梦露面孔的大量重复的确同时是原本的死亡和再现的终结。”（*ESM*，108；101）安迪·沃霍尔使用丝网印刷技术对玛丽莲·梦露的照片进行重复，通过色彩和亮度的变化形成一个头像系列。摄影原作本来充满了本雅明所描述的“灵韵”，形象地再现了梦露的勾魂的眼神与性感的身体；而沃霍尔则取其头像部分，虚化了背景，将一个个“头像”以不同的颜色变化不断地进行重复，导致原本与摹本之间的界限消解，原作的“灵韵”与意义消失，艺术再现走向终结，只剩下一个不断重复的拟像系列。“因而，艺术进入自身的再生产，一切自主地重迭自身的东西，即便是日常的和平庸的现实，也同时落入艺术符号之下，而且变成审美的。生产亦是如此，人们可以说生产如今也进入这种审美意义上的重迭，进入这样一个阶段：在生产驱逐任何内容和目的性之后，它在某种意义上变成抽象的，而非具象的。因此它表达生产的纯粹形式，它本身像艺术一样获得没有目的的终极价值。艺术与工业因而能够交换它们的符号：艺术能够变成再生产机器（安迪·沃霍尔），但它仍还是艺术，因为机器只不过是符号而已。”（*ESM*，116；110）鲍德里亚从拟像的第二秩序思考沃霍尔创作的意义：沃霍尔的创作行为意味着艺术能够变成再生产机器，也像其他工业性拟像一样实现自身再生产，由此实现艺术的抽象化和日常生活审美化。艺术与审美无处不在，现实还没有产生效果就被这种审美的泛化浸透，而且虚构往往胜过现实，比现实更精彩，由之现实与影像混淆不清，导致对现实的超越性批判消失，这最终导致了鲍德里亚所说的“艺术死亡”，也就是他“艺术终结”论的雏形。

沃霍尔在鲍德里亚的拟像理论中占据着举足轻重的位置。鲍德里亚也承继了德勒兹、福柯对沃霍尔与波普艺术的高度评价，而且他将沃霍尔与拟像紧密联系起来。“一切在沃霍尔的作品中的都是虚假的：对象是虚假的，因为它不再与主体有关，而只与对对象的欲望有关。影像是虚假的，因为它与审美诉求不再有任何关系，而只与对影像的欲望（沃霍尔的影像欲望和彼此相互生产）有关。在这个意义上，沃霍尔是抵达激进拜物教阶段的第一个艺术家，这个阶段超越了异化——他异性臻于完美的悖论性阶段。”（*CP*，116）这种拜物教行为意味着对象、影像、符号和拟像的上升，同时也是市场本身的价值上升，而且对市场价值的痴迷最终摧毁艺术品。沃霍尔是这一进程的“推手”和“同谋者”，最终致使影像消灭现实，终结了艺术与审美。因而，“沃霍尔是这种绝对的拟像的名流”（*CP*，118）。鲍德里亚从拟像的秩序而不是从艺术上给予沃霍尔极高的评价，“沃霍尔机器”是当代流行文化的象征，是拟像和模拟在艺术领域的绝对代言人。“我认为，在艺术陷入一场相当重要的转折性运动之时，在所有的变革来临之前，安迪·沃霍尔是唯一能让自己置身于最前沿的艺术家。也可能只是幸运或命数使然……他的作品中体现出的一切特征——平庸的展露、机械化的姿势和图像，尤其是他的偶像崇拜——他把所有这一切都变成了一个关于庸常的事件。是他，而不是任何其他人！后来的其他人只是拟仿他，但只有他才是最伟大的模拟者，拥有相匹配的风格！”[①]鲍德里亚批评当代艺术家对沃霍尔的误解和滥用，因为他们断言在模拟的艺术中沃霍尔是个原始人，而他们才是“真正的模拟者”。而且鲍德里亚也批评了不少艺术家对他的模拟观念的错误理解，并与之拉开距离。“在惠特尼开幕展上，这些艺术家试图把我归类为一个

① [法]让·波德里亚，《艺术的共谋》，张新木、杨全强、戴阿宝译，南京：南京大学出版社，2015年，第61页。

先驱，而没有跟我作任何讨论或辩论……我自己也鬼使神差地充当了一个借口和参照，由于他们只是在字面上采纳了我所说所写的，他们错失了模拟。”①

在艺术家与鲍德里亚的“错姻缘”之中，美国艺术家们将他视作当代最伟大的理论家之一，将他的模拟和超真实理论融入艺术创作实践，并解释了后现代语境下大众媒介对当代艺术的影响；而鲍德里亚则不认同这一点，而且有意与之保持距离。这种多少有点儿尴尬的关系从20世纪70年代中期就开始了，鲍德里亚当时从艺术与符号的关系中提出“艺术死亡”的观念。20世纪八九十年代，他进一步阐述这一观念，指出艺术已经丧失批判和否定的功能，任何可能的艺术形式和任何可能的艺术功能都已经耗尽。随着艺术日益融入日常生活，作为独立而又超验的艺术本身已经消失了。他将这种日常生活艺术化或日常生活审美化的现象称为与“超政治”“超性别”“超经济”相关的“超美学”（transaesthetics），艺术丧失特性和边界，由此导致价值判断、审美判断丧失标准。“关于艺术，我们看到它到处繁衍；关于艺术的讨论则繁衍得更快。艺术的灵魂——作为冒险的艺术，具有幻觉力量的艺术，它能够否定现实，能够建立与现实相对的‘另一幕场景’，其中事物遵循着一套更高的规则、一种超越的形态。在这种形态中，像画布上的线和色彩等存在物很容易丧失它们的意义，超越自身的存在理由，而且在一种紧迫的诱惑过程中重新发现它们的理想形式（即使这种形式可能是

① [法]让·波德里亚，《艺术的共谋》，第69页。

它们自身的解构的形式）——在这种意义上，艺术消失了。”[1]在当代媒介、计算机和通信技术的推动下，艺术生活化日益加剧，每个人都可能是一个潜在的创造者，艺术或反艺术、再现与反再现、文化与反文化都获得接受和采纳，整个社会走向普遍的审美化。“人们常说，西方的伟大事业就是整个世界的商品化，就是任何事物的命运都系在商品的命运上。这一伟大事业被发现将要成为整个世界的审美化——国际性的景观化、面向影像的转变、符号学的组织。”[2]一切在后现代社会都变成景观、影像和符号，艺术也不再是古典或现代意义上的艺术，只不过是影像、人工制品、物品、模拟或商品。在这一点上，凯尔纳高度评价了鲍德里亚的艺术理论，认为他的理论极具挑战性和挑衅性，相当具有原创性但很难总结归纳——“鲍德里亚是理论上的杜尚和沃霍尔”——由之构成一个持续挑战当代艺术、文化和现实的“杜尚、沃霍尔和鲍德里亚的三元体”[3]。这一点与鲍德里亚的整个批判理论是一脉相承的，他以拟像、模拟与超现实描绘后现代状况，否定现代主义的本质主义，构建了一个全新的社会秩序，呼唤着模拟社会的来临，有助于我们更好地理解“像”、拟像在当代社会中的地位和功能，使我们更清晰地认识和把握当代社会现实。

---

① Jean Baudrillard, *The Transparency of Evil: Essays on Extreme Phenomena*, p. 14.

② Ibid., 16.

③ Douglas Kellner, “Baudrillard and the art conspiracy”, in *Jean Baudrillard: Fatal Theories*, p. 97.

余论　德勒兹与加塔利：基于“像”的中国内在生成问题

大方无隅，大器晚成。大音希声，大象无形。

——《老子》

自启蒙运动以来，欧洲思想界对中国乃至整个远东世界投射一种充满异国情调的想象，体现了启蒙思想家对未来社会的憧憬和向往。而黑格尔依据希腊哲学的特性提出中国没有哲学的观点。2001年德里达中国之旅所谓“中国没有哲学，只有思想”的论断只不过是黑格尔观点的遥远回响。胡塞尔和梅洛-庞蒂都试图探求中国思想与西方哲学的异同，梅洛-庞蒂承继胡塞尔的观念，也认同中国（和印度）文化是“经验论的和人类学的样本”，对立于诞生在希腊、复兴于文艺复兴时期的欧洲理性主义。梅洛–庞蒂曾读过冯友兰的《中国哲学史》，认为中国产生了一大批有思想的文献，不过他并没有指出如何重新打开这些文献。

在法国当代哲学的艺术之思中，福柯、德勒兹、德里达、鲍德里亚等哲学家一方面通过“反柏拉图主义”或“颠倒柏拉图主义”释放了长期被压抑的幻像、重影、拟像、影像，让各种“像”自主嬉戏，在他们的哲学剧场上演绎了一场场戏仿柏拉图主义的戏剧，呈现出法国当代哲学的勃勃生机；另一方面他们也时时静观着作为“他者”的中国思想，如福柯对“异托邦”的思考、德里达对汉字的反思、鲍德里亚对“庖丁解牛”的阐释，都折射出他们对作为“异域”中国的探索。德勒兹与加塔利则在这一方向上走得更远，他们从“草”之于中国、“线”之于中国诗书画、“形象”之于中国思想的角度来阐释块茎论、生成论与内在性哲学，尤其他们在“像”的维度上进行的深入探索，为我们探讨中西思想与文化提供了新视角、新维度。德勒兹与加塔利在《反俄狄浦斯》《千高原》《什么是哲学?》等著作中将中国思想作为西方哲学思考的“外部”（dehors）、“彼处”（ailleurs），在法国汉学家程抱一和朱利安有关中国思想和中国艺术研究的基础上进一步阐述“一”与“多”、“内在性”与“超越性”、“虚”与“实”的观念，展现了中国思想与西方哲学之间的交错运行。朱利安不断地回应德勒兹与加塔利在《什么是哲学?》中提出的哲学思考，希冀将中国思想与西方哲学并置在一个“加工台”（chantier，米歇尔·福柯语）上，使中国思想成为他“回归”希腊哲学的“迂回”场所。与此同时，以朱利安为思想中介，德勒兹与加塔利在内在性平面上与现代新儒家的内在超越论交汇到一起，展现了中国思想与西方哲学之间的交错运行，呈现出一种中西相互生发、融会贯通的思想运动。

一、中国与西方："草"与"树"

基于西方传统，德勒兹和加塔利往往把中国思想看作一种进入西方哲学的"他者"，是那遥远的、异质性的"彼处"，为他们思考西方哲学提供了富有启示意义的重要参照。自巴门尼德以来，西方哲学不断地探索存在与生成的问题，由之确立了存在之于生成的优先地位和主导特权，成为西方哲学的主流。柏拉图主义是这一哲学传统的典型代表，理念论给这一重要问题提供坚实的基础，深化了对作为本体的存在与作为现象的生成的认识。存在是本质的、根基性的，而生成是流动的、次级性的，从属于存在；大写的、绝对的、超越的"理念"是可知世界的最高存在，而万事万物属于变化不居的可见世界。德勒兹与加塔利始终从事着"颠倒柏拉图主义"的事业，他们试图颠覆柏拉图主义所构建的二元模式，颠覆存在之于生成的优先性和主导性，他们在《千高原》一书中以"树"与"草"分别比附超越性的西方与内在性的东方；以"草"来隐喻中国，展现了一个异质性的、多样性的、生生不息的块茎世界。

德勒兹曾在他与克莱尔·帕尔奈的"对话"中深入探讨"树"与"草"的问题，帕尔奈认为德勒兹与加塔利以"块茎"（rhizome）来反对"树"，以"二的方式"进行块茎式的写作。

“树”是思想的影像、功能、整个装配，体现了一种中心性的、等级性的、结构性的、时间性的、权力性的思维方式，而逃逸线、生成、无记忆的时间反而创造了各种各样的“块茎”或“坏草丛”。英美文学恰好体现了“路线与路的方向、草丛与块茎的方向”。德勒兹以英国作家弗吉尼亚·伍尔芙和美国作家亨利·米勒为代表论述英美文学的优越性：“因为他们在他们的小说中知道如何把写作变成一种思考行为，而且把生命变成一种非个人的强力、彼此之中的草和路、生成–野牛。”[①]德勒兹在论英美文学的优越性时进一步阐述这一点，把法国文学与英美文学视作“树”与“草”的对立：“法国人过于根据树进行思考：知识树、树状点、始与终、根与顶。这是草的对立面。不仅草生长在各种东西之间，而且草本身由中间生长。这是英国人或美国人的问题。草有逃逸线，没有根深蒂固。他们脑袋里有草，没有树：思考的意思是脑是什么，关于草的‘某种脑系统’。”（《对话》，58）“树”与“草”体现了两种不同的逻辑，意味着两种不同的思维方式，法国文学体现了“树”的思维方式，而德勒兹对这种思维方式持批评态度，他从英美文学中探寻到一种中间性的“草”的思维方式，驱除“树”的思维方式所隐含的、大写的、超越性的“是”。“树强行规定了动词‘是’（être），不过块茎则将连词‘与……与……与……’作为织物。这一连接中存在着足够的力量来摆脱和根除动词‘是’。你们去哪

① [法]吉尔·德勒兹、克莱尔·帕尔奈，《对话》，董树宝译，郑州：河南大学出版社，2019年，第45页。本书下文凡引用该著作皆采用夹注形式注明中译本书名《对话》和页码。法文原著参见Gilles Deleuze, Claire Parnet, *Dialogues*, Paris: Flammarion, 1977, p. 38。

里？你们来自哪里？你们到底想怎样？正是美国文学（英国文学已然如此）显示了这一块茎式的方向，而且善于在事物之间运动，建立了一种‘与’（ET）的逻辑，颠覆了本体论，废黜了基础，取消了开端和终结。”①

在德勒兹与加塔利看来，“树”是西方的影像，主宰了西方的思想与现实；“草”是中国的影像，演绎了中国的智慧与现实。基于树形模式的西方世界与森林、砍伐、畜牧存在一种特殊关系，砍伐森林、耕作、畜牧都按照树形谱系进行；与此同时，西方世界也基于树形系统建立各个学科，从生物学到语言学，从认识论到本体论，二元逻辑与对应关系渐渐植根于西方思维的深处，构建了一个枝叶茂盛的、以“树–根”为中心的、超越性的树形谱系。二元逻辑是“树–根”的精神实在，是西方思想运作的方式。德勒兹与加塔利厌倦了这种树形模式，试图寻找一个去中心的、去等级的、去层化的块茎世界。“我们应该不再相信树、根或须根，我们太容忍它们了。整个文化都奠基于它们之上，从生物学到语言学。相反，没有任何东西是美的，没有任何东西是充满爱意的，也没有任何东西是政治性的，除了那些地下的茎、气生的根、野生的东西和块茎。”（*MP*，19）在德勒兹与加塔利的笔下，东方世界呈现出一幅截然不同的景观：东方与草原、庭园相关联，通过个体的碎片化来进行块茎式的耕作，形成一种与树形模式相对立的、内在性的块茎方式。

---

① Gilles Deleuze, Félix Guattari, *Mille plateaux – Capitalisme et schizophrénie 2*, Paris: Minuit, 1980, pp. 36—37. 本书下文凡引用该著作采用夹注形式注明法文版缩写（*MP*）和页码。

而亨利·米勒笔下的中国与惠特曼笔下的美国西部体现了这种思维方式，由之西方与东方在超越性与内在性之间形成鲜明的对立：超越性是“欧洲特有的疾病”，是对“根–基”（fondement-racine）的探究；内在性是东方思想的特色，是对块茎的探究，“一个块茎式的、内在性的东方”。德勒兹与加塔利援引亨利·米勒的《哈姆雷特》的段落来呈现“中国”[①]的块茎式形象：“中国是生长在人类甘蓝田中的莠草……莠草是人类努力的复仇女神。在我们赋予植物、野兽和星辰的全部想象性存在中，也许莠草引导着最具智慧的生命。莠草的确不开花，也没有产生航空母舰，也不会有山上的布道……然而，最终总是莠草占据了上风。最终，一切都回归中国的状态。这就是历史学家通常所说的中世纪。除了草，没有别的出路……草仅仅生长在广袤的未被耕作的空间之间。它填满了虚空。它在其他的事物之间、之中生长。花是美的，甘蓝是有用的，罂粟令人发狂。但是，草是泛滥，这是一种道德教训。”（*MP*，28—29）在这段引发质疑的文字中，亨利·米勒描绘的是古代的中国还是当代的中国，抑或是想象的中国？这都令德勒兹与加塔利产生怀疑，实在无法确定到底是何种意义上的中国。但不管怎样，“抑或米勒的生成–草，也就是他所谓的生成–中国”（《对话》，75）。他们引用这一段文字来印证他们对西方与东方的思考，将中国想象为一个块茎式的国度，认为中国充满了最富有智慧的生命，与西方的超越世界形成了鲜明对照。

在德勒兹与加塔利看来，莠草是块茎的一种，正好是改变西方

① 指外国人眼中的中国。

思想土壤的最佳物种之一。作为块茎的一种，莠草具有块茎的基本特征：（1）不同于树或树根，块茎是一种去中心的、非等级的、非能指的系统，由纵横交错的各种线构成，由此形成了n维的、线状的多元性，解构了西方思想的“一”与“多”的从属关系。（2）块茎不会被化约为“一”或“多”，它不是可以生成“二”的“一”，也不是直接生成三、四、五等其他数的“一”；它不是源自“一”的“多”，也不是“一”被增加其上的“多”（n-1）。（3）块茎没有开端和结尾，而一直有它生长和泛滥的中间，正如莠草一样，它在其他事物之间、之中生长。莠草生长不受人为理性耕种的限制，是生长在东方世界的非理性形象，它破除中心化的、等级式的耕种方式，充分体现了块茎的基本特征。莠草是异质性的，它漫无目的地生长，到处游荡，相互连接和交流，体现了一种多样性的形态，体现了中国的万物共生的“感通”思想。尽管德勒兹与加塔利质疑亨利·米勒笔下的中国形象，但他们还是选取莠草比附中国思想，因为莠草体现了块茎的主要特征，与代表西方形象的“树”形成鲜明对照，成为他们“从外部反思西方”的重要策略之一。德勒兹与加塔利最感兴趣的就是草的这种迅速繁殖能力，草的这种在中间、在事物之间、“在……之间”生长的能力体现了一种事物之间感通的方式，这正是他们努力寻找的多样性方式。这种方式还和德勒兹与加塔利在《千高原》一书中探讨的写作观念相一致，也就是写作“与外部的直接连接”（*MP*，29）。德勒兹与加塔利区分了两种对立的书：一种书作为“与外部一起进行的装配”，称之为“块茎–书”；一种书作为世界的影像，称之为“影像–书”。“影像–书”

就是德勒兹与加塔利的“根–书”，是“世界–树”的影像或者作为影像的树或根，是一种经典意义上的书，具有崇高的、有机的、能指的、主观的、再现的内部性——这种书以其特有的方法来摹仿世界，不断地显示出一生二、二生四的法则，遵循着二元逻辑与一一对应法则。而“块茎–书”不再遵循二元分化的逻辑，是侧根或须根的系统，展现出蓬勃的生长态势——这种书不再遵循“一”，而是遵循n-1，形成了多样的、异质的、块茎式的、解域化与再域化的装配。

总之，“树”与“草”对应着两种观念——探寻根–基的、超越的西方与块茎的、内在的东方，成为德勒兹与加塔利构建块茎理论、探讨中国思想的基本框架；不过他们的目的不是促使这两种模型相互对立，而是探求一种内在性的生成过程。“重要的是，树–根与块茎 运河没有作为两种模型相互对立：前者作为超越性的模型与拓样起作用，尽管它孕育了自己的逃逸；后者作为内在性的过程起作用，这一过程颠覆了模型，绘制了图样，尽管它构建了自己的等级，尽管它促使一条专制性运河出现……问题在于不断被建立、被毁灭的模型，在于不断延伸、中断和重新开始的过程。”（*MP*, 31）

二、中国与西方：“线”与“摹仿”

在德勒兹和加塔利的哲学中，生成论是他们从事颠倒柏拉图主义的伟大事业的重要理论之一，是他们试图从哲学内部解构西方传统哲学的最有价值的探索，最终他们把生成从存在的樊篱中解放出来，形成了变化万千的、生化不已的块茎式世界。在块茎理论的架构中，德勒兹与加塔利指出块茎呈现为不同要素之间的各种“生成”，并进一步从中西艺术理论的内在对照视角阐述生成论，尤其是他们从中国传统艺术家身上洞察到一种内在性的生成论。他们指出中国诗画家“不是摹仿性的，也不是结构性的，而是宇宙性的”（*MP*，343），由之来论述生成–不可感知者的问题。这一结论蕴含着深刻的内涵，具有极强的针对性：一是“不是摹仿性的”针对的是摹仿论，指向过去——摹仿论是自古希腊以来西方主导性的文学艺术理论，源远流长；二是“不是结构性的”针对的是结构主义，指向了现在——结构主义是法国20世纪六七十年代风靡一时的思想浪潮，对各个学科产生了广泛影响；三是“宇宙性的”探求的是生成论，指向了未来——生成论不满于摹仿论的相似性原则与结构主义的二元对立原则，力图探求一种内在生成的、多样性的融贯性平面。而中国诗画家所探索的世界，恰恰为德勒兹与加塔利的生成论提供最佳的佐证，成为他们理论建构的重要资源之一。

德勒兹与加塔利把摹仿论与结构主义置于生成论的对立面，他们通常把摹仿论与结构主义放在一起进行论述，批评了摹仿论和结构主义所潜隐的西方传统哲学的诸种幻觉。早在《差异与重复》中，德勒兹就“从差异出发”驱逐西方传统哲学的四种幻觉——“概念中的同一性、概念之规定中的对立、判断中的类比、对象中的相似性”（*DR*，179—180），批评西方自柏拉图以来的基于再现型的超越性哲学，开始探索一种基于生成论的内在性哲学。及至

《千高原》，德勒兹与加塔利对结构主义进行整体考察，他们认为结构主义“超越了外部的相似性，趋向内部的同形”，整个世界变得更具理性。“象征的知性以合比例性的类比取代了比例的类比、以差异的结构化取代相似性的系列化、以关系之间的相等取代项与项之间的同一化、以概念中的隐喻取代想象的变形、以深层的断裂（它在自然–文化之间分配不具有相似性的对应性）取代自然–文化之间的宏大的连续性、以本身是原初的而不具有原型的‘摹仿’（mimesis）取代对始源性原型的‘摹仿’（imitation）”，“献祭的系列性的主题应该让位于图腾机制的结构性的主题”。（*MP*，288—290）毫无疑问，结构主义是一次重要的理论范式变革，以更加理性的方式认识世界和把握世界，但是结构主义依然没有逃离西方传统哲学的窠臼，依旧沉浸于类比、对立、同一性的幻觉之中，依旧屈从于同一化的模式，未对生成问题提供有效的解释。“我们认识到摹仿可被构想为一种在范型中最高的不同项之间的相似性（系列），或者被构想为一种构成象征秩序的不同关系之间的对应性（结构）；不过生成不可被化约为上述任何一种情况。摹仿的概念不仅是不充分的，而且是极端错误的。”（*MP*，374）德勒兹在《对话》中也曾指出生成不是摹仿，而且以兰花与黄蜂为例阐释生成问题。“生成从不是摹仿，不充当模型，也不符合模型，即便原型源自正义或者真理。没有一个可由此出发的项，也没有一个可以到达或必须到达的项。不再有两个互换的项。‘你生成什么？’的疑问是极其愚蠢的。因为伴随着某个人的生成，他生成的东西与他自己一样变化。生成不是摹仿的现象，也不是同化的现象，而是双向捕

获、非平行进化、两个领域之间联姻的现象。”（《对话》，3）

德勒兹与加塔利反复重申生成不是摹仿、类比、同一，以便与结构主义区分开来。“生成不是关系之间的对应性，不过也不是相似性、摹仿，在最坏的情况下也不是同一。”（*MP*，291）生成不是摹仿某个物或某个人，也不是与之相同一。以生成–动物为例，生成–动物不是扮演或摹仿动物，也不是变成动物。生成不是通过想象的血缘关系产生任何东西，而是通过共生的联盟关系实现创造。生成不是一种基于血缘关系的“进化”（évolution），而是创造性的“内化”（involution），或者是一种感通性的、感染性的进化。以兰花与黄蜂为例，兰花与黄蜂彼此之间不进行摹仿，而是异质性种群之间进行的相互生成，以一种感受性捕捉的形式被内化，出现了“生成的聚块”（bloc de devenir），存在着兰花的黄蜂–生成与黄蜂的兰花–生成，是一个双重捕捉的动态过程。因而，“生成是块茎，不是范畴的或谱系的树。生成肯定不是摹仿，也不是同一；它不再是退化–发展；它不再是对应性……生成是一个充分具有融贯性的动词”（*MP*，292）。生成是一种相互转化的过程，它将一切都融入内在的生成过程中。“生成就是从我们所具有的形式、我们所是的主体、我们所拥有的器官、我们所实现的功能出发萃取粒子，在这些粒子之间，我们建立起动静、快慢关系，而这些关系是与我们正生成的事物最接近的，并通过这些关系，我们才得以生成。”（*MP*，334）生成是流动的、动态的，蕴含着内在性的潜在力量。在更广泛的意义上，生成的观念被理解为是对存在观念的批判，因为存在是静止的、固定的，蕴含着超越性的先验规定性；而摹仿论的再现模式都与存在有关——真理、起源、本质的再现，存在在存在者中被再现。[①]对于德勒兹与加塔利而言，不存在存在，或至少不存在与动态的生成相分离的存在。整个世界由众多生成的时刻构成，事物之间相互生成，力量之间相互连接，一切都处于生生不息的变化之中，由之生成取代摹仿，成为世界关系的表达。“我们没存在于世界之中，我们与世界一起生成，我们一边静观世界一边生成。一切都是视觉，都是生成。我们生成宇宙。生成动物、植物、分子、零。”（*QQP*，160）

我们与世界一起生成，我们生成宇宙，一切都趋向生成–不可感知者，皆融入芸芸众“生”。生成–女人、生成–动物、生成–植物、生成–分子、生成–粒子……众“生”和鸣，变化万千，生化万物，绵绵不绝。而生成的最终目的是生成–不可感知者，“无限地对无限进行思索”，“不可感知者正是生成的内在性目的，是它的宇宙公式”。（*MP*，342）生成–不可感知者意味着变化纷繁的万事万物需要泯然于众生，像“芸芸众生”（tout le monde）一样生成。生成“芸芸众生”（devenir tout le monde）就是创造世界（faire monde），就是创造一个世界（faire un monde）。德勒兹与加塔利巧妙化用了tout le monde，释放出这一短语的丰富意蕴，使生成–不可感知者徘徊于“芸芸众生”与“大千世界”之间，充溢着抽象的线条和碎片。一切都生成不可感知的，是去组织的、去切分的，是融贯性平面上的生成–不可感知者，就是生成–世界、生成–宇宙。德勒

① Simon O'Sullivan, *Art Encouters Deleuze and Guattari: Thought Beyond Representation*, New York: Palgrave Macmillan, pp. 55—56.

兹与加塔利援引法国华裔汉学家程抱一的《中国诗语言研究》所阐述的中国艺术观念来进一步论证生成："程抱一指出（中国）诗人不追求相似性，同样也不计算'几何比例'。他仅仅保留、萃取自然的那些基本的线和运动，他仅仅通过连续的或叠加的'线条'来进行创作。"（*MP*，343）中国诗画家拒斥相似性与类比，以线条来创造生生不息的运动变化，这正契合了德勒兹与加塔利的生成观念，成为他们论述生成–不可感知者的最佳例证。而且中国绘画不尚"形似"，而重"神韵"。朱利安在《大象无形》中对比了中西绘画传统，指出西方绘画自文艺复兴以来对相似性的要求愈演愈烈，而"中国传统奠基于一种被理解为能量凝结和力量召集的图像–现象身份，很早就远离相似性要求，或至少是远离形似要求"[①]。

在德勒兹与加塔利看来，艺术的目的是激发生成。尽管音乐、绘画和写作以不同的方式激发生成，但最终以各种各样的线来跨过"能指之墙"，探寻最深处的生成–不可感知者。"中国人或许越过（能指的）墙，付出了何种代价？以生成–动物、生成–花或岩石为代价，更进一步以奇异的生成–不可感知者、只与爱浑然一体的生成–冷酷者为代价"（*MP*，229），借助书写的线、图画性的线和音乐性的线来瓦解面孔，跨过能指之墙。"因为，正是通过书写，人才变成动物；正是通过颜色，人才变成不可感知者；正是通过音乐，人才变得冷酷和无记忆，同时变成动物和不可感知者：爱恋

① [法]朱利安，《大象无形：或论绘画之非客体》，张颖译，郑州：河南大学出版社，2017年，第233页。本书下文凡引用该著作皆采用夹注形式注明中译本书名简称《大象无形》和页码。

者。然而，艺术从未是目的，它只是一种工具，用以勾勒生命的诸条线，也就是说，所有这些真实的生成不仅仅产生于艺术之中，所有这些主动的逃逸不在于逃入艺术之中，这些肯定的解域化不会在艺术上被再域化，而恰恰是带着艺术一起趋向非能指的、非主体的和无面孔的诸领域。”（*MP*，229—230）艺术是为了激发生成，是为了勾勒生命的各种各样的线。在德勒兹与加塔利看来，我们是由各种线构成的，为各种线所贯穿，蕴含着深层的生命律动。“无论作为个体还是群体，我们都被各种线所贯穿……正是各种线构成我们，我们谈论了三种线”（*MP*，247）——“僵化的、克分子的切分性的线”“分子的切分化的线”与“抽象的、断裂的逃逸线”，这三种线具有某种交互的内在性，它们相互交错，贯穿着我们，构成了“一生”。生成最终指向了抽象的逃逸线，“生成既不是一也不是二，更不是两者之间的关系，而是‘两项之间’，是与两项相垂直的边界线或逃逸线、坠落线”（*MP*，360）。线是居于点与点之间的运动，唯有通过“中间”（milieu）运行；而生成的线只具有“中间”，是线的绝对运动，具有无限的速度。

中国书法与绘画以线来描绘世界，以道的方式来孕育世界的影像，由此中国艺术家把世界变成一种生成，寻求人与宇宙的和谐统一，创造一个天人感通、天人合一的世界。中国文人创作绘画、反思绘画所依靠的思想是“一种实存之连续性及其既现且退的内在性之‘道’：道，道家之道”，“作画即根据一种道式（Taoïque）逻辑而非摹仿（mimétique）逻辑来构思……因为所谓作画，即重返‘现象–图像’（即‘象’的概念）之源”，（《大象无形》，2、

55）在内在性的逻辑上契合着宇宙的生成变化。作为逃逸线的笔画孕育着宇宙的生成变化，人与世界一起生成，或者生成–世界、生成–宇宙；诗书画三位一体，正是通过笔画的变化与生成体现了这种勃勃生机的宇宙变化。中国诗歌可以通过汉字笔画的变化来表达与生命宇宙感通的奥妙，圆满地呈现出一个意蕴悠长、线条多变的艺术世界。中国书法借助笔画的千变万化亦达到这一境界，实现了与宇宙感通的最终指向。笔画是中国绘画的核心要素，蕴含着“全部特定的绘画内涵”：

> 从哲学的角度，我们只消强调，画下来的笔画，在中国画家的眼里，确实是人与超自然之间的连线。因为笔画，通过它内在的统一和无穷的变化能力，同时是一和多。它体现了一个过程，通过这个过程，绘画中的人与造化的举动再次结合。（画下那道笔画的动作，与从混沌中抽取出一的动作相呼应的——这一动作将天地分离。）笔画，是气、阴阳、天地、万物，与此同时，它负载着人的韵律节奏和隐秘冲动。[①]

中国绘画通常被称为“无声诗”，诗人与画家合二为一。王维为代表，如苏东坡所言王维：“诗中有画，画中有诗。”而在笔画的艺术上，书画并存，书画一体。书法的笔势走向孕育着力量的生

① [法]程抱一，《中国诗画语言研究》，涂卫群译，南京：江苏人民出版社，2006年，第340页。本书下文凡引用该著作皆采用夹注形式注明中译本书名《中国诗画语言研究》和页码。

成变化，构造了一个气韵生动的变化世界。画家“心中无物”，线条（笔画）御“气”而行，气韵节奏生生不息，变化万千。画家只表现内心的世界，不存在原型，画作是内心世界的投射。“在一位中国艺术家眼里，完成一件作品，是一项精神活动；对他而言，这是一个对话的时机：主体与客体、可见世界与不可见世界之间的对话，这是内在世界的涌现，外在世界的无限延伸，而这一切都受到循环转化的强有力的规律支配。”（《中国诗画语言研究》，19）线成为诗书画三位一体的母体，演绎着一个不同于西方摹仿理论的艺术世界。画家创作，不是复制或描绘世界，而是瞬间而直接的，既不添加也不修改，与世界一起生成变化，探求生生不息的宇宙力量。“在中国，画山水画，这是试图通过风景的轮廓，重新找到宇宙中那持续不断的基本冲力。”①

德勒兹与加塔利通过程抱一的著作“邂逅”中国艺术理论，洞悉中国艺术家深谙线条的奥秘，以繁复变化的线条描绘生生不息的宇宙。“宇宙就像一台抽象机器，而且每个世界就像那使之运行的具体装配，化约为一条抽象线或多条抽象线（它们将与其他抽象线一起延伸，相互融合），从而立刻、直接地产生一个世界（在其中，正是这个世界进行生成），我们就生成整个世界。像中国诗画的线条一样创作，这是凯鲁亚克的梦想，或者说，已然是弗吉尼亚·伍尔芙的梦想。”（*MP*，343）德勒兹与加塔利指出伍尔芙消除一切相似或类比的东西，将自身化为抽象线或逃逸线，与其他线

① [法]余莲，《势——中国的效力观》，卓立译，北京：北京大学出版社，2009年，第75页。余莲即朱利安。

条相互交错、相互生成，难以区分，难辨彼此，由之滑入一个不可感知的、非人格的、非再现的、感通性的世界，致使摹仿摧毁了自身。“没有艺术是摹仿性的，不可能是摹仿性的或者图形性的……摹仿者不知不觉地融入生成，他与被摹仿者不知不觉地融为一体。在这种意义上，摹仿摧毁了自身。”（*MP*，343）正是基于线的基本属性，德勒兹以中国诗书画的线条为例来阐述生成–不可感知者，因为中国诗画正是以线条化育着变动不已的大千世界，装配了像抽象机器一样的宇宙本身。“人与宇宙的相遇，不是处于表层的外在相似，而是处于一个更深的层次，在那里，根据中国宇宙论的观念，生气同时赋予宇宙的存在和人的存在以活力……为此，画家求助于中国绘画的基本原素：笔画。笔画以其虚实、浓淡，同时体现线条和体积，韵律节奏和触觉，具体的形态和梦的形态。实际上，我们能够在石涛的画作中看到的感性的或者性感的形象，首先是通过笔画来显现的。这些笔画或粗或细，或奇险或温柔，或干枯或淋漓，或节制或奔放，它们都是人的欲望和宇宙运动之间的‘连线’。”（《中国诗画语言研究》，375—376）

必须指出的是，德勒兹与加塔利基于自身的理论需要引用程抱一论中国传统艺术的观点来阐释他们的生成理论，但没有考虑到东西方理论的原生环境的差异。德勒兹与加塔利不断批判结构主义的种种缺陷，他们指出结构主义依然没有走出摹仿论的思维模式，其中隐含着对柏拉图以来的西方形而上传统的批判，经历了一系列知识谱系的演变过程。而中国生成论不同于这种演变过程，它来源于原始初民对于天人关系的思考，由之形成了天人合一的宇宙生成论，为德勒兹与加塔利的生成论提供了最具启发性的理论参照。

三、中国与西方：内在性与超越性？

当代法国哲学经历海德格尔哲学的洗礼而呈现出两种发展倾向，一是以列维纳斯、德里达为代表的，经由胡塞尔向康德回归的超越性趋向；一种是以福柯、德勒兹与加塔利为代表的，经由尼采向斯宾诺莎回归的内在性倾向。无论是块茎论还是生成论，一条有关内在性与超越性的主线都贯穿德勒兹与加塔利的思想，他们认为西方与东方在这一点上形成了鲜明的对比：超验性的西方与内在性的东方。换言之，他们从东方（中国）获得某种理论灵感，不断激发着他们探索内在性哲学。在他们看来，西方哲学史在超越性与内在性之间展开厮杀，超越性一度占据主导地位，柏拉图的理念、基督教的上帝、康德的先验哲学等一度统治着西方思想世界，成为超越性哲学的典型代表。而德勒兹与加塔利始终强调“人与世界一起生成”，强调西方哲学的内在性维度，力图释放被柏拉图哲学遮蔽的、隐藏在西方哲学深层的潜流。他们以斯多葛学派哲学、斯宾诺莎、休谟、尼采、柏格森为主要研究对象，绘制出西方世界的内在性哲学谱系。

德勒兹与加塔利的内在性哲学始于德勒兹之于斯宾诺莎哲学的研究，德勒兹认为斯宾诺莎哲学把内在性视为哲学的基本原则，使表达从流溢说或范型论的因果性中解放出来，排除了任何对存在的超越。“内在性正是哲学的晕眩，与表达的概念密不可分（表达的双重内在性，一方面是表达在被表达的东西之中的内在性，另一方面是被表达的东西在表达之中的内在性）。”[①]内在性不断向前流动，只是永无休止地、令人晕眩地在自身之内流动，从不离开自身。在《什么是哲学？》中，德勒兹与加塔利对这种“哲学的晕眩”进行了系统阐述，对超越性哲学进行了全面批判。“内在性只对自身而言是内在的，并因此捕捉一切，吸纳整一（Tout-Un），不会留下任何内在于某物的东西。总之，每当我们把内在性解释为内在于某物（Quelque chose）的时候，这一某物就会重新引进某物，对此不必怀疑。”（*QQP*，47）除了内在于自身之外，内在性不属于其他任何东西，“没有普遍，没有超越，没有一，没有主体（也没有对象），没有理性，只有过程。过程能够进行统一化、主观化、理性化，不过也仅此而已。这些过程在具体的多样性中起作用，多样性正是某种事物得以发生的真正要素”[②]。从柏拉图开始，经笛卡儿和康德，一直到胡塞尔，西方哲学沉湎于超越性的幻像而无法自拔；柏拉图的“理念”、笛卡儿的“我思”、康德的先验哲学和胡塞尔的现象学都在内在性中引入超越性，使西方哲学误入歧途，积重难返。德勒兹与加塔利试图逆转这一趋向，希望从内在者的内部思考超越性，期待着某种内在性的断裂，于是他们策略性地引进法国汉学家朱利安的“内在性的绝对化”（absolutisation de l’immanence）思想作为他们的内在性理论的佐证。“此处可以

① Gilles Deleuze, *Spinoza et le problème de l’expression*, Paris: Minuit, 1968, p. 164.

② Gilles Deleuze, *Pourparlers 1972—1990*, p. 199.

说弗朗索瓦·朱利安关于中国哲学所说过的话也同样适用，超越性与中国思想是相关的，并仅仅表现为一种‘内在性的绝对化’。毫无理由认为，生存的方式需要超越的价值来比较、选择，决定孰优孰劣。相反，只有内在的标准，生命的可能性本身在其所描绘的诸运动中和在内在性平面上所创造的诸强度中被评估；既不描绘也不创造的东西被抛弃。生存的方式之好坏、雅俗、实虚既不取决于善恶，也不取决于任何超验的价值：除了生存的内容和生命的强化，从来就没有其他标准。”（*QQP*，72）通过引用“内在性的绝对化”思想，德勒兹和加塔利突出内在性与生命的关系，把内在性思考为“一种生命……”，其中依然回荡着“哲学的晕眩”。“关于纯粹的内在性，我们会说它是一种生命（UNE VIE），别无其他。它不是之于生命的内在性，而是一无所依的内在性本身就是一种生命。一种生命就是内在性的内在性、绝对的内在性：它是完全的潜能，是完全的真福。”[①] 德勒兹援引德国哲学家费希特的“先验领域”和法国哲学家比朗的“最后哲学”来提供佐证，还习惯性地引用英国小说家狄更斯的《我们共同的朋友》阐述这一点。内在性一无所依，摆脱了外在超越的主体、个体、理性等，它只是一种生命，“超越性永远是内在性的产物”[②]。

为了深入阐述内在性哲学，德勒兹与加塔利一再提及“内在性的绝对化”，他们试图从中国思想汲取理论灵感，为他们的内在

---

① Gilles Deleuze, *Deux régimes de fous: Textes et entretiens 1975—1995,* Paris: Minuit, 2003, p. 360.

② Ibid., 363.

性哲学提供佐证。“内在性的绝对化”是朱利安成名作《过程或创造：中国文人思想导论》的关键性概念，从此内在性成为他阐述中国思想的一把钥匙。朱利安以王夫之的著作《周易内传》和《周易外传》以及《张子〈正蒙〉注》为主来阐释中国思想，将“过程”（procès）视为“中国世界观的根本性表征”，将“创造”（création）视为“其他地方尤其是西方被构想为人类学和哲学的模型”[①]，将两者对立起来，并逐渐将两者转化为超越性与内在性的对立。在朱利安看来，中国思想探讨的是内在性逻辑，天地阴阳变化体现了内在性的绝对化，而超越性除了再现内在性的绝对化之外，别无他物。“有待于理解如何在过程的单义性观念之内连接关联性的水平（生存的现实化由之而出）与等级的垂直（价值的创始者，决定道德的合法性）：天在世界的生生不息的化育中既是过程的无条件性的维度，又是地的严格的对应者，也就是说天能够建立主体性自发憧憬的超越的理想（idéal de dépassement）。与此同时，这种无限性在事物的展开过程中没有被构想为外部，而且天的‘超越性’——除了任何运行固有的内在性的绝对化之外——事实上没有再现任何东西。”（*PC*，18—19）朱利安从天与地的关系入手阐释内在性的绝对化，超越性的天除了再现内在性的绝对化，不再为人的生存提供超越性的依据。“天完完全全是相对的，因为它仅仅再现内在性的‘绝对化’：天之所以是不可抗拒的，乃因为天不可

---

① François Jullien, *Procès ou création: Une introduction à la pensée des lettrés chinois*, Paris: Seuil, 1989, p. 11. 本书下文凡引用该著作采用夹注形式注明法文版缩写（*PC*）和页码。

能导向对人之虚无的证明。”（*PC*，117）而王夫之的思想充分体现了内在性的绝对化，演绎了内在性与超越性的独特关系。“王夫之的反思的确与任何形而上学的建构以及任何宗教信仰都相反：我们不止一次证实了超越性在王夫之的思想中只是内在性的绝对化，而且，‘天’在王夫之的思想中没有被评价为外在于（与高于）世界，而是被评价为事物的纯粹过程性。”（*PC*，261）此后“内在性的绝对化”成为朱利安《内在性的形象》《势——中国的效力观》《圣人无意》等著作的核心主题，不断强化了内在性与超越性的关系。“相对于人世，‘天’是超验的，其本身是内在性的综合化或绝对化。”[①]这种“内在性的绝对化”也体现在绘画领域。朱利安在《大象无形》中指出：“中国画家不大会再现，他不会追求脱离自然以便面对面地创立自然；而恰恰相反，他追求的是通过绘画来重新激活自己对自然的原初依赖关系……绘画的起源汲取自这种内在性，这种内在性在世界大进程里发挥作用，它超出了人的范围以至于‘不可测’的地步，人的所有活动都包含其中。”（《大象无形》，229—230）

瑞士汉学家毕来德强烈质疑朱利安的这种内在性思想，他认为朱利安一厢情愿地选择中国思想的一些关键词来证明内在性思想，没有看到内在性思想与帝国秩序之间的联系，将理想化的内在性思想作为“中国思想”的本质，由之把这一“中国思想”当成了“西

① [法]余莲，《势——中国的效力观》，第234页。

方思想”的对立面。[1]但朱利安在《未来之路——了解中国，重建哲学》一书中进行了反驳，他批评毕来德的“柔弱的人文主义”，并将自己的研究视作福柯、德勒兹与罗兰·巴尔特的继承者，这也是其研究的“迂回与进入”策略的重要体现，阐明了他在当代法国哲学谱系中的位置与取向。在内在性研究的起源上，朱利安与德勒兹一样都诉诸斯宾诺莎，认为斯宾诺莎为了摆脱西方哲学传统做出了最大努力，把超越性再现为纯粹的内在性的绝对化，这在某种程度上接受了德勒兹的斯宾诺莎研究，成为他进入中国思想的重要缘起。但是我们还要注意朱利安思想的另一个重要影响源头，那就是他与现代新儒家代表人物徐复观、牟宗三等人的师承关系。20世纪70年代末、80年代初，朱利安曾于香港新亚书院受教于牟宗三和徐复观等人：“他们是旧中国即1949年以前培养的……文人——这是一代人的问题——他们知道并且乐意传授中国文化精神。也因为他们没有接班人：我当时是听这些课的唯一的欧洲人。因此，我有种必须尽快抓住某种东西，几乎就是‘偷窃’的感觉！特别是因为——在听他们讲课的时候，我愈发觉得我的课题研究的可能条件就是在那里。”[2]这段学习经历对朱利安的研究产生重要影响，他接受了牟宗三和徐复观等人的内在超越理论，由之迂回地进入西方哲学，并在内在性的平面上和德勒兹与加塔利相遇。自20世纪50年代，唐君毅、牟宗三、徐复观等人都曾致力于论证中国哲学的内在

---

① [瑞士]毕来德，《驳于连》，郭宏安译，《中国图书评论》，2008年第1期，第21页。于连即朱利安。

② [法]弗朗索瓦·于连、狄艾里·马尔塞斯，《（经由中国）从外部反思欧洲——远西对话》，张放译，郑州：大象出版社，2005年，第88页。

超越问题，其中牟宗三以“天”为实体来阐述天人关系，为他的内在超越论提供理论支撑：

> 天道高高在上，有超越的意义。天道贯注于人身之时，又内在于人而为人的性，这时天道又是内在的（Immanent）。因此，我们可以康德喜用的字眼，说天道一方面是超越的（Transcendent），另一方面又是内在的（Immanent与Transcendent是相反字）。天道既超越又内在，此时可谓兼具宗教与道德的意味，宗教重超越义，而道德重内在义。在中国古代，由于特殊的文化背景，天道的观念于内在意义方面有辉煌煊赫的成就。[①]

天道虽有超越自然万物的特点，但天道层层下贯，成为内在于人的性；人经由“超越的遥契”达到个体生命与天命相贯通，同时人又通过“内在的遥契”来把天命转化为人的性，由之成就了儒家思想既内在又超越的精神特质。尽管朱利安没有清楚地注明牟宗三、徐复观、唐君毅等人的著作出处，但他的确以近似“偷窃”的感觉化用牟宗三等人的思想，并将其巧妙地融入他自己的著作之中。经由朱利安的不懈努力，现代新儒家的内在超越论为他迂回地进入西方哲学提供了强有力的理论基础参照。也正是在内在性的平面上，德勒兹与加塔利和中国思想交汇，形成了中西哲学的相互阐发、互通有无。

① 牟宗三，《中国哲学的特质》，《牟宗三先生全集》（28），台北：联经出版事业有限公司，2003年，第22页。

德勒兹与加塔利从西方哲学的内部来探究内在性哲学，这源于德勒兹20世纪五六十年代从西方哲学内部进行突破的不断努力，尤其是他对柏格森、尼采、斯宾诺莎等哲学家的研究，不断地促使他与加塔利开掘内在性哲学的纵深维度与广阔空间。与此同时，牟宗三、唐君毅、徐复观等人从西方哲学出发探究中国哲学，从康德、黑格尔等西方哲学家汲取理论灵感，发展出可以有效解释中国哲学的内在超越论。最终这两股思想力量交汇在朱利安的汉学研究之中，在内在性的平面上实现了中西思想的融会贯通。不止如此，德勒兹与加塔利也借鉴了朱利安的研究，他们在《什么是哲学？》一书中参照中国的卦象阐述两种思维方式，认为以中国为代表的东方与以古希腊代表的西方形成两种不同的思维方式：一种是通过形象进行思考（penser par figures），一种是通过概念进行思考（penser par concepts）。“来自东方的高龄智者或许用形象从事思考，哲学家却发明并且思考概念。”（*QQP*，8）中国的卦象、印度教的曼陀罗、犹太人的解字树、伊斯兰教的“意象符”和基督教的圣像都体现了前一种通过形象进行思考的方式。“卦是连续的线和不连续的线的组合，这些线按照螺线的各层次相互派生，这一螺线形象地呈现了超越性屈从的全部时刻。”（*QQP*，86）而西方自古希腊以来体现了后一种通过概念进行思维的方式。希腊人发明了一种绝对的内在性平面，但希腊人不再使用形象，而是使用概念进行思维。“希腊人发明了一种绝对的内在性平面……内在性翻了倍。恰恰是在这里，希腊人不再使用形象，而是使用概念进行思维。正是概念要使内在性平面聚集。形象不再有投射，而概念有连接。”

（*QQP*，86—87）在这两种思维方式中，人们往往做出情绪化的判断：“人们时而把理性的魅力赋予概念，形象则被诉诸理性的黑夜及其象征物；时而把富于精神生命的特权赋予形象，概念则被诉诸僵死的知性的虚假运动。”（*QQP*，87）而中国思想则提供了一种有益的探索，改变了这种情绪化的判断。中国思想采用一种循环往复的方式，把某种自然–思维的图表式运动记录在一个平面上，卦象的阴阳变化投射在这一蕴含着垂直的或超越的某种东西的内在性平面上，概念仅仅是视域之内的相邻性和衔接，由之产生朱利安意义上的“内在性的绝对化”。然而，德勒兹与加塔利笔锋一转，认为哲学所要求的绝对的内在性与之完全不同，而是形象在无限靠近概念的范围内趋向概念，从而实现了在内在性平面上的无限运动。通过区分形象与概念的两种不同思维方式，德勒兹与加塔利发现东方运用形象进行思维，属于前哲学，目的不是创造概念或形成哲学，不过东方并非不思维，而是不思考存在；而希腊人创造概念，通过概念思考存在，形成存在。因而德勒兹与加塔利的结论是：“哲学是一桩希腊的事情，尽管哲学是被外来移民带来的。为了哲学的诞生，需要一种在希腊的环境与思维的内在性平面之间的相遇。”（*QQP*，89）朱利安也不断地重申这一点，一再强调哲学是一桩希腊的事情，由此为他的迂回与进入之路找到了理论之源与最终指向。

通过探讨德勒兹与加塔利的中国之思，我们可以回观中国思想的内在超越问题。以“天道”或“天命”为例，唐君毅、牟宗三等现代新儒家代表在会通中西的背景下来思考超越性与内在性，逐渐融“超越”与“内在”为一体，从唐君毅的“超越而内在”发展成为牟宗三的“内在超越”的观念，为我们理解中国思想的特质提供了新范式。而曾受教于牟宗三、徐复观等人的朱利安在谈及中国思想时指出，超越通过投射产生“内在性的绝对化”，而且通过周易卦象与中国诗书画加以阐发。德勒兹与加塔利显然赞成这一思想，并由此印证他们的哲学探索，这些为他们的哲学思考提供了一个新路径，同时为我们探讨中国哲学的内在生成论提供了新视角、新维度。

最终，德勒兹、加塔利、朱利安等法国哲学家借助中国思想来回归他们的哲学故乡，生成希腊式的哲人；而徐复观、牟宗三、唐君毅等现代新儒家代表借助西方哲学重返中国的先秦时代，生成孔孟式的圣人。正是在思想的内在性平面上，中国圣人与希腊哲人相遇，“圣人无意”，哲人去“像”，和而不同，殊途同归，奏响了人类远古时期内在超越的思想乐章。

附　录

福柯的异托邦：绕道“中国”返回西方的“未思”[①]

在福柯的思想世界中，“东方”（Orient）始终萦绕在他的心头，他早在1961年出版的《古典时代疯狂史》中就阐述过西方理性有关“东方”与“西方”的划分，表达了他对非西方文化的总体看法：

> 在西方理性的普遍性中，存在着东方是什么的这样一种划

① 本文曾发表于《求是学刊》2019年第2期，此次刊发进行部分改动。“中国”加引号是指外国人眼中的中国，下同。

> 分：东方，被思考为起源，被想象为回归的怀旧与许诺得以诞生的眩晕点。东方向西方提供了殖民性的理性，不过东方永远是不可进入的，因为东方始终是界限——西方得以在其中形成的开端之夜（nuit du commencement）。不过西方从中描绘了分割线，东方对西方而言是西方所不是的东西，甚至西方应该从东方寻找其原始的真相是什么。①

尽管福柯后来删掉了这个序言，但他采用二元划分的方式表达了对“东方”的思考——“东方”终究有别于“西方”，“东方”始终是西方思想的界限，是“西方”得以形成的“开端之夜”，是“西方”不断回溯的“眩晕点”。对于这一观点，他又在1966年出版的《词与物》中以博尔赫斯所谓“中国百科全书”为聚焦点进行了深入的阐释，他认为“中国”是西方思想的界限，是西方思想无法触及的“异托邦”。这促使他采用人文科学考古学的方法探讨“词”与“物”在西方思想中的赋序过程，促使他探究西方自16世纪以来知识型的演变过程，促使他深入研究知识与理论在西方理性中得以形成的可能性条件与假设。因而，福柯是“绕道中国”返回西方思想的探索者，这在一定程度上启发了法国汉学家朱利安的汉学研究与中西比较研究。

---

① Michel Foucault, “Préface”, in “Folie et déraison: Histoire de la folie à l’âge Classique”, in *Dits et écrits I. 1954—1975*, pp. 189—190.

（一）扰乱“词”与“物”的“中国百科全书”

在《词与物》开篇，福柯明确指出《词与物》受启于博尔赫斯著作的某个段落，他阅读这一段落时不由自主地发出笑声，从这一段落中萌发了《词与物》的理论思考与写作灵感。按照博尔赫斯的描述，一部名为《天朝仁学广览》的中国百科全书把动物分成14类：

> a.属于皇帝的动物；b.散发着香气的动物；c.驯服的动物；d.乳猪；e.鳗螈；f.传说中的动物；g.自由的狗；h.包括在目前分类中的动物；i.像疯子般激动的动物；j.不可胜数的动物；k.用很细的驼毛笔画的动物；l.等等；m.刚刚弄碎罐子的动物；n.远看像苍蝇的动物。（*MC*，7）[①]

这是一种令人啼笑皆非而又惊奇的分类，我们看不出这一分类的标准和逻辑，就像一个由各种“动物”组成的大杂烩，不伦不类，与福柯所熟悉的、西方自亚里士多德以来的动物分类方式完全不同，动摇了西方人关于“同”（le Même）与“异”（l’Autre）的思想与实践。福柯之所以选择博尔赫斯，一方面固然是考虑到博尔赫斯在法国读者中颇受欢迎，颇具影响力，以博尔赫斯开篇有助

① 另见[阿根廷]豪·路·博尔赫斯，《威尔金斯的分析语言》，《博尔赫斯全集》（散文卷·上），王永年、徐鹤林等译，杭州：浙江文艺出版社，2006年，第428—429页。

于法国读者接受《词与物》；[①]另一方面，福柯可谓是独具慧眼，博尔赫斯虚构、杜撰的“中国百科全书”与他所探讨的“词”与“物”息息相关，提供了一种与西方思想截然不同的、有关“词”与“物”的思考方式，为他批判西方认识论提供了重要参照。

尽管博尔赫斯所引的“中国百科全书”至今无从考证，找不到任何文献上的有力支撑[②]，但我们从这则“中国百科全书”的条目中或许可以洞察西方自文艺复兴以来对中国的想象与误读，把中国想象为一个与西方有所不同的乌托邦世界，认为中国人不合乎西方人的逻辑思维，愚蠢可笑。这则的确在中国人看来也啼笑皆非的“中国百科全书”条目或许来自第一批来到中国的欧洲传教士们对中国典籍的某种误译或误读，添加了他们对中国社会生活的观察与思考，混杂着他们的想象和虚构，传至欧美世界时早已面目全非，难以辨别到底是中国人的动物分类还是西方人虚构的中国人的动物分类。对于像博尔赫斯这样写作天马行空似的后现代小说家而言，这则条目有可能来自他从浩如烟海的图书馆中翻到某本中国

① 长期以来不少研究者认为《词与物》的畅销归功于委拉斯凯兹的绘画《宫中侍女》，殊不知博尔赫斯也是该书畅销的原因之一。而且福柯对博尔赫斯崇拜有加，他甚至说：“我梦见一个中国的博尔赫斯，他为了取悦他的读者而引用了法国哲学课程大纲：‘习惯、时间、生物学的特殊问题、真理、机器、质料，生命、精神、上帝——整条连字符在同一条线上——欲望与趋向，哲学，它的必要性和它的目标。’然而，我们应当对此忍俊不禁。”参见Michel Foucault, “Le piège de Vincennes”, in *Dits et écrits I. 1954—1976*, p. 935。

② 不过有国内研究者认为福柯引证的是清朝李汝珍的《镜花缘》，这种看法比较牵强，不足为证。参见荣敬本，《〈资本论〉和〈经济社会体制比较〉——纪念〈经济社会体制比较〉杂志创刊20周年》，《经济社会体制比较》，2005 年第 5 期，第4—7页。

百科全书之后的"突发奇想"，他针对西方人释读与翻译中国典籍的实践虚构了一则令后人不断进行解读的"寓言"。他将这则条目纳入"中国百科全书"，引发了西方人对"中国"的无限遐想。国外研究者埃弗里·莫罗则认为，博尔赫斯阅读过英国汉学家翟理斯（Lionel Giles）于1911年编制出版的《钦定古今图书集成索引》①，"几乎可以肯定博尔赫斯读过这一文献或类似的文献"②。翟理斯在序言中简要地介绍了中国百科全书《尔雅》《太平御览》《玉海》《永乐大典》《渊鉴类函》，概述了中国百科全书分类的演变过程，指出《钦定古今图书集成》大致分为六大类：历象汇编（Celestial Matters）、方舆汇编（Geography）、明伦汇编（Human Relationships）、博物汇编（Science）、理学汇编（Literature）、经济汇编（Polity），具体包括乾象、岁功、历法、庶征、坤舆、经籍、文学、艺术等32个部分。③以庶征为例，翟理斯解释道："'各种征兆'（Various Manifestations）相当模糊地显示这一部分内容，而且克拉普罗特（Klaproth）和迈耶斯（Mayers）曾被误导，他们分别翻译为'占卜'（Divination）和'自然现象'（Natural Phenomena）。实际上，被记录的现象全都具有奇怪的或不寻常的特征，背离了平常的自然进程。它们包括各种奇迹、日食、瘟疫、

① 博尔赫斯不仅读过翟理斯编制的《钦定古今图书集成索引》，而且还着迷于翟理斯的《中国文学史》，对中国与中国文化充满了敬仰与向往。参见张汉行，《博尔赫斯与中国》，《外国文学评论》，1999年第4期，第47页。

② Avery Morrow, "Borges' Chinese Encyclopedia", http://avery.morrow.name/blog/2013/01/borges-chinese-encyclopedia/, accessed December 10, 2022.

③ Lionel Giles, *An Alphabetical Index to the Chinese Encyclopaedia*, London: The British Museum, 1911, Appendix II.

洪水、干旱、梦等。前四个部分形成一个组，被认为与天和天兆有关，一方面与地形成对比，另一方面与人形成对比。”[①]在翟理斯的分析中，他洞察到中国百科全书的分类法潜隐着一种有关天地人的三位一体的模式，与西方的分类法截然不同。正如埃弗里·莫罗所认为的那样，即便博尔赫斯读过中国百科全书，那他也未必理解中国百科全书的结构，甚至他有可能故意混淆是非，借用中国百科全书来表达自己的观点。博尔赫斯在《威尔金斯的分析语言》中假借德国汉学家和翻译家弗兰茨·库恩博士之口来讨论动物分类，而且还明确指出这则动物分类来源于《天朝仁学广览》，貌似考证确凿，实则杜撰而已，至今找不到文本的出处，根本无法证明其真实性，这在某种程度上体现了博尔赫斯的写作风格——真实与虚构相互交融，真假着实难以辨别。

在博尔赫斯的想象世界里，“百科全书”是一个不断出现的重要意象，意味着人类通过知识的力量在世界迷宫中创造自成体系的、理想的语言世界，这种人工语言就源自人类对混沌世界进行赋序的欲望，而“百科全书”则代表了这种有序编辑的最好形式。[②]博尔赫斯在小说《代表大会》中提到过中国百科全书，与法国百科全书、英国百科全书、拉鲁斯词典等放在一起。叙述者曾言：“我记得我怀着崇敬的心情抚摩一套绢面的中国百科全书，那些笔力遒

① Lionel Giles, *An Alphabetical Index to the Chinese Encyclopaedia*, p.ix.

② Zhang Longxi, “The Myth of the Other: China in the Eyes of the West”, *Critical Inquiry*, Vol. 15, No. 1 (Autumn 1988), p. 111.

劲的版印文字比豹皮的花纹更神秘。”[①]这种评价表达了博尔赫斯对中国与中国文化的崇敬之情，蕴含着他对中国的奇思异想，也折射出他对神秘的中国文化的向往。此外，博尔赫斯在《小径交叉的花园》中提到了中国百科全书《永乐大典》：“我认出几卷用黄绢装订的手抄本，那是从未付印的明朝第三个皇帝下诏编纂的《永乐大典》的佚卷。”[②]在博尔赫斯看来，世界变成小径纵横交错的迷宫，具有一种人类无法理解的秩序，因此人类面对这一迷宫无能为力，毫无希望，正如“中国百科全书”的动物分类一样毫无意义，显示了知识的局限性与语言的不完备性。这种文学虚构也有利于博尔赫斯创造迷宫般的世界，通过把真实存在的汉学家弗兰茨·库恩的名字与虚构的“中国百科全书”的动物分类法关联起来，他混淆了真实与想象、散文与故事的边界，真假对他而言无关紧要，非真非假，似真亦假，最终真假难辨，是非难解。“我们当然可以把中国百科全书归于奇异故事的杜撰者和作家博尔赫斯，而且我们认识到福柯所引用的不可思议的段落只不过是一个温和的玩笑而已，是一种虚构写作本身的虚构表现而已。”[③]因而，我们对于这则“中国百科全书”的条目不必当真，亦不必在考据上大费周折，倒不如回到福柯引用这则条目的出发点与他的意图来进行深入的探究，以便研

① [阿根廷]豪·路·博尔赫斯，《代表大会》，《博尔赫斯全集》（小说卷），王永年、陈泉译，杭州：浙江文艺出版社，2006年，第407页。

② [阿根廷]豪·路·博尔赫斯，《小径交叉的花园》，《博尔赫斯全集》（小说卷），第128页。

③ Zhang Longxi, “The Myth of the Other: China in the Eyes of the West”, *Critical Inquiry*, Vol. 15, No. 1 (Autumn 1988), p. 112.

究福柯与中国文化的亲缘关系，以便我们更好地认识和把握福柯的思想，反思法国当代哲学中的中国问题研究。

在福柯的思考中，他充分察觉到“中国百科全书”分类法的离奇之处与异域情调，洞察西方思想的界限与思考这种分类的不可能性。尽管福柯对这种分类法持怀疑态度，这却促使他展开深入的思考：为什么这种分类法对西方人而言是不可能的？是什么使思考这种分类法变得不可能？这一思考直接关涉着《词与物》的主旨，即福柯通过他所谓人文科学考古学——考察语法与语文学、自然史与生物学、财富分析与政治经济学——来探寻知识之所以可能的条件，由此批判笛卡儿、康德以来的西方现代哲学与主体思想。其中分类学是福柯进行人文科学考古学工作的重要内容之一，他从西方的分类学出发思考博尔赫斯所谓“中国百科全书”的动物分类法，难免会觉得滑稽可笑。自文艺复兴以来的西方人文科学在同一性与差异性的基础上构建了一套“词”与“物”的关系系统，分类学则在一定意义上体现了西方知识型的演变过程。西方哲学通过“词”与“物”的运作构建了认识论与本体论，显然是话语运作的产物；西方科学也是通过话语运作构建了命名法与分类学。在分类学方面，瑞典生物学家林奈在《自然系统》中将自然界划分为动物、植物与矿物，确定了纲、目、属、种的分类等级，由此建立了生物学的命名法与分类法，统一了西方学界长期以来混乱的分类范畴，构建了一个逻辑与内容相统一的分类体系。相对于西方人的分类法而言，“中国百科全书”的分类法毫无逻辑，显得荒谬可笑。在这种毫无规则的、貌似有序的和有逻辑的并置下，没有一个共同的、可以供人辨认的基础或场所。然而福柯在笑声过后却陷入了深深的思考，他开始思考所谓“中国百科全书”的启发意义和理论价值。

（二）“词”不及“物”：作为异托邦的“中国”

不过我们应该先从博尔赫斯的具体语境来分析这则虚构的“中国百科全书”条目，这有助于我们更好地理解福柯引用这一动物分类的真正用意。博尔赫斯是在讨论约翰·威尔金斯的世界语时引入了弗兰茨·库恩博士所谓“中国百科全书”的动物分类条目。在博尔赫斯看来，威尔金斯的分类与“中国百科全书”的动物分类一样都是“模棱两可、重复和缺陷”[①]。威尔金斯沿着狄德罗的设想寻找一种普遍性的语言，用以组织和含纳全人类的思想。他为了创建世界语曾把世界万物分为40个大类，然后下分中类，再下分小类；他创造了一套语词来指称世间万物，就如同一部百科全书一样囊括了世间万物。威尔金斯的这种分类方法令博尔赫斯惊讶不已，让他联想到了弗兰茨·库恩博士所谓“中国百科全书”的动物分类，同时他又列举了布鲁塞尔图书学会的分类，指出这些分类全都是随意的、猜想的，不存在有机的、统一的联系。从其本意上讲，世界语和百科全书旨在以有限的“词”囊括世间万“物”，要求逻辑严密，体系完备，但是威尔金斯创建的世界语和弗兰茨·库恩所引用的“中国百科全书”却与这一理念相背离，反而显示了人类思维与语言的局限性。正是在这种意义上，弗兰茨·库恩所引用的“中国

① [阿根廷]豪·路·博尔赫斯，《威尔金斯的分析语言》，《博尔赫斯全集》（散文卷·上），第428页。

百科全书”或者博尔赫斯杜撰的“中国百科全书”激发了福柯的思考——“词”的有限性与“思”的不可能性。博尔赫斯的“中国百科全书”令西方思想遭遇解释的瓶颈，西方思想不足以解释与其相异的文化，这或许是福柯所说的“思想的界限”。在“中国百科全书”中，动物分类法似乎具有自己的逻辑，每个类别具有自身的意义，既有真实的动物，如“像疯子般激动的动物”“刚刚弄碎罐子的动物”，也有虚构的动物，如“鳗螈”“传说中的动物”。之所以不可能对这种分类法进行思考，乃因为各类别之间的“狭小的间距”（étroite distance）与“并置”（juxtaposition）。按照这一“间距”，“传说中的动物”才与“自由的狗”“远看像苍蝇的动物”并置在一起，由之想象的动物与真实的动物并置在一起，通过将所有类别联系起来的字母序列（a、b、c、d）的形式来侵犯一切想象、一切可能发生的思想。

相对于“中国百科全书”的动物分类，福柯列举了法国作家拉伯雷《巨人传》中欧斯戴纳（Eusthènes）的“贪得无厌的嘴”：“我不再感到饥饿，对这一整天来说，以下东西与我的唾液相安无事：毒蛇、两头蛇、棘头虫、变形细胞、菊石、美西螈、阿皮纳斯、蚜狮、蟒蛇、蛔虫、蚯蚓属、蚯蚓、端足目动物、厌氧微生物、环节动物、珊瑚虫……”[①]所有这些蠕虫与蛇类、所有这些腐烂的和黏性的生物滑动在欧斯戴纳的唾液之中，与“中国百科全书”的动物分类一样怪异。这些生物貌似难以放在一起，但欧斯戴纳来

① François Rabelais, *Gargantua et Pantagruel,* Tome III, Paris: Haye, 1789, pp. 207—208.

者不拒的嘴却为它们提供了场所，使它们有了共存的场所和庇护之处。它们就如同法国诗人洛特雷阿蒙所描述的雨伞与缝纫机同在一个操作台上一样，遵循的邻近规则是“与”（et）、“在……中”（en）和“在……上”（sur）。通过这样一种对比，“中国百科全书”的动物分类法显得更加怪异，因为所列举动物相遇的共同空间被摧毁了，它们得以共存的基础或场所遭到破坏，由此福柯提出了“语言的非场所”（non-lieu du langage）。只有在语言的非场所中，“中国百科全书”所列举的动物才并置在一起，敞开了一个不可思考的空间，既使“在……中”（en）不可能，又破坏了“与”（et）的逻辑。在福柯看来，“中国百科全书”的动物分类法所缺乏的是支撑事物并置的“操作台”（table d’opération），它一方面就像一种镍制的、橡胶似的规则平台，支撑着各种各样的物品，不管物品的形状、体积如何，例如雨伞与缝纫机在台子上的相遇；另一方面是指“图表”（tableau），容许思想作用于存在物，按照相似与差异的原则对它们进行赋序，进行分类，最终促使语言与空间在这一图表上相互交织。（*MC*，9）没有这种“操作台”，“中国百科全书”的动物分类法就是没有容器的内容，因此所列举的内容因缺乏西方人所熟悉的秩序而令人发笑。[①]

“中国百科全书”的动物分类法的荒谬之处与不一致性恰恰就在于它的“无序”（désordre），这种无序统治着大量可能产生于既不支持规律也不支持几何逻辑的异质性世界的秩序。“中国百科全

① Marnia Lazreg, *Foucault’s Orient: The Conundrum of Cultural Difference, from Tunisia to Japan*, New York & Oxford: Berghahn Books, 2017, p. 15.

书”缺少“操作台”，意味着它具有一种与西方分类学截然不同的“秩序”，它所列举的动物不可能具有共同的场所和庇护之处，陷入了一种无序的状态。这样一种无序的列举正好属于福柯所提出来的异托邦（hétérotopie）①，他通过乌托邦与异托邦的并置来论述异托邦：

> 乌托邦令人慰藉：虽然它们没有真实的地点，但它们仍在一个令人赞叹的和光滑的空间中充分发展……异托邦则令人不安，大概因为它们秘密地损坏语言，因为它们阻止命名这一个和那一个，因为它们粉碎或混淆了共同的名词，因为它们事先就摧毁了“句法”……异托邦（像我们经常在博尔赫斯那里发现的那些）则会令言说毫无生气，使语词停滞于自身，从根源上质疑语法的任何可能性；它们终结了神话，并使句子的抒情

---

① Hétérotopie有多种译法，被译为异托邦、异位移植、异质空间、另类空间、差异地点、奇异国、另类邦等，其中异托邦兼顾音译与意译，彰显了与乌托邦的比对与差异，其中“异”字含有差异与异质的意思，避免因过度阐释而造成概念歧异，但有可能过于强调与乌托邦的关系而忽略了真实空间。关于这一点，参见车槿山，《福柯〈词与物〉中的“中国百科全书”》，《文艺理论研究》，2012年第1期，第26页；王志弘，《傅柯Heterotopia翻译考》，《地理研究》，2016年第65期，第77页。在《词与物》中，福柯第一次使用“异托邦”的概念，主要基于构建特定时期思想的系统或分类学构成的认识论；而作为真实地点的异托邦的空间含义则始于1967年的演讲“另类空间”（Des espaces autres），这个文本直到临近福柯去世才于1984年出版。福柯虽然提出了这一概念，但他很快抛弃了，然而这个概念自20世纪90年代以来却在城市理论、地理研究、空间研究与文化研究等领域产生了广泛影响。关于这一点，可参见Arun Saldanha, “Heterotopia and structuralism”, *Environment and Planning*, Vol. 40 (2008): 2080—2096；王志弘，《傅柯Heterotopia翻译考》，《地理研究》，2016年第65期，第75—105页。

性变得枯燥无味。（*MC*，9—10）

福柯突出“词”与“物”在知识秩序中的建构性质，强调异托邦扰乱和质询知识的可能性条件与假设的特点。异托邦摧毁“词”与“物”得以结合、句子得以建构的句法，终止“词”与“物”的联系，损坏“词”命名“物”的能力。在博尔赫斯的笔下，“中国百科全书”的动物分类法就构建了这样一个异托邦世界。在福柯看来，博尔赫斯所创造的“异托邦”令言语干瘪乏味，毫无生气，语词停滞，语法失效，且与“物”无关，句子失去了诗意般的火花，变得枯燥乏味。福柯深入研究这种分类法的语言学意蕴，他穿梭于这种分类法的列举与阐述博尔赫斯的描述之间，致力于从语言学的视角来阐释博尔赫斯所创造的“中国百科全书”。福柯又以失语症患者（aphasiac）为例来阐述异托邦：人处于异托邦的世界中正如同失语症患者一样，“词”与“物”在不同空间中无法根据相似性与差异性建立起对应关系，“词”无法命名和规定“物”，陷入一种混乱无序的境况。失语症患者在激动不已与惶惶不安之间走向了焦虑的边缘。

从词源来看，异托邦（hétérotopie）来自乌托邦（utopia）与反乌托邦（dystopie），前缀hétéro-来自古希腊语ἕτερος（其他的、另外的、不同的），它与希腊语语素τόπος（地方）相结合，指“其他地方”“另外地方”等。乌托邦不真实却描绘了理想的人类社会，反乌托邦与之相对，充满了罪恶与不幸；而异托邦居于两者之间，介于真实空间与虚构空间之间，是真实与虚幻交织的空间。“乌托邦是没有真实地方的定位……这些乌托邦基本上是非真实的空间……由于这些地方全然不同于它们反映和谈及的所有定位，并且为了与乌托邦对照，我称其为异托邦。”[①]在福柯的研究中，他明确将异托邦与乌托邦进行对比，通过博尔赫斯的“中国百科全书”批评了西方世界将“中国”作为乌托邦的想象，而他则将“中国”视作一个滑稽可笑的、引人深思的异托邦：“人们阅读博尔赫斯的作品时使人发笑的那种尴尬，也许类似于语言被摧毁所引起的那种深深苦恼: 丧失了场所和名称的‘共有’……因此，在我们居住的地球的另一端，似乎有一种完全致力于疆土安排的文化，但它似乎并不在任何我们可能命名、言说、思考的空间中分配那些迅速繁殖的生物。”（*MC*，10—11）福柯再次强调博尔赫斯虚构的“中国百科全书”摧毁语言与空间的关系，导致一种没有空间的思想，通向了没有家园和场所的词汇与范畴，也就是所谓“失所症”“失语症”。然而，福柯认为博尔赫斯的文本走向另一个方向，博尔赫斯尚未走出西方世界对中国的想象。西方将中国确定为神秘的国度，源于西方人对中国的乌托邦想象。从明末清初传教士来华至鸦片战争之间，欧洲启蒙运动一度将中国想象为神秘的国度。伏尔泰、狄德罗等启蒙思想家借助传教士的文献，将中国想象为一个美好的乌托邦世界。在西方人的想象中，中国文化最细腻、最具等级制，无视时间的流逝，重视疆土的扩张，还有长城内外形成的广阔空间、竖写的象形文字——这是福柯综述了西方世界对中国的认识，而非福柯

① Michel Foucault, “Des espaces autres”, in *Dits et écrits II. 1976—1988*, Paris: Gallimard, 2001, pp. 1574—1575.

的真实看法。“对福柯这样以犀利和深刻见长的思想家而言，这一切当然更像是对西方想象中国的检讨和反讽。实际上，福柯在这里也明明确确地指出，这是‘梦境’中的中国，是‘幻想’的中国，是对‘我们的想象系统而言’的中国。”[①]显然，福柯委婉批评了博尔赫斯对中国文化特殊性的强调，他不赞成博尔赫斯把中国看作“神秘的国度”，基本上不赞成博尔赫斯在构建秩序方面把中国与西方相对立。福柯认为“中国百科全书”及其所提及的分类法构建了一个异托邦世界，但福柯并不能由此肯定中国文化就是一种致力于空间布局的文化，也不能确定这种文化能否在西方人有可能进行命名、言说、思考的任何空间中分布那些迅速繁殖的生物。[②]

（三）迂回与进入：从福柯到朱利安

在《威尔金斯的分析语言》一文中，博尔赫斯列举了威尔金斯的分类法、弗兰茨·库恩博士所谓“中国百科全书”的分类法与布鲁塞尔图书学会的分类法。为什么福柯偏偏从“中国百科全书”中获得理论灵感，而只字未提其他两种分类法？毫无疑问，福柯基于自己的哲学思考与理论需要来选择“中国百科全书”的动物分类法，他将“中国百科全书”理解为博尔赫斯颠覆西方把中国想象为一个有序的和广大的空间的方式，认为博尔赫斯把中国想象为“神

① 车槿山，《福柯〈词与物〉中的“中国百科全书”》，《文艺理论研究》，2012年第1期，第27页。

② 福柯在最后结论中使用的是条件式，表达了他对所表达内容的不确定，乃至怀疑、否定。参见车槿山，《福柯〈词与物〉中的“中国百科全书”》，《文艺理论研究》，2012年第1期，第27页。

秘的国度”的做法产生了一个异托邦世界。更为重要的是，福柯发觉博尔赫斯的分类法具有吸引力，恰恰是基于西方认识论的原因，暗示了福柯所思考的文化与秩序的关系以及赋序实践的方式。[①]相对于博尔赫斯的分类法，福柯就西方分类“图表”提出一系列问题，直逼文化的基本代码，直逼西方文化思想的根基，直接引发了他对“物之序”的思考。西方人习惯根据同一性和差异性来分配事物，赋予事物以秩序。“秩序既是在诸事物中作为诸事物的内部规律、作为诸事物在某种意义上相互注视所依据的秘密网络而被给予的东西，又是只有通过目光、关注与语言的格子而存在的东西；而且只有在这一栅格的空格中，秩序才深刻地显示出来，似乎它早已在那里，默默地等待着自己被陈述的时刻。”（*MC*，11）在西方文化的基本代码中，一方面这种基本代码为每个人确定了他得以面对的与他得以重逢的经验秩序，另一方面存在着科学理论与哲学解释来阐明秩序得以确立的原因与规律。福柯敏锐地洞察到，这两者之间存在着“某种沉默的秩序”“秩序的原初存在”，虽然比较模糊、暗淡，不易觉察，但这种秩序正是人文科学考古学研究的目标。最终福柯还是回到西方文化，通过人文科学考古学来研究知识和理论在语法与语文学、自然史与生物学、财富研究与政治经济学中得以形成的可能性条件、秩序空间、历史先天性基础与实证性要素，以期阐明西方思想文化自16世纪以来知识型的演变过程。“为了尽力阐明这一深层的参差不平的西方文化，我们就把它的种种裂痕、不稳

① Marnia Lazreg, *Foucault's Orient: The Conundrum of Cultural Difference, from Tunisia to Japan*, pp. 16—17.

定性、断层归还给我们沉寂的、天然不动的土地；正是这片土地再次在我们的脚下显得惊慌不安。”（*MC*，16）

因而，福柯是绕道“中国”迂回西方之策略的探索者，在某种程度上启发了法国汉学家朱利安的汉学研究与中西比较研究。虽然福柯没有深入中国思想文化的内部，但他通过博尔赫斯所谓“中国百科全书”还是回到了西方思想世界。他追问西方分类学相比于“中国百科全书”的动物分类法的特点，最终从人文科学考古学来考察西方思想文化的秩序空间与知识基础。“福柯打开了进入其他文化与语言的大门，进入那些以我们只能理解我们是否进行跨语言思考的方式对事物进行分类的语言。法国汉学家、比较哲学家朱利安大约在福柯去世十多年后撰写了一本名为《迂回与进入》的著作，在这部著作中讨论了中国人思维与希腊人思维之间的根本差异。”[①]朱利安批评了西方哲学的偏狭性，他指出西方哲学始终从内部质疑自身。Claire Huot认为福柯所谓西方人“已经被编码的目光”（*MC*，12）阻止人去描述与思考“中国百科全书”，朱利安在这一点上与福柯对西方思想文化的思考是一致的，也与福柯对同一性哲学的批判是一致的。朱利安指出，孔子之言只是指示性的，不是用定义的、逻辑的方式来思考“词”与“物”的关系：“以老师教授学生形式说出的与环境相关的孔子之言，远非要描述现实，而是要在抽象领域中重新建立诸物之间的重要关联，它只能是指示性

① Claire Huot, “Chinese Dogs and French Scapegoats: An Essay in Zoonomastics”, in *Foucault and Animals*, eds. Matthew Chrulew and Dinesh Joseph Wadiwel, Leiden & Boston: Brill, 2017, p. 55.

的……它不是以逻辑方式铺陈，它的功效是指示性的。”[①]言简意赅、意蕴深远是孔子之言的特点之一，孔子的言论往往只提供特定的、最容易令人接受的指示，以致事物之间的关系不是表象性的；因而孔子之言不是启示性的，而是指示性的。朱利安由此分析了中国人赋予事物以秩序的方式，而此种方式与西方人的思维方式形成鲜明对比。

不仅如此，福柯的异托邦思想深刻影响了朱利安的方法论研究，后者在2011年他者性教席就职演讲《间距与之间》中重提“中国”作为异托邦的问题：“对欧洲而言，中国最初是‘别处’——福柯在《词与物》开篇中明确把中国称作‘异托邦’，以区别于‘乌托邦’。我们记得福柯在这一页之后说道‘乌托邦令人慰藉’‘异托邦则令人不安’……中国思想的这一域外（dehors）引起了这种焦虑不安，或者说不安（non repos），即黑格尔所说的Unruhe。”[②]朱利安鉴于16世纪之前中国和欧洲在地理、历史与语言等因素的“互不相干、彼此漠然”，主要从“外部性”（extériorité）来思考“中国”作为异托邦的问题，进而回到他长期以来“绕道中国思想”返回欧洲思想的“未思”，开启了他从“域外”进行解构的工作。“经由中国来反思欧洲，乃企图有策略

① [法]弗朗索瓦·朱利安，《迂回与进入》，杜小真译，北京：商务印书馆，2017年，第192页。

② [法]朱利安，《间距与之间：论中国与欧洲思想之间的哲学策略》，卓立、林志明译，台北：五南图书出版公司，2013年，第12—15页。本书下文凡引用该著作皆采用夹注形式注明中译本书名简称《间距与之间》和页码，其中一些引用部分参照法文进行改动，不再一一注明。

性地从侧面切入，从背面捕捉欧洲思想，以触及我们的‘未思’（l’impensé）……于是，绕道中国，就是走出自身理念的偶然性，或者说，通过一种外在的思想，在自身理念里退后几步而与‘自明性’保持距离。”（《间距与之间》，18—19）朱利安的这一研究进路与福柯关于“中国百科全书”的思考是一致的，他“绕道中国思想”，进入了福柯从“中国百科全书”洞察的西方“思”之不可能性，也就是他所谓西方思想从海德格尔到德里达的“未思”问题。“绕道中国思想”恰恰有助于他迂回地进入西方的“未思”，返回西方思想源头的希腊故乡。

不过，朱利安对福柯的“异托邦”概念持批评态度，认为“异托邦”启动了一种原则性的同化，其中隐含着差异思想，置于一种基于分类与定义的整合逻辑，而不是一种发现逻辑，不是让人去发现其他文化的他者性。因而他提出了制造张力的“间距”（l’écart）概念，在中西文化的“之间”（l’entre）探寻和发现可理解的共同之处：“不，我不留在任何一方，但我在两者之间操作。大家都记得福柯在《词与物》一书的开头便提出‘异托邦’这个强烈的观念，作为‘他者’意义上的‘场所’，并且有别于‘乌托邦’。我们不应该躲避在乌托邦的幻想及其便利的投射当中——尤其在法国，曾有许多有关中国的乌托邦观念。但是我们也不必固定在任何异托邦里，这一点正是我在这一方面最终对福柯所做的批评。因为我们应该记得他在同一个段落里也写道：‘完全不可能思想那个’——‘那个’正是指中国间距。与之相反，我提出了一种可理解的共通。”（《间距与之间》，75）朱利安建议西方人不必拒绝乌托邦，也不要停留于异托邦，而是居于两者之间。他甚至以“六经注我”的心态大胆断言——福柯未言明的“那个”（cela）就是他所提出的“间距”，由此他找到了“通向他者性的道路”，以便更好地把握和理解文化的多样性。

（四）余论

随着《词与物》的“热销”与英译，福柯论博尔赫斯的“中国百科全书”问题成为中西文化研究或者跨文化研究的重要问题之一，由此引发了学术界对博尔赫斯的“中国百科全书”的考证与质疑。尤其是福柯从博尔赫斯的“中国百科全书”引发的异托邦概念，不仅引发了对中国的乌托邦想象的质疑与批评，促使西方对中国文化进行再思考，而且还直接影响了城市研究、空间研究与文化研究，对我们重新认识西方世界对中国的研究具有重要的启发意义和价值。

从整体上看，福柯对中国与中国文化持有一种宽泛的、不甚严谨的态度，以“六经注我”的方式化用了博尔赫斯所谓“中国百科全书”；他不赞成西方世界自启蒙运动以来对中国的乌托邦想象，提出了中国作为异托邦的论断。一些研究者认为福柯是在他对中国文化误读的基础上来理解中国的，他对中国文化的理解有限，这种看法与他解读“中国百科全书”的初衷相去甚远。我认为，福柯主要基于人文科学考古学的理论需要来阐释“中国百科全书”，试图从中洞察西方自16世纪以来知识型的演变过程，探讨作为异托邦的中国之于西方思想文化的理论价值和意义，启发他剖析西方思想文化的深层根基，因而他是“绕道中国”返回西方的探索者。相比较而言，朱利安则持续地、深入地进行着“绕道中国”返回西方的研究工作，一方面他批评福柯的异托邦思想所隐含的差异思维，实际上是批评了福柯、德勒兹、德里达等一代人的“差异”思想；另一方面他比福柯更完全、更彻底地采取“六经注我”的方式，竟然从“间距”与“之间”的思想来理解福柯的“思”之不可能性，大胆地将福柯未言明的“那个”（cela）理解为“间距”，最终融入他的“间距”与“之间”的理论框架，难免有削足适履之嫌，着实没有考虑到福柯的具体语境与理论取向。

无论是福柯还是朱利安，他们难免都存在着理论与思考的偏狭。福柯一生致力于思考西方世界及其理性的界限，未对“中国”的知识之于现代性的价值与意义加以思考和理解；而朱利安过于简单地从“域外”思考中国外部性，更多地基于传统的中国来建构他的理论，而对现代中国却熟视无睹。[①]何乏笔明确指出两者存在的缺陷与不足，希望从跨文化考古学的角度来思考中国当代哲学的出路。他以福柯晚期批判性修养哲学为主线，参照牟宗三的哲学研究来探讨跨文化研究之路，或许为我们迂回西方进入中国提供了一种新思路。

① 何乏笔，《跨文化批判与当代汉语哲学——晚期福柯研究的方法论反思》，《学术研究》，2008年第3期，第7页。

从“间距”到“共通”：论朱利安在中西思想之间的融会贯通[①]

在法国当代汉学家中，朱利安是一个备受争议的矛盾性存在：一方面他在中国思想研究领域中笔耕不辍，不断地在中国思想与欧洲思想之间迸发出思想灵感；另一方面他以迂回中国、进入西方的方式返回西方哲学的源头，追溯希腊的形而上学问题，希望重启被柏拉图主义所遮蔽的“思”之可能性。他在中西的“间距”（l’écart）上持续挖掘，在中西对话中重塑中国思想与西方哲学。他把法国当代哲学的精髓（他提过列维纳斯、福柯、德勒兹等人的哲学）与中国传统思想、现代新儒家思想融为一体，开创了一种独具风格的、雕琢着法国当代哲学痕迹的汉学研究。按照朱利安的说法，他不仅仅是一个汉学家，更是一个哲学家；他是在哲学与汉学之间进行工作的思考者，是一个不断返回西方哲学源头的哲学家–汉学家。

（一）摒弃“差异”

在《间距与之间》中，朱利安认为尤利西斯（Ulysses，即希腊神话中的著名英雄奥德修斯）是西方文化上探寻文化“差异”的第一位哲人。尤利西斯到处漂泊，见识了不同城邦的风土人情，从中辨识出文化之间的差异——因而一个人只有背井离乡才能不断地从

① 本文曾刊发于《国际比较文学》2019年第2期，此次刊发进行部分改动。

差异中进行哲学思考，才能进行哲学上的探索和历险。面对种种质疑与批评，朱利安在2015年出版的《从存有到生活：欧洲思想与中国思想的间距》（以下简称《从存有到生活》）一书中重释了尤利西斯，认为西方第一位哲人尤利西斯奔波于“间距”之间：“第一位哲人也许是尤利西斯，就是《奥德赛》里的尤利西斯，他在漂泊中从一个不知名的地方游荡到另一个不知名的地方，他在‘回家’之前从间距到间距奔波着。”①在某种程度上，朱利安就像尤利西斯一样不顾万水千山，远离欧洲的理性大陆，远渡重洋求学于中国，探索日本，力图实现他孜孜以求的梦想，从一种完全异质的思想传统来进行哲学研究。“我所从事的中国思想研究……是开始无休止地迂回以经历这种思想的异国漂泊……是通过回归欧洲思想所产生的效果，探问欧洲思想不探问的东西……在欧洲思想世界中探问欧洲思想。在希腊和中国之间的旅行中我期待三个结果：一、从与中国的差距出发重新展望欧洲思想；二、脱离我们思想的偶然性，换言之，与欧洲思想精神拉开距离；三、把欧洲哲学从威胁它的‘返祖’中脱离出来——借用尼采的术语——并且重振哲学。”②朱利安奔波于中国思想与欧洲思想之间，以“间距”与“之间”为思想工具来重振哲学。不过朱利安所探寻的不再是文化之间的“差异”，而是探寻中西思想文化之间的“间距”。

在对待“差异”的态度上，朱利安与德里达、德勒兹等法国当

① François Jullien, *De l'être au vivre: Lexique euro-chinois de la pensée*, Paris: Gallimard, 2015, p. 346.

② 朱利安撰写的序言，载杜小真，《远去与归来——希腊与中国的对话》，北京：中国人民大学出版社，2004年，第2页。

代哲学家迥然不同，他贬斥、拒绝“差异”，提出以“间距”取代“差异”。他在早期著作《含蓄的价值》中就明确批评了差异的比较研究，开始探寻文化之间的他异性。20世纪六七十年代法国后结构主义的兴起引发了一股“差异”的思潮，德勒兹曾感受到了这一时代氛围：“还有什么比呼吸到时代的气息更让人快活的吗？……目前，关于差异和重复这些概念已经有很多深入的研究。那我也不妨加入进来，在大家后面提个问题：在哲学上要怎么搞？”[①]德勒兹、德里达等人以差异来反对西方自柏拉图以来的形而上学，他们思考差异、探寻差异、散播差异，进而在差异中进行思想冒险，最终希望以“差异”（différence）爆破“同一”（identité）。在西方哲学史上，“差异”与“同一”彼此蕴涵而又相互对立，但二元对立的思维方式最终驯服差异，使差异在逻辑上服从于同一，从而肯定“同一”的优先性，最终“差异”屈从于“同一”。西方哲学自尼采以来就对这一传统进行强有力的批判，经由海德格尔到德里达、德勒兹的发展脉络来试图超越“存在”与“生成”、差异与同一的二元对立模式，释放差异、张扬差异。德勒兹在《差异与重复》和《意义的逻辑》中不断进行着“颠倒柏拉图主义”的伟大事业，他将柏拉图的辩证法阐释为“制造差异”，从差异与重复的角度否定原本与摹本、原型与复制的等级关系，消解同一性与相似性，阐释了两个命题——“唯有相似的才是差异的”与“唯有差异才相似”(*DR*，153)，突出了差异性本身的差异化与差异化的差异性

① Gilles Deleuze, *L'île déserte et autres textes: Textes et entretiens 1953—1974*, pp. 196—197.

本身，最终以“自在差异”（différence en soi）批判西方哲学赋予存在的特权和思想的再现模式。显然被重新阐释的“差异”成为德勒兹颠倒柏拉图主义的核心关键词，是他进行哲学思考的关键切入点。德里达更加激进，他直接将“差异”（différence）改写为“延异”（différance），差异不仅产生区分，而且是产生这种区分的延异：“这样一来，德里达就有意从某种程度上改变自柏拉图到黑格尔、海德格尔和索绪尔的整个西方哲学传统对同一与差异的关系的认识……德里达用différance来表示差异的动态性、过程性对改造传统形而上学具有革命性意义。”[①]德里达的解构策略就是要打破同一、突显差异，经由“延异”来颠覆逻各斯中心主义和在场形而上学。

朱利安早年接受了“差异”思潮的洗礼。德里达、德勒兹等人的哲学潜在地影响着朱利安的汉学研究，引导着他“如何开始思考”。在朱利安看来，“差异”问题重重，存在着种种理论上的和意识形态上的预设，这是就文化多样性提出的差异的概念预设。朱利安主要从文化层面对差异进行分析，虽然也诉诸西方哲学传统，但对差异的看法与德勒兹、德里达等人相去甚远。朱利安直截了当地否定、摒弃差异：首先，差异暗示着一种更普遍的文化认同（或文化同一性），预设着一种在不同文化之间的初始文化，世界上存在的各种文化只不过是这一初始文化的变形而已，这种观点带有很强的文化本质论的痕迹；其次，朱利安从差异中洞察到的是差异始终与同一相生相伴，却要取决于同一。“我们从此会明白为何差

① 汪堂家，《汪堂家讲德里达》，第48页。

异的命运联结于一种‘同一性’思想。它其实双重地出于该‘同一性’思想：在它的出发点，它预设一种共通性（被如此识别的共通性），差异便标示了该共通性的某一个特点；而在差异的目标或终点，它会隔离出一个界定该事物本质的同一性。”[①]朱利安虽以柏拉图的《智者》为例阐述了下定义的“二分法”不断差异化的过程，但他却认为不存在文化认同，不存在固定不变的文化本性。文化本性就在于自我转化与改变，文化始终处于变化生成之中。他对“文化”进行拆分，将“文”释解为“文本–汉字–典范–完成”，将“化”解释为“变化”，这种解释也正是“文化”二字在汉语中的最初意义：“刚柔交错，天文也；文明以止，人文也。观乎天文以察时变，观乎人文以化成天下。”（《易经·贲卦》）在朱利安看来，依赖于同一的差异不足以阐释“文化”的本性，难以呈现文化的“化成”的特性。在这一点上，朱利安对文化的阐释与德勒兹的“自在差异”有异曲同工之妙，始终不断进行差异化的自在差异不正是朱利安所追求的文化的变化与化成的本性吗？但朱利安并没有接受和发展德勒兹、德里达等哲学家开辟的差异理论，他所阐述的“差异”还停留在西方传统哲学的窠臼，着实没有新意，也完全有别于德勒兹、德里达等人的差异理论。

面对文化多样性，差异在朱利安看来是一个懒惰的概念，难以摆脱方法论上的预设。他认为，一方面，进行文化差异的研究无

① [法]朱利安，《从存有到生活：欧洲思想与中国思想的间距》，卓立译，上海：东方出版中心，2018年，第292—293页。本书下文凡引用该著作皆采用夹注形式注明中译本书名简称《从存有到生活》和页码，其中一些引用部分参照法文进行改动，不再一一注明。

法避免种族中心论，识别差异、列出差异意味着一种超然的立场或外在的立场，难免落入比较研究的窠臼；另一方面，差异是一个整理、排列和存放的概念，意味着一种原则的同化和吸收，在一种整合的逻辑（logique d’intégration）下做分类和下定义，事先消解了其他文化的他者性与差异性。因而，他断定差异不是一个大胆而喜欢冒险的概念，不足以阐释文化多样性，应该创造新概念来开拓新的思想经验，经由中国来反思欧洲，实现“一种从外部进行的解构”，真正地触及欧洲思想的“未思”（l’impensé）。

（二）“间距”的凸显

摒弃“差异”，朱利安开始寻找新的研究方法来思考中国思想与欧洲思想的关系。如上所述，他详细地分析了“差异”这一概念带来的种种问题与危险，提出以“间距”这个新概念取而代之，试图以不同的方式进行哲学思考。他深得德勒兹的哲学要义——哲学就是创造概念。他绕道中国，将很多中国传统思想貌似寻常的概念顺手拈来，发展成新概念。由此他不断地进行开凿和挖掘，进行着一次次哲学上的冒险或思想上的探索。《淡之颂》的“淡”、《功效论》的“功效”都被他在中国思想研究之中相互勾连、彼此交织，通过这些新概念实现他的哲学创造，拓展他的哲学研究。“从中国思想出发去新造概念（譬如我所创造的‘势’[propension]、‘形势’[potentiel de situation]、‘虚位以待’[disponibilité]……），绝对不是把中国思想‘本质化’（essentialiser），不是忽略它的历史变迁，或者偏好长时段（le temps long）；而是用中国文本里运作的某些贯通道理来‘创造概念’，概念从此以后就负责保证它自己的概括性。”（《间距与之间》，324）“间距”就是朱利安创造的重要概念之一，他从德里达、德勒兹等哲学家那里获得思想灵感，实现了从“差异”向“间距”的彻底转变，为他的中西对话提供了思想工具。

在德勒兹看来，“制造差异”是哲学进行创造的重要手段。朱利安则认为，“差异”应该被“间距”取代，应该“制造间距”。从事哲学创造就是打开“间距”，为自己打开一个后撤的余地，放弃对谈中约定俗成的和共有的论题，到别处开拓和冒险。“间距”就是一个爱冒险的、开拓性的概念，摒弃了差异的种种缺陷。“间距”与同一无关，没有设定根本性的同一，也未对同一性的需要做出回应。差异确立区分，总是找寻共同的范畴和基础，暗含着一种对同一性的回溯；“间距”则拒绝同一性，令人回溯到彼此的分岔处，通过所打开的空间，使两者面对面，从他者的注视中发现和认识自己。而且“间距”不是来自区分，而是来自距离，具有生成性的、动力性的特点。“因为间距不是来自区分，而是来自距离，所以间距的概念让人理解其赖以生成的分离运动；与其说它是分析的，倒不如说它是动态的，它源于自主性展开并且加以拓展。间距的本义——对我而言，这点是最基本的——乃在于它随后不像差异一样是体态的或描述的，而是生产性的（productif）；它在其所拉开的双方之间造成并呈现张力。造成张力正是间距必定操作的。”（《间距与之间》，35—37）“间距”的本义就在于它是生产性的，在两者之间制造并产生张力，这正是朱利安以“间距”取代

“差异”的根本所在，也是间距理论的新颖之处。朱利安在中国思想与欧洲思想之间使“间距”发挥作用，他没有预设一个共同的框架来进行比较研究，而是通过“间距”使中国思想与西方哲学面对面，彼此注视对方，由此打开了一个反思性的空间，由之“间距”通过造成张力而发挥作用。“我不作比较，我做别的事情。我乃在中国思想和欧洲思想之间安排‘面对面’，以至于一方通过间距在对方那里掀开了自己的真实面貌，并且双方都这么做……间距的性质能使间距两边的双方于相遇之际可以理解自己原先不知道的部分（就是我所称的‘掀开真实面貌’[dévisager]），勘察双方的未思，而由此在思想那里找到新的出发点。”（《从存有到生活》，305）以《大象无形》为例，朱利安钻研中西之间的“间距”：“与形式——它与质料配对出现并为质料赋形——的本体论身份之间的间距，与追求确定性的逻辑成见、追求再现的所谓审美抱负之间的间距”（《大象无形》，2），由此通过中国绘画来抵达西方哲学或欧洲思想的“未思”。

朱利安指出，“间距”截然不同于差异，它不是一种整理、排列、存放（rangement）的形态，而是一种扰乱（dérangement）的形态，因而它没有突显同一性，而是突显孕育力（fécondité）。（《间距与之间》，37—39）面对差异，“间距”是一种非同一性的、爱冒险的形态，跳出既定的规范，以不合时宜的方式进行移位；它不再探讨“是什么”的问题，而是突破普遍认同的框架到别处冒险。“差异是一种归类的概念——差异正是分类与类型学的主要工具——‘间距’则是一种积极开拓的概念，具有发现的功能。

如果说差异既是分类的也是下定义的，‘间距’则深具发明能力。‘间距’和差异很不同，它是一个爱探险的概念。”（《间距与之间》，39）“间距”拒绝同一性，制造张力，由之产生孕育力；而差异除了下定义之外，什么也不生产。不同文化之间的“间距”不仅使双方发现彼此的孕育力，进行自我探索和冒险，而且还可以使双方相互勘察，各取所需，彼此受益，互惠共通。朱利安的这一观点具有鲜明的现实针对性，他显然不满于当前全球化导致的文化同质化、平庸化和贫瘠化，试图通过“间距”来凸显和培育文化的孕育力，捍卫文化的多样性，由此在中国思想与欧洲思想之间钻研“间距”，寻求“思”的可能性。“间距所发现的孕育力事实上是双重的。首先，间距的两边伸向对方，它们不是各自关闭自守，倒是互相关注；它们彼此发现而发挥作用：它们不会在对方的里面去寻找本质性，它们只用面对面来掀开对方的真实面貌。换句话说，如果说间距能发挥作用，或者说间距具有操作力，间距乃在距离当中凸显出双方的真实面貌并且不让它们再次自我关闭：间距打开‘之间’，这之间使间距所分开的事物之间产生张力。”（《从存有到生活》，293—294）朱利安以中西文化的重要载体——语言为例来勘察“间距”，并使“间距”发挥作用：希腊文通过性、数、格的变化及其构成形态不断地开掘文化的孕育力，由之形成了对“存在”的探索，发展出假设演绎的思维方式；汉语没有性、数、格的变化，而是使相关性发挥作用，强调阴阳的互动关系，探寻着变化生成的“道”。经由发挥作用的“间距”，中欧思想“面对面”，相互注视，从他者的镜子中反思被压抑的、被遮蔽的、被遗忘的“未思”，从而实现“思”之可能性。“我所做的是让两种文化之间的差距发挥作用，即随后从在与另一文化相遇中被加工的相异性形象返回同一文化的内部，以让那些被掩盖、遗忘或忽略的方面重新显现出来；通过这种外在的文化的侧面阐释，突出这种文化并让它帮助我们思考。”[①]

在朱利安看来，“间距”有助于摆脱简单的普世论，也有助于走出懒惰的相对论。普世论之所以“简单”，乃因为它“理所当然地”将它的世界观投射到世界其他地方，很容易以我们自己的立场取而代之，带有鲜明的种族主义色彩和文化同一性的趋向；相对论之所以“懒惰”，乃因为它对各种文化之间的冲突视而不见，导致文化的封闭与孤立。无论是普世论还是相对论都因差异性思维作祟，都导致了没有孕育力的文化同一性的危险，为此朱利安希望通过探索文化之间的“间距”与思想之间的“间距”来实现人性的自我反思，由之实现“文化间谈”（dialogue des cultures，通译为“文化对话”），重新启动共通的理解力。“间距把文化和思想分开，因而在它们之间打开了相互反思的空间，思考得以在其间开展……间距使众多的文化与思想凸显为多彩多姿的丰富资源。”（《间距与之间》，33）

（三）“间距”开启“之间”

如前所述，差异做区分，除了自身，什么也不生产；“间距”

① [法]于连，《如何思考中欧之间的对话》，张颖译，《国际汉学》（第17辑），2009年，第62页。

则产生“之间”（l’entre），制造张力，凸显孕育力。“间距则通过它所生成的张力，不仅使它所拉开的并且形成两极的双方‘面对面’而保持活跃，间距还在两者之间打开、解放、制造之间。”（《间距与之间》，59）经由“间距”，“之间”也在“间距”之后被朱利安发展成为一个新概念，成为他的一种思考工具。

在朱利安看来，“之间”是一个未曾引人注意的、未被人察觉的介词，因为它引起聚焦点、固定点，它始终诉诸那不是自身的他者。“之间”没有以充分的、丰满的方式存在，而是以隐蔽的、间接的方式存在；它也不具有回归自身的规定性，因此它不可能具有本质，拒绝任何原则上的任何属性，也不可能具有任何坚实性。西方哲学自古希腊以来得以立论的根基始终是“存在”（Être）的问题。“之间”避免“存在”问题，逃避定义与规定，逃避本性与属性，因而“之间”未曾成为西方哲学关注的对象，也未成为本体论言说的对象。本体论探寻“存在”，正如形而上学一词méta-physique的含义所呈现的那样，西方形而上学追求的认识是在物理之外、物理之上的认识，因而本体论捕捉不到“之间”。“我们可以通过探究之间的思想在西方的命运，或说非命运，追寻为什么本体论发展的存在思想由于无法立足于‘之间’而追求对‘之外’的认知，这个‘之外’也被理解为‘之上’，méta也被说成‘物理之上/形而上’（méta-physique）。该思想也只有在这一超越当中寻到出路。简而言之，因为人们不能给缺乏本质的‘之间’提供坚实性，由此不能思考‘之间’，因而才能够（应该）思考‘之外’及其令人眩晕的憧憬：不再是希腊语所说的‘之间’（métaxu），而是‘之上'（méta）。"（《间距与之间》，64—65）希腊哲学虽然涉及了"之间"，如柏拉图的"线喻"在无知与知识之间对意见/臆测的思考、《会饮篇》在众人与诸神之间对爱欲的思考，但"之间"终究因缺乏本质而逃避"存在"，没有在西方哲学中获得其应有的位置。

朱利安对"之间"的思考显然是他在中国思想与欧洲哲学之间思索的结晶，他打开了中国思想与欧洲哲学之间的"间距"，在两者的分岔处探寻到思想的源泉。他使欧洲思想与中国思想"面对面"，使之相互对视。"之间"在希腊语中未被注意、未曾被深究，但在汉语中却蕴藏着丰富的思考。在"面对面"的对视中，朱利安从中国思想与欧洲哲学的间距上发现希腊语未曾深究"之间"而对"存在"情有独钟，发展出蔚为大观的本体论思想；而汉语未曾深究"存在"而对"之间"情有独钟，发展出一种与欧洲哲学迥异的非本体论思想。中国思想以"之间"认识西方哲学所说的"世界"，"世界"不过是"天地之间"而已，"天地之间，其犹橐籥乎？虚而不屈，动而愈出"（《老子》第五章）。中国书画成于笔画之间、有无之间，生命勃发于呼与吸之间，人生也不过是生与死之间，这是一种非本体论的思维方式，不再有本质与属性，唯有彼此之间相互沟通、相互激发。这一点充分体现在庄子的《庖丁解牛》中，庖丁在牛的关节"之间"游刃有余，切中肯綮，一切都经由"之间"展开，顺乎自然之道。由此"之间"成为庖丁解牛的关键，悟得"之间"之奥妙才终得养生之道，生命力才不断地经由"之间"被孕育，才畅行于人体之间，源源不断，永不衰竭。中国思想的确蕴含着丰富的“之间”，朱利安也通过自己的研究孜孜不倦地钻研着“间距”与“之间”：“就这么说吧：三十多年来，我在中国与欧洲之间思索。我不做比较，或者说，我只有在限定的时间之内并且针对限定的片段进行比较，在中国思想与欧洲思想之间侦查出‘间距’并且使‘间距’发挥作用。也就是说，当我在这两种思想之间安排‘面对面’的时候，我就在它们之间打开–提倡–产生之间。”（《间距与之间》，73）以《大象无形》为例，朱利安在有无之间、虚实之间、笔墨与形色之间探讨着中西绘画，以不同于西方形而上学探讨存在、上帝、真理的方式不断地去钻研着内在性之道——道家之道；而被称为“朱利安四十余年研究的总结之作”的《从存有到生活》充分体现了他在“欧洲思想与中国思想的间距”上不断地研读“之间”：势与因果性、势与主体的主动性、自在与自由、信与诚、坚韧与意志、影响与说服、贯通与意义、默契与知识、调节与启示、暗示与寓意、之间与之外等。

朱利安从西方哲学的外部——迂回中国进入希腊——来抵达哲学的故乡，从而驶向了对形而上学的解构，中国思想成为他探寻“之间”、摒弃“之外”的源泉。果真如朱利安所说的那样，西方哲学对“之间”不感兴趣吗？至少对于法国当代哲学却不是如此，德勒兹与加塔利恰恰比朱利安更早地探讨了“之间”问题，而且他们从西方哲学的内部进行突破，实现了对西方形而上学的解构，从而颠倒了柏拉图主义。德勒兹与加塔利在1972年出版的《反俄狄浦斯》一书中就在讨论欲望机器的连接形式时谈及“……与……”（et），其中就蕴含着一种“之间”的思维形式；他们在1975年出版的《卡夫卡：支持一种弱势文学》（以下简称《卡夫卡》）中第一次提出了“块茎”概念，开始以“块茎”阐述“之间”思想；他们在1976年出版的《块茎》（后作为他们1980年出版的《千高原》导论）中充分阐述了块茎理论，认为块茎既没有开端也没有终结，它始终居于中间，居于事物之间，居于存在者之间，它将连词“与……与……与……”作为织物，运行于“之间”，撼动并根除动词“存在”（être），“建立了一种‘与’（ET）的逻辑，颠覆了本体论，废黜了基础，取消了开端和终结”（*MP*，37）。德勒兹与加塔利在存在与生成、一与多、树与草之间进行哲学思考，由此颠倒柏拉图主义所建构的二元对立模式，颠覆存在之于生成的主导性与优先性，把生成从存在的囚笼中解放出来，形成了生生不已的块茎式世界。不仅如此，德勒兹与加塔利也采取“从外部反思西方”的策略，他们选取美国作家亨利·米勒笔下的莠草来比附中国思想，将中国想象为一个块茎式的世界，蕴含着一种内在生成的思维方式，与西方的外在超越形成了鲜明的对照。

毋庸置疑的是，朱利安受启于中国思想而发展了他的“间距”与“之间”理论，中国思想为他的哲学研究提供了源源不断的思想灵感。更确切地说中国思想本身就包含着“之间”，由之成就了朱利安对“之间”与“间距”的哲学思考。无独有偶，中国学者商戈令在中西哲学比较的研究中发现了中国思想的“之间”问题，不过他以过去二十年来学界通行的关键词“间性”来命名，从《庄子》和《易传》的道通之间性来探讨间性研究或间性论的新视域。[①]“间”在汉语中是一个常用词，可表示空洞的空间，如房间、人间、天地之间；可以指过程的变化，如阴与阳、来与去、开与合等；还可以指时间、间隔、间距、之间、间歇、间分等，因而“间”成为中国人经常使用且不可或缺的汉字。正如繁体字“閒”指月光透过两扇门之间来照亮世界一样，它也映照出中国人的运思方式。“经过多年的研究和思考，我发现间性不仅是一个应当加以重视的现象和进行反思的哲学问题，如近来西方哲学界常常提及的‘主体间性’、‘之间性’（betweenness）和‘间距’等，而且可以当作一个可以与实体/是/在或本体范畴相并列甚至更基础的范畴来看待和探讨。以间性为基础的间性论，为什么不可以替代本体论而成为解释人与世界的基础哲学呢？中国古代先贤不正是这样做的吗?……间性思维和由此发展出来的间性论模式，是中国思想不同于西方传统本体论模式的主要特征：中国哲学就是以间性研究或间性论为基础的哲学。”[②]西方本体论追问“存在”/“是”，探讨“是什么”的问题，而间性论是在“之间”的状态和条件下探讨事物如何生成变化，提供了一种不同于本体论的、理解和阐释世界的范式，体现了中国思维的独特方式。从时间和论证上来看，商戈令的间性论显然是在中西哲学的比较框架下、基于中国古典思想提出的新理论，未受到朱利安的“间距”与“之间”理论的影响，这从另一方面印证了“之间”实为中国思想的原发性特征。

---

① 商戈令，《道通与间性》，《哲学分析》，2012年第5期，第146页。另参见商戈令的《“道通为一”新解》（《哲学研究》2004年第7期）和《间性论撮要》（《哲学分析》2015年第6期）。

② 商戈令，《间性论撮要》，《哲学分析》，2015年第6期，第55页。

（四）从“间距”到“共通”

朱利安在中国思想与欧洲思想之间创造了一个新概念——“之间”，并将“之间”作为一种思考工具，使用“间距”在中欧思想之间所产生的张力，从侧面重启哲学研究。他游移于中欧思想之间，既不像德里达、德勒兹等哲学家那样从欧洲哲学内部解构形而上学，也不像其他汉学家那样改宗皈依中国思想而进行自我汉化。他始终在中欧思想之间进行操作，不停在任何一方。尽管他曾引用福柯的“异托邦”支持他的立场，但他从“之间”的理念出发对福柯提出了批评，认为“我们”也不要停留在任何异托邦里。“大家都记得福柯在《词与物》一书的开头便提出‘异托邦’这个强烈的观念，作为‘他者’意义上的‘场所’，并且有别于‘乌托邦’。我们不应躲避在乌托邦的幻想及其便利的投射当中——尤其在法国，曾有许多有关中国的乌托邦观念。但是我们也不必固定在任何异托邦里，这一点正是我在这一方面最终对福柯所做的批评。因为我们应该记得他在同一个段落里也写道：‘完全不可能思想那个（cela）’——‘那个’正是指中国间距。与之相反，我提出了一种可理解的共通。”（《间距与之间》，75）朱利安正是基于他的“之间”和“间距”的观念最终对福柯的“异托邦”提出批评，但他的解读在某种程度上是对福柯的“误读”，是他基于他自己的理论视角进行的粗暴阐释，尤其是对“完全不可能思考那个”的强制阐释。通观福柯的前后语境，“那个”意味着西方人思想的界限，是西方人不可能触及的东西，朱利安竟然把福柯未言明的“那个”

阐释为“中国间距”，的确有点儿匪夷所思。不过他由此提出了“可理解的共通”（commun de l’intelligible）的观念，试图实现从“间距”向“共通”的过渡，体现了他的思想发展的新动向。他将自己定位在“之间”的“无处”（nulle part）之中，也就是要定位在“非托邦”（a-topie）的这一“之间”中。他将这个从未被隔离的、不具有本质和属性的“之间”视作“功能性的”（fonctionnel），而且他以汉字“通”（communicationnel）来阐释这种功能性的“之间”，意味着他既要思考“间距”与“之间”，使中国思想与欧洲思想相互对视，反思各自的优势与不足，由此他又向前跨了一大步；又要使中国思想与欧洲思想实现“共通”，达至“融会贯通”。

朱利安关于“间距”与“之间”的系统阐述最初来自他于2011年12月就职他者性教职的演讲“间距与之间”，之后他于2012年12月在北京师范大学举办的“思想与方法：全球化时代中西对话的可能”的国际学术论坛重新发表了这个演讲，虽有所差异，但基本内容没变。不过朱利安在北京师范大学的演讲中却加了一个副标题“如何在当代全球化之下思考中欧之间的文化他者性”，这个副标题可以看出他希望通过“间距”与“之间”来凸显他者，通过“之间”来实现自己与他者之间的交流，由此实现两者之间的“共通”。他借用乔治·布拉克（Georges Braque）的观点来阐释“共通”（commun），指出“共通”不是相似，不是重复或齐一；“共通”不仅超越差异，而且“共通”来自“间距”，通过“间距”被提升，且“间距”产生了共通得以实现的“之间”。（《间距与之间》，91—93）而且他明确提出“从间距出发推动共通”：“我把‘共通不是相似’放在起点之处：只有当间距发挥作用的时候，才可能推动共通。”（《从存有到生活》，329）

朱利安区分了两种“共通”：一种是“给予我们的共通”，是自然的“共通”，是我们从家庭到国家、生命体、宇宙的过程中发现自我的“共通”，是可观察的、可识别的；一种是“我们制造的或推动的共通”，它本义上是文化的和政治的，具有分享性，是可选取的、可推动的。正是“间距”始于“之间”得以敞开的反思性，并使“之间”发挥作用，“间距”进入与他者的张力之中，溢出边界，由之制造或推进“共通”。朱利安指出概念上的“共通”是进入“共通”的最佳方式，它不仅是普遍性的，而且它通过敞开的甚至令人惊诧的“间距”被刺激、召唤、挑逗；它不仅来自遮蔽与归摄，而且通过显示出来的“间距”像一张被拉到极致的弓一样被绷紧。以中国和欧洲的山水风景文化为例，朱利安尝试在两者之间创造一个风景（paysage）的概念，由此寻找一种“可理解的共通”。“与其让两种风景文化的每一方满足于自己的思想，或者与其一方覆盖了另一方，即欧洲因其对大自然拥有的‘观念’（演变成‘物理’科学）而取得成就，其风景观便胜过了中国的山水观；倒不如让置于张力当中的山水风景概念要求塑造一种新轮廓，必须向两者之间的不同敞开，甚至必须向它们的相对性敞开，但不打破它，所以新轮廓的塑造必须从最根本之处着手。”（《从存有到生活》，331）朱利安在中西山水风景文化之间寻求“风景”这个概念上的“共通”，力图在两者充满张力的“间距”上塑造一种新轮廓，显然他最终采用会通的方法来研究中西文化之生成的可能性，与“间距”所产生的孕育力不谋而合，在某种程度上暗合了德勒兹与加塔利的生成思想。

（五）余论

从“间距”到“共通”，朱利安孜孜不倦地在中国思想与欧洲思想之间捕捉各自的“未思”，希望完成20世纪从海德格尔到德里达和德勒兹的西方哲学的重大任务——寻找本体论的出路。他摒弃了德里达和德勒兹的差异观念，绞尽脑汁地创造了新概念——“间距”和“之间”，并将它们作为他的思想工具来使中国思想与欧洲思想“面对面”，相互对视，各取所长，互通有无。他在西方哲学的“存在”问题与中国思想的“生生”问题之间探索着他始终孜孜以求的“如何开始思”问题，最终走向中西思想文化的融会贯通。

“间距”与“之间”是朱利安长期以来在中西之间进行哲学研究的理论结晶和思想工具，是他从事中国思想研究的具体实践的概括与总结。自他2011年的讲座“间距与之间”，尤其是他2012年在北京师范大学的讲座“间距与之间：如何在当代全球化之下思考中欧之间的文化他者性”之后，“间距”与“之间”问题立即引发了与会学者的激烈争议，既有赞誉之声，也有批评之语。成中英指出他与朱利安分属不同传统，各有所宗。他从本体诠释学的角度整合朱利安的“之间”论，提出了“本体间论”，不过他还是质疑“之间”论：“‘之间’能够建立‘通’、实现‘通’吗？这是我对他者提出的问题，也是对列维纳斯提出的问题，是对绝对超越宗教传统提出的问题。”[①]龚鹏程也对朱利安提出的“间距”颇感陌生，认为中国思想追求“不隔”，强调人与人、人与文化之间的相互感通，而朱利安却是以“隔”的方法拉开“间距”，与中国思想的内在精神相悖。[②]尤西林指出朱利安的“间距”观主要源自道家，未能回应价值虚无主义：“朱利安‘间距’观的要害是缺少对‘间距’的善的价值论规范……虽然‘间距’的诠释学背景主要是道家，但是道家超脱于价值判断背后的‘无’之‘自然’本身就是最高的价值判断……指出这一点，关乎朱利安反思并创新现代性的一个更高意义，即朱利安的思想能否回应价值虚无主义这一现代性最深刻的危机”，由此，他认为只有培养个体之间的“间距”意识，“才会有朱利安‘间距’→‘之间’→‘他者’→共识的展开基础”感通；而朱利安却是以“隔”的方法拉开“间距”，与中国思想的内在精神相悖。[③]针对这些批评，尤其是尤西林指出的要害，朱利安也做出了积极回应，他的著作《从存有到生活》的跋就是以“从间距到共通”为题目，将《间距与之间》中“可理解的共通”加以发展，提出了更加系统的“共通”理论。

另一派声音则更加激进。何乏笔指出朱利安的“间距”与“之间”依旧没有走出比较研究的樊篱，“阻碍了间文化哲学从比较研

---

① 成中英，《“面对面”之前的几点反思：与朱利安教授的对话》，方维规主编，《思想与方法：全球化时代中西对话的可能》，北京：北京大学出版社，2014年，第58页。

② 方维规，《叙言：我和你》，方维规主编，《思想与方法：全球化时代中西对话的可能》，第8页。

③ 尤西林，《中国文化尚待“间距”》，方维规主编，《思想与方法：全球化时代中西对话的可能》，第176—177页。

究的向度过渡到跨文化研究的向度”，“朱利安研究进路的思想悲剧在于：一方面越来越坚定地冲撞比较研究进路的樊篱，另一方面却又缺乏超越此进路所需的思想经验和理论工具。因此他的研究陷入无意于比较的比较研究”。[①]面对何乏笔的激烈批评，朱利安在2013年瑟立吉“思维的可能：朱利安的哲学路程”学术研讨会上进行回应，进一步阐述了他的“间距”观，通过深挖“间距”来打开触及“未思”的通道：“我‘不逃离’欧洲思想，因为欧洲思想不是只把我们带到奥斯维辛。我并不任自己沉溺在欧洲理性的良心不安里，我反而把欧洲理性向中国思想敞开，而使它‘重新’启动。我同时也‘重新地’把在中文里所织成的‘贯通之理’做成概念，提出一种积极的或实务的西方汉学，一种不再只是重复中国知识的汉学。”[②]

① 何乏笔，《混杂现代化、跨文化转向与汉语思想的批判性重构（与朱利安“对–话”）》，方维规主编，《思想与方法：全球化时代中西对话的可能》，第85页。

② 朱利安，《回复何乏笔2013年9月在法国瑟立吉学术研讨会上递交的报告》，方维规主编，《思想与方法：全球化时代中西对话的可能》，第282页。

何谓逃逸线？①

逃逸线（ligne de fuite/Line of Flight）在法国最初是一个用来描述透视绘画的术语，与“没影点”“逃逸点”（point de fuite）存在着某种关联。从词义上看，fuite一词在作为概念的逃逸线中含义较为丰富，有逃跑、逃避、流逝、消失等含义，而且逃逸在法语中被用来描述透视绘画的某一特点。《千高原》的英译者布赖恩·马苏米（Brian Massumi）曾这样解释fuite：“逃逸不仅包含逃离或逃避的行动，而且包括流动、渗漏和消失在远方的行动（绘画中的没影点就是逃逸点）。逃逸与飞行无关。”②在英语世界中，ligne de fuite的翻译存在着较大的争议，最初在德勒兹与加塔利合著的《反俄狄浦斯》《卡夫卡》的英译本和加塔利的独立著作《精神分析与横贯性》中被翻译成line of escape，强调的是线的矢量空间，偶尔也被翻译成line of flight；但自《千高原》的英语本出版后，line of flight成为约定俗成的译法，加塔利的英译本《反俄狄浦斯论文》和《逃逸线：支持诸可能的另外世界》接受了这种译法——但line of flight在英语中通常是指空中飞行的路线，也很容易引发争议和误解。③

尽管德勒兹在《差异与重复》和《意义的逻辑》中没有提及逃逸线，但他开始探讨线或抽象线（ligne abstraite）与西方思想的关

① 本文曾刊发于《外国文学》2020年第4期，此次刊发进行部分改动。

② Gilles Deleuze, Félix Guattari, *A Thousand Plateaus: Capitalism and Schizophrenia*, trans. Brian Massumi, Minneapolis: University of Minnesota Press, 1987, p. xvi.

③ Edward Thornton, *On Lines of Flight: A Study of Deleuze and Guattari's Concept*, London: University of London Press, 2018, pp. 16—17.

系，为我们研究逃逸线提供了大量线索。[①]逃逸线一词最早出现在德勒兹与加塔利合著的第一部著作《反俄狄浦斯》中，最终在《千高原》中得以系统地被阐述，逐渐成为他们哲学探索的极其重要而又极其著名的概念之一，处于他们哲学的中心位置。[②]它与欲望机器、抽象机器、解域化、装配、块茎、生成等概念相互交织，相互阐释，是他们进行精神分裂分析的核心概念之一，充分体现了他们的多样性理论、生成论哲学和内在性哲学；他们通过对卡夫卡、伍尔芙、菲茨杰拉德、克莱斯特（Heinrich von Kleist）等作家的作品的阐述丰富了逃逸线理论，为文学艺术研究打开了一个全新的视角。自此之后，逃逸线不仅成为德勒兹词典或加塔利词典收录的关键词之一，而且也是德勒兹与加塔利研究著作中频繁出现的关键词之一。德勒兹与加塔利重在探讨逃逸线在各个领域的应用，对哲学、文学、艺术、绘画、电影研究、政治等领域产生了不同程度的影响。2014年诺贝尔文学奖获奖作家莫迪亚诺（Patrick Modiano）就对逃逸线理论情有独钟，他在《青春咖啡馆》中特意做了一条长长的注释，详细解释了德勒兹与加塔利在《千高原》中提出的三种线——坚硬线（lignes dures）、柔韧线（lignes souples）和逃逸线。[③]德勒兹与加塔利还运用逃逸线来分析英美作家与作品，引发了英美文学

---

① Edward Thornton, *On Lines of Flight: A Study of Deleuze and Guattari's Concept*, London: University of London Press, 2018, p. 35.

② Philippe Mengue, "Lignes de fuite et devenirs dans la conception deleuzienne de la littérature", *Concepts [hors series 1] Gilles Deleuze*, ed. Stéfan Leclercq, Belgique: Sils Maria, 2002, p. 30.

③ [法]帕特里克·莫迪亚诺，《青春咖啡馆》，金龙格译，北京：人民文学出版社，2010年，第39页。

批评界对逃逸线的广泛关注，如博格（Ronald Bogue）、休斯（John Hughes）、马特希（Stefan Mattessich）、艾拉（Hidenaga Arai）等研究者就运用逃逸线分析了哈代、劳伦斯、康拉德、品钦等英美作家，阐述英美文学的优越性，进一步深化了对逃逸线理论的研究，拓展了逃逸线应用的深度与广度。

（一）何谓线

在我们的世界中，线到处可见，有直线、斜线、折线、之字线等，也有画家或书法家笔下的线。我们经常以直线来描绘人生，将人生描述为一条有起点、中点与终点的直线，尽管我们也时常感到我们无法把握自己的命运，也对人生目标和方向感到焦虑不安。不过德勒兹与加塔利不是指几何意义上的线，而是对各种线进行概括和抽象，将线提升至认识论和本体论层面，认为线是世间万物的构成要素之一，我们可以通过线来认识和把握世间万物。无论是人还是物都是由极其多变的线构成："我尝试着来解释这一点，即物、人是由极为多变的线构成的，他们不必知道他们本身在哪条线上，也不必知道使他们正在划出的线经过哪里：总之，人中间有着整个地理学，他们具有坚硬线、柔韧线、逃逸线等。"（《对话》，16）德勒兹与加塔利以线来定义和阐述短篇小说，认为短篇小说由活生生的线所界定："因为我们都是由线构成。我们不仅参照书写线，书写线还与其他线结合在一起——生命线、幸运线与厄运线，这些线能导致书写线本身的变异，它们存在于书写线之间。"（*MP*，238）不仅如此，人生就是由各种线构成："我们由每个时刻都发生变化而又以不同方式进行组合的线组成，大量的线、经线与纬线、回归线、子午线等。”（《对话》，150）总而言之，线成为德勒兹与加塔利的研究对象：“我们以众多的名字来命名的东西——精神分裂分析、微观政治、语用学、图表论、块茎论、地图学——除了在群体或个体中对这些线进行的研究之外没有其他目标。”（《对话》，185）线体现了德勒兹与加塔利对文学、生命、人生乃至世界的认知思维方式，为我们研究文学和洞察生命提供了新视角，为我们认识世界和把握人生提供了新维度。

如若追本溯源，线的研究在西方哲学中具有漫长的历史，尤其与时间问题密不可分。最著名的论断莫过于亚里士多德将时间定义为“运动的尺度”：“时间是运动和运动存在的尺度，而时间计量运动是通过确定一个用以计量整个运动的运动来实现的。”[①]显然亚里士多德通过“线的形象”（the image of the line）来思考时间；尼采在对查拉图斯特拉与侏儒关于永恒回归的讨论中亦是如此[②]。与此相比，德勒兹与加塔利显然没有采取亚里士多德与尼采的思维方式，而是以感知符号学（sémiotique perceptive）的方式来认识和把握线。他们反对一种由点与位置的集合来界定的结构，因为点与点之间存在着二元性的关联，位置与位置之间存在着一一对应关系，他们探寻的是只有线构成的块茎（rhizome）：“作为维度的节段性和层化的各种线，还有作为最高维度的逃逸或解域化的线，正是

① [古希腊]亚里士多德，《物理学》，张竹明译，北京：商务印书馆，1982年，第129页。

② Brent Adkins, *Deleuze and Guattari's* A Thousand Plateaus: *A Critical Introduction and Guide*, Edinburgh: Edinburgh University Press, 2015, p. 121.

根据、沿着这种线，多样性才在改变本性的同时发生完全改变。”（*MP*，32）块茎不仅由节段性的线和层化的线构成，而且由逃逸或解域化的线构成，由之界定了多样性，唯有如此才会有创造新事物的可能性。“创造线，决不创造点！速度将化点为线！要动如脱兔，即便是原地不动！偶然的线、髋部的线、逃逸线。”（*MP*，36）因而，德勒兹与加塔利明确通过线和块茎来反对结构主义，反对二元对立关系，希望以异质性的、多样性的、由线构成的块茎来反对同质化的、单一性的、由点与位置界定的结构，期盼着创造线和块茎：

> 有各种线，它们没有归结为点的轨迹或逃脱结构——逃逸线、种种生成，没有未来和过去，没有记忆，它们抵制二元机器，非男非女的生成–女人、非兽非人的生成–动物。种种非平行的进化，它们没有以分化进行，而是由此线向彼线跳跃，在各种完全异质的存在物之间跳跃；种种裂痕、不可感知的断裂，它们跳跃各种能指的切分，中断各种线，哪怕这些线在别处重启，同时……所有这一切就是块茎。在事物之中、在事物之间进行思考，恰恰就在于创造块茎，而不是根，创造线，而不是点。（《对话》，39）

之所以德勒兹与加塔利对线如此重视，乃因为线与灵魂、生命存在着内在的隐秘关系，这应来自德勒茨早期在《差异与重复》中的哲学探索。他通过解读莱布尼茨来阐述灵魂与差异的关系，指出灵魂是一种活生生的、多样性的存在，是一种充满差异化的微小变动的无限网络；灵魂在持续的歧异运动中制造微观的、潜在化的褶子，由此激发了无意识的运作，形成各种线。[①]灵魂划线，而线，尤其是逃逸线或抽象线，直接对灵魂产生影响，孕育着新的可能性。抽象线也是逃逸线："我们所意味的抽象之线就是一条来自域外的力线，其皱褶曲扭了两邻近点间的既有距离；但它同时也是一条逃逸之线，因为其使得两邻近点从线性关系中解放出来，进入创造的领域。"[②]"重新上升的基底（fond）不再停留在底部，它获得了一种自主的实存；被映射在这一基底中的形式不再是一种形式，而是一条直接作用于灵魂之上的抽象线。"（*DR*，44）德勒兹以雷东（Odilon Redon）为例阐述抽象线对灵魂的作用。雷东借助明暗法与抽象线进行创作："我的艺术也有赖于抽象线的效果，它是直接作用于心灵的具有深刻来源的动因"[③]；抽象线获得了全部力量，使基底上升，使形式消解，创造了新的生命可能性。无论作为个体还是作为群体，"我们都是由线构成……更准确地说，我们都是由线簇构成，因为每种线都具有多样性……如若我们有能力，我们就必须创造我们的逃逸线，而且我们只有通过实实在在地划出逃逸线才能在生命中创造逃逸线"（*MP*，247—248）。

---

① Luis de Miranda, "Is A New Life Possible? Deleuze and the Lines", *Deleuze Studies*, Vol. 7, Issue 1 (2013): 111.

② 杨凯麟，《二（特异）点与一（抽象）线——德勒兹思想的一般拓扑学》，《台大文史哲学报》，2006年第64期，第183页。

③ Odilon Redon, *À soi-même, journal 1867—1915: Notes sur la vie, l'art et les artistes*, ed. H. Floury, Paris: José Corti, 2000, p. 63.

（二）三种线

三种线的提法最初出现在德勒兹与帕尔奈合著的《对话》中。尽管德勒兹与加塔利提过各种各样的线，但他们最终在《千高原》中通过具体的文学作品详细阐述了三种线——坚硬线、柔韧线和逃逸线，由此产生了广泛的影响。第一种线是切分的、节段性的、层化的、克分子式的坚硬线，也被称为切分线（lignes de coupure）。它们通过明确切分的人生片段规划人生的未来，强行规定界域（territoire）与编码，如家庭—职业、工作—假期、家庭—学校—军队—工厂—退休、小学—中学—大学、婴儿—童年—少年—青年—中年—老年；它们通过二元对立的机制来构建循规蹈矩的发展轨迹，如富人—穷人、青年人—老年人、成功—失败等；它取决于克分子式的集合体，隐含着权力的运作，制约着人生的重要抉择，如国家机器、机构、群体、阶级等。总之，一个人在坚硬线的控制下绘出了从小学到大学到工作直至退休的人生轨迹，人生刻板呆滞，毫无生机。第二种线是分子式的、节段化的柔韧线，它们贯穿社会、群体和个体，秘密地对界域、编码与欲望进行重新布置，具有更加明确的切分性；但它们更加微妙、更加柔韧，蜿蜒迂回，最终它们通过各种各样的具有阀限或量子的分子流来实现相对的解域化（déterritorialisation）运动。各种生成、微生成发生在柔韧线上，扰乱了线性的发展轨迹和人生常态，没有目的和方向，致使人生出现了一定程度的破裂，偏离了循规蹈矩的人生状态，因而柔韧线也被称为破裂线（lignes de fêlure）。第三种线是游牧的、不断生成的、绝对解域化的、生机论的逃逸线。它们奇特而又重要，简单而又抽象，在全部线中最错综复杂，最迂回曲折；它们触及绝对的阀限，采取绝对的速度“把我们带向一种不知名的、没有预见的、没有预先存在的目的地”（《对话》，184）。逃逸线结合各种流和强度，摆脱了形式、质料、结构乃至种种束缚和禁锢，走向了绝对的解域化；逃逸线完全摆脱了坚硬线和柔韧线，走向持续不断的生成，走向断裂与碎片，走向了自由和解放，因而逃逸线也被称为断裂线（lignes de rupture）。“要么只有一种线，第一次逃逸的线，边缘或者边界的线，这种线在第二种线上被相对化，在第三种线上被中止或被切分。”（《对话》，201）

在《对话》中，德勒兹与帕尔奈以菲茨杰拉德及其作品《崩溃》（*The Crack-up*）为例阐述了坚硬线、柔韧线和逃逸线；及至《千高原》，德勒兹与加塔利以詹姆斯的《在笼中》（In the Cage）、菲茨杰拉德的《崩溃》和法国当代小说家弗勒蒂奥（Pierrette Fleutiaux）的《漩涡与望远镜的故事》（Histoire du gouffre et de la lunette）为例，围绕着短篇小说的核心问题——“发生了什么？到底会发生什么？”论述了坚硬线、柔韧线和逃逸线，呈现了三种线在文学作品中的交错运行。我们不妨综合《对话》和《千高原》对三种线的论述，以《崩溃》为例阐述三种线的含义及其相互关系。在《崩溃》中，菲茨杰拉德在弥留之际不断地质问“发生了什么？”，他解释说人生一直前行，充满了节奏与速度，完全是一个毁坏的过程。[①]德勒兹与加塔利进而指出人生不断地进入一种越来

① [美]F. S. 菲茨杰拉德，《崩溃》，黄昱宁、包慧怡译，上海：上海译文出版社，2011年，第90页。

越僵化和枯燥乏味的节段性，富有—贫穷、青年—老年、成功—失败、健康—疾病、爱情—枯竭、创造—贫乏等重要切分（coupure）成分与经济危机、股票暴跌、电影的兴起、法西斯主义的来临等各种社会事件息息相关；它们相互呼应和促进，而那些强烈的、骤然的冲力来自外部，经由那些极具能指性的切分前进，使我们在连续的二元对立项中进行选择，这就是一种切分的、节段性的坚硬线。不过菲茨杰拉德指出人生就好像盘子破裂一样还存在着某些裂缝（fêlure）。德勒兹与加塔利强化了对这些裂缝的理论分析，认为它们遵循着完全不同的节段性，不再是那些宏观切分（grandes coupures），而是更加精妙的和更加柔韧的微观裂缝（micro-fêlures）；它们发生在新的、隐秘的、不可感知的线上，分子流发生改变，欲望和编码被重新分布，触及了极其微妙的强度与量子，“这次存在着块茎的内在性之中的冲力与爆裂，而不是被树的超验性所规定的宏观运动与宏观切分”（*MP*，243）；出现了使线发生偏斜的细小爆裂声，这是更加令人不安的分子线，它不仅是个人的或内在的，而且是更加隐秘的。

菲茨杰拉德还指出了他称之为断裂（rupture）的第三种线：“这让我想到，那些活下来的人已经实现了某种‘决裂’。这是一个分量很重的词儿，当你既有可能被领进一座新监狱，也有可能给押回旧牢房时，‘决裂’和‘越狱’就不是一回事……而‘决裂’则意味着你无法回头；它无可逆转，因为它使得‘过去’不复存在。”[①]貌似没有发生任何改变，其实一切都变了，丧失了面孔、形式和质

① [美] F. S. 菲茨杰拉德，《崩溃》，第106—107页。

料，不再有任何秘密，突破了绝对的阈限，进入了绝对的解域化。德勒兹与加塔利指出："我只是一条线……我们只不过是一条抽象线，就像一支穿过空间的箭。绝对的解域化。我们像任何人一样生成，不过已没有人能够像任何人一样进行生成的方式……我们进入生成–动物、生成–分子，最终进入生成–不可感知者。"（*MP*，244）如果说菲茨杰拉德以文学的感性语言呈现了人生的三种状态，对人生进行了深刻的思考，那么德勒兹与加塔利则通过细读菲茨杰拉德的《崩溃》概括出了三种线，并对这三种线进行了深入的挖掘和探索："无论如何，菲茨杰拉德都向我们提出了一种在三种线之间的区分，它们贯穿着我们，并构成了'一生'（借用莫泊桑小说的标题）。切分线、破裂线、断裂线。节段性的或具有克分子式的切分的坚硬线；节段化的或具有分子式的裂缝的柔韧线；逃逸线或断裂线，它是抽象的、死气沉沉的和生机勃勃的，但不是节段性的。"（*MP*，244—245）

概而言之，坚硬线循规蹈矩，柔韧线游走边缘，逃逸线脱离正轨，它们彼此交错，但又互为内在性。"没有任何线具有超越性，每种线都在其他的线中运行"（*MP*，251），它们共同绘出了人生百态与世间变化。坚硬线的关键词是"切分"，句法是"我应该……"，存在着界域化与编码化的危险，导致了生命的枯萎与人生的乏味；柔韧线的关键词是"裂缝"，句法是"或者……或者……"，虽具有相对的解域化，也总是存在再域化的危险，此时出现了微–俄狄浦斯情结化、权力的微–构造、微–法西斯主义；逃逸线的关键词是"断裂"，句法是"我情愿不……"（I would prefer not to...），虽具有绝对的解域化，但有可能发生最糟糕、最僵化的节段化，存在着毁灭的极端危险："逃逸线、最大坡度的线不仅有可能被阻拦、被切分化、被抛向黑洞，它们还具有其他特殊危险：变成消除的线、摧毁的线、他者与自身的线。"（《对话》，205）

（三）划出逃逸线

德勒兹与加塔利通过斯多葛学派、斯宾诺莎、尼采与柏格森的思想挖掘一种被隐藏的"小"哲学史，批判了柏拉图、亚里士多德、笛卡儿和康德等哲学家谱写的"大"哲学史。他们从事着"颠倒柏拉图主义"的伟大事业，不再将世界理解为一个被静态的同一原则支配的过程，而是将世界理解为一个内在的、开放的动态过程。他们"不谈论两种'事物'之间的二元论，而谈论维度、线和方向在装配内部的多样性"（《对话》，196）；他们不再探讨存在（Être）问题，不再将事物视作实体，而是将事物视作充满异质的多样性或装配。"多样性被外部所界定，被抽象线、逃逸线或者解域化所界定；根据解域化，它们本性上发生改变并与其他多样性建立连接。"（*MP*，15—16）

首先，逃逸线使欲望逃离外在的束缚和压抑，具有某种变革的力量。在《反俄狄浦斯》中，逃逸线的概念在双重的意义——临床的意义和政治的意义上实现变革，出现了精神分裂症式的逃逸线和革命的逃逸线。[①]逃逸线在临床的意义上被用来指无意识的特殊

① Edward Thornton, *On Lines of Flight: A Study of Deleuze and Guattari's Concept*, pp. 121—155.

功能，关涉着欲望机器的分析。德勒兹与加塔利从欲望生产的层面审视逃逸线，变革了弗洛伊德和拉康关于无意识的阐释，认为无意识不再是欲望戏剧的剧场，而是欲望机器的工厂；不再是再现与压抑，而是生产与再生产，“重要的不是无意识的压力线，反而是无意识的逃逸线”①。他们以精神分裂分析来反对弗洛伊德和拉康的精神分析：“精神分裂分析使逃逸线和机器指数一直遵循着欲望机器”（*AO*，406），逃逸线外在于俄狄浦斯情结，能够使欲望流进行循环，由此抵制俄狄浦斯情结所造成的压抑，逃离家庭的束缚，解放欲望，实现了精神分裂症式的突破。因而无意识的欲望不再是结构的、匮乏的，而是机器性的和生产性的，这就出现了精神分裂症式的、机器性的和弥散的逃逸线。（*AO*，407）

逃逸线在政治意义上则指变革的可能性，关涉着社会机器的分析。德勒兹与加塔利从革命实践的层面审视逃逸线，精神分裂症被视作一种变革的力量；他们勾勒了用以逃离资本主义权力体系的逃逸线，演绎了一种变革性的逃逸方式；精神分裂症被视作资本主义的绝对界限，抵制俄狄浦斯情结化，其过程充满了革命的潜能。通过精神分裂分析师“遵循逃逸线”而进行的革新实践，资本主义的社会结构将会被打败，德勒兹与加塔利由此将逃逸线作为一种逃离资本主义社会机制和权力体制的方式。革命潜能的问题不仅是如何生产逃逸线的问题，而且是如何遵循逃逸线的问题。精神分裂症式

① Gilles Deleuze, Félix Guattari, *L'Anti-Œdipe—Captialisme et schizophrénie*, Paris: Minuit, 1972, p. 405. 本书下文凡引用该著作皆采用夹注形式注明法文版缩写（*AO*）和页码。

的逃逸“有能力使欲望流根据它们积极的逃逸线进行循环，而且还有能力根据生产性的中断使欲望流中断”（*AO*，416）。此外，德勒兹与加塔利还基于屈从主体与主体群体的划分来分析逃逸线，提出了革命的逃逸线，认为主体群体“将一种具有因果关系的原因、一种革命的逃逸线作为他们的唯一原因”（*AO*，453）。总之，逃逸线的概念之所以在《反俄狄浦斯》中很重要，正因为逃逸线将德勒兹与加塔利的欲望理论与他们的政治变革理论联系起来，使欲望机器与社会机器持续运转，由此释放了无意识的特殊功能和精神分裂症的革命潜能。

其次，逃逸线以生成为中心，走向绝对的解域化。在《卡夫卡》中，德勒兹与加塔利继续在临床和政治的双重意义上强化逃逸线的变革性意义，更多地使用逃逸线区分生成–动物的过程与解域化的过程，具有某种形而上的意味。卡夫卡的中短篇小说大都以动物为对象，以生成–动物为主题："我们认为，对卡夫卡而言，动物的本质就在于出口、逃逸线，无论是原地找还是在笼子里找。是出口，但不是自由。是生机勃勃的逃逸线，但不是攻击。"[①]在卡夫卡的笔下，格里高尔·萨姆沙变成甲虫，"探头疾行"，不分场所地探头，甚至原地探头——问题不在于与屈从相对的自由，而在于逃逸线或出口。（*Kafka*，13）逃逸线意在打破困境，去除能指，让俄狄浦斯情结进行解域化，使之摆脱令人压抑的三角关系。萨姆沙的

① Gilles Deleuze, Félix Guattari, *Kafka, pour une littérature mineure*, Paris: Minuit, 1975, pp. 63—64. 本书下文凡引用该著作皆采用夹注形式注明法文版缩写（*Kafka*）和页码。

生成–动物就是制造一种绝对的解域化运动，划出具有积极意义的逃逸线。德勒兹与加塔利的这种生成论显然与结构主义对生成的外在性解释背道而驰，后者将生成理解为对某种事物的摹仿或再现。德勒兹与加塔利不断地重申生成不是摹仿、再现，与外在事物不存在相似与类比关系："生成是块茎……生成是一个充分具有融贯性的动词。"（*MP*，292）以黄蜂与兰花为例：兰花通常被认为摹仿了黄蜂，以意指的方式再现了黄蜂的形象。尽管兰花会摹仿雌蜂吸引雄蜂，雄蜂也会把兰花错当作雌蜂进行授粉，但在德勒兹与加塔利看来，兰花与黄蜂之间存在着一种双重的释放与捕获，真正的生成，即兰花的生成–黄蜂与黄蜂的生成–兰花，是确保一方的解域化与另一方的再域化。两种生成在一种将解域化始终推向更远的强度的循环中相互关联，相互替换，最终在共同块茎构成的逃逸线上实现两种异质性系列的爆裂。（*MP*，17）"兰花的逃逸线就是生成–黄蜂，黄蜂的逃逸线就是生成–兰花。尽管生成没有发生在广延的、离散的属性的平面上，但发生在兰花与黄蜂之间循环流通的连续性强度的平面上。"①

再次，逃逸线运行于"之间"（entre）或"中间"，遵循着一种"与"（ET）的逻辑，由此颠覆了西方以存在为指向的形而上学。"之间"是德勒兹与加塔利经常提及但经常被研究者忽略的一个小品词，在《千高原》中主要用以阐述与块茎密切相关的"与"的连接形式。块茎没有开端和终端，也没有中介，它始终居于中

① Brent Adkins, *Deleuze and Guattari's* A Thousand Plateaus: *A Critical Introduction and Guide*, p. 28.

间，居于事物之间，居于存在者之间；它将连词“与……与……与……”作为织物，运行于“之间”，撼动并根除动词“存在”。英美文学善于在事物之间运行，“建立了一种‘与’的逻辑，颠覆了本体论，废黜了基础，取消了开端和终结”（*MP*，37）。而西方形而上学始终探讨存在问题，以存在作为研究对象，正如métaphysique一词的含义一样，它追求物理之外、物理之上的认识，却无法捕捉“之间”。“一切都发生在线上、在线之间、在‘与’之中——‘与’使得一方与另一方变得难以感知，既不是析取也不是合取，而是不断地被划出的逃逸线。”（*MP*，252）块茎式的逃逸线运行于事物之间，在事物之间进行着横贯性的运动，不断地在中间加速前行，导致了某种迟疑不决，导致了德勒兹与加塔利经常谈及的“口吃”：“连词‘与’是什么，指出它不是连接，也不是并置，而是口吃的诞生，是始终相邻出发的折线的轨迹，一条主动的和创造的逃逸线？与……与……与……”（《对话》，15）“口吃”运行于“与……与……与……”之间，充分呈现了逃逸线在语言中的运动轨迹，也体现了动词“是”与连词“与”之间的冲突。“口吃是容易的，但成为语言本身的口吃者却是另一回事，这就要使全部语言要素乃至非语言要素、表达的变量与内容的变量都处于变化之中。冗余的新形式。与……与……与……。语言中始终存在着动词‘是’（être）和连词‘与’、是（est）和与（et）之间的冲突。”[①]

逃逸线最终摆脱了二元对立的模式，在“与”的逻辑下进行

① Gilles Deleuze, *Pourparlers 1972—1990*, p. 192.

持续的变化，由此界定了生成与解域化。德勒兹与加塔利以伍尔芙为例指出，她在全部著作中不断地生成，她的写作就是一种作为女性的生成–女人；生成–女人或分子式的女人就是少女本身，少女不停地在一具无器官的身体上奔跑，就是一条抽象线或一条逃逸线到处滑行，穿行于秩序、行为、年龄、性别之间，由此逃逸线摆脱了二元论的模式，其唯一的方式就是处于……之间，就是经过……之间。（*MP*，339）在《对话》中，德勒兹与帕尔奈不断地强调线与中间："在一条路上重要的，在一条线上重要的，总是中间，而不是开始和终点。我们总是在一条路的中间，在某种事物的中间。"（《对话》，42）美国小说家米勒不断地强调草疯狂地生长在"之间"，恣意泛滥；德国小说家克莱斯特笔下的亚马逊女战士们经过希腊人与特洛伊人之间，并且倒戈相向，演绎着战士的生成–女人与少女的生成–动物。"而绝对的是在二者之间、在二者中间的并划出逃逸线的运动速度。运动不再从一个点到另一个点，它反而发生在两个层次之间，正如电位差。"（《对话》，45—46）游牧者总是居于之间，划出了逃逸线的运动速度，他们没有过去与未来，只有在二者之间和两者中间进行的生成。

（四）逃逸线与文学

在德勒兹与加塔利的学术研究中，哲学与文学存在着极其密切的关系，彼此难分难解。他们关注文学，思考文学，不断地从文学世界中获得思想灵感，呈现了文学与哲学的双向运动，以至于他们的哲学“或许整体上来看就是一种才华横溢的文学理论”[1]。在尼采的强力意志思想的影响下，德勒兹与加塔利认为文学就是解放生命，就是创造全新的生命可能性，“问题始终在于如何把生命从束缚它的地方解放出来，或者让生命在一场后果未卜的争斗中碰碰运气”（*QQP*，162）。文学与哲学隶属于同一种思维活动，具有相同的终极目标，那就是创造全新的生命可能性，“写作的目的就是把生命带到非个人的潜能状态”（《对话》，74）。逃逸线就是对生命的肯定，就是肯定生命本身的潜在性，它呈现了作家与作品的内在运动，呈现了哲学与文学的密切关系；作家与作品则呈现了逃逸线的生成变化，创造了全新的生命可能性。“人们写作始终为了赋予生命，为了将生命从囚禁它的地方解放出来，为了划出逃逸线。”（*MP*，124）

在《论英美文学的优越性》中，德勒兹一直追问着“写作是什么”，或文学的最高目标是什么。“离开、逃跑，就是划出一条线。文学的最高目标，根据劳伦斯的观点，就是：‘离开、离开、逃跑……穿过地平线，进入另一种生命……也正是如此，麦克维尔才发现自己在太平洋中间。他真的经过了地平线。’逃逸线就是解域化。”（《对话》，53）文学的最高目标就是划出逃逸线，就是解域化，“进入另一种生命”。德勒兹认为法国作家虽然像所有人一样逃逸，但他们对逃逸的看法存在着很大缺陷：他们逃避介入与责任，认为逃逸就是摆脱神秘主义或艺术，完全不懂得逃逸线的奥

① Philippe Mengue, “Lignes de fuite et devenirs dans la conception deleuzienne de la littérature”, p. 30.

妙，混淆了逃离世界与逃逸线的差别，沉湎于想象与幻觉，与逃逸线相去甚远。“法国人过于人性，过于历史性，过于关注未来和过去。”（《对话》，54）法国作家往往沉湎于历史，根据过去和未来进行思考，不懂得如何生成，不愿思考生成–革命者。他们喜欢创造点，“太喜欢根、树、土地册、树状图上的点、属性”（《对话》，55）。他们总是从确定性的点重新开始，过于根据树进行思考，不懂得块茎，不懂得从中间开始，不懂得如何划出逃逸线。法国文学充满了欺骗，充斥着宣言、意识形态、写作理论，弥漫着口角、奉承、自恋，“法国文学经常最无耻地赞颂神经症”（《对话》，73）。法国作家错误地相信逃逸线就在于逃避生命，向想象或艺术逃逸。劳伦斯曾指责法国文学不可救药——与其说是对生命的创造，倒不如说是对生命的批判与否定。因而德勒兹与加塔利批评拉康的精神分析过于关注想象界与象征界，忽视了实在界，也忽视了生命本身。“啊，想象界和象征界的悲惨，因为实在界总是被推到明天。”（《对话》，76）与此相比，德勒兹认为英美文学懂得如何划出逃逸线，懂得如何创造生命的可能性：

> 英美文学不断地呈现这些断裂、这些人物，而这些人物创造他们的逃逸线，通过逃逸线进行创造。哈代、麦尔维尔、斯蒂文森、伍尔芙、沃尔夫（Thomas Wolfe）、劳伦斯、菲茨杰拉德、米勒、凯鲁亚克。在他们的作品中，一切都是出发、生成、过渡、跳跃、魔鬼、与外部的关系。它们创造一个新地

球，不过正好大地的运动可能就是解域化本身。（《对话》，54）

英美作家深谙块茎的奥妙，懂得从中间开始，懂得在二者之间划出逃逸线，懂得像草一样而非像树一样进行生成。“树是草的对立面。不仅草生长在各种东西之间，而且草本身由中间生长。这是英国人或美国人的问题。草有逃逸线，没有根深蒂固。”（《对话》，51）英美文学是一个不断实验的过程，从不解释，从不制造幻像。经验主义者就像英美小说家一样是实验者，他们也从不解释，他们没有基本原理；经验主义就是在诸关系中实现装配，在“与”的逻辑下沿着积极创造的逃逸线逃离。“这种逃逸甚至不被德勒兹与加塔利看作一种对现实的逃避，而是产生现实与介入现实，是参与主体部分用实验的方式沿着新向度在其中被划出的一种运动。”[①]因而英美文学与英国经验主义存在着相似之处：“因为经验主义就像英国小说一样。重要的不是创作哲理小说，也不是把哲学置于小说之中。重要的是以小说家的方式创造哲学，以哲学的方式成为小说家。”（《对话》，68）

通过英美文学与法国文学的比较，德勒兹突出了英美文学的优越性。他指出英美文学之所以优于法国文学，关键就在于英美作家深谙如何划出逃逸线，懂得如何进行创作，这恰好回应了德勒兹对“写作是什么”的追问。“写作可能就处于一种与逃逸线的基本关

---

① John Hughes, *Lines of Flight: Reading Deleuze with Hardy, Gissing, Conrad, Woolf*, Sheffield: Sheffield Academic, 1997, p. 46.

系之中。写作就是划出逃逸线，这些逃逸线不是想象的，确实是人被迫跟随的，因为写作使我们介入其中，并在现实中把我们卷入其中。写作就是生成，但是绝不是生成作家。这是生成其他东西。”（《对话》，63—64）。英美文学没有陷入想象与幻觉，而是与现实保持着密切关系。在写作划出逃逸线时，写作的终极目标就是生成–女人、生成–黑人、生成–动物、生成–少数者、生成–不可感知者。“写作就是一个有关生成的事件，永远没有完成，永远正在进行，超越任何可忍受的或已经历的内容……写作与生成密不可分：写作时，人生成女人，生成动物或植物，生成分子，直至生成–不可感知者。”（*CC*，11）伍尔芙禁止自己“像女人一样说话”，写作使她进入持续不断的生成–女人；尽管劳伦斯和米勒被视为大男子主义者，但写作把他们引入难以抵制的生成–女人。无论是劳伦斯笔下的生成–乌龟，还是麦尔维尔的生成–鲸鱼，都意味着一种在两者之间的相遇，意味着在两者之间划出逃逸线。“生成–动物就是指明一个出口，划出一条逃逸线。”（*Kafka*，67）

正是通过各种各样的生成，英国、美国才产生了许多以写作呈现出逃逸线的动态过程的作家。“写作时，我们总是将写作赋予那些不具备写作能力的人，不过他们赋予写作一种生成，如果没有这种生成，写作也不可能存在，没有这种生成，写作可能是纯粹的赘词，服务于既定的权力。”（《对话》，65）写作就是瓦解面孔，跨过能指的白墙，逃离主体性的黑洞，瓦解主导性意指与既定秩序，划出持续变化的逃逸线。在德勒兹看来，作家就是“少数派”，从来不会现成存在，只有在逃逸线上才能被建构，才能成为生成–少数者。写作就是背叛，就是背叛性别、阶级、多数人，乃至背叛写作。作家从最深刻的层面看就是生成–非作家，这一点尤其表明在德勒兹与加塔利的“弱势文学”（littérature mineure）观念中。卡夫卡运用简洁明快的法律式语言，不断地把写作的解域化运动推至深度；他利用强度让德语发生振动，摆脱了强势文学的既定意指，变革了词汇和语法，促使德语沿着一条逃逸线疾行，实现了“弱势文学”对强势文学的变革与解域。“一门语言即使是强势的，也可以被强化运用，从而沿着创造性的逃逸线疾行；而且不管这一运用多么缓慢，多么小心谨慎，这次它总是能够形成一种绝对的解域化运动。”（*Kafka*，49）因而，写作就是要进行词汇和语法的适度创造，就是划出语言的逃逸线，就是一场绝对的解域化运动。

（五）结语

在三种线中，德勒兹与加塔利指出逃逸线是首要的：它摆脱了坚硬线的僵化倾向和柔韧线的再域化危险，横贯于个体、群体和社会之中，持续地进行着绝对的解域化运动。逃逸线最早出现在《反俄狄浦斯》一书中，德勒兹与加塔利阐述了逃逸线在临床与政治的双重意义上的变革，提出了精神分裂式的逃逸线和革命的逃逸线，从而将他们的欲望理论与政治变革联系起来，并以此反对弗洛伊德的精神分析学和拉康的结构主义精神分析学。随着《卡夫卡》《对话》《逃逸线：支持诸可能的另外世界》等著作的出版，德勒兹与加塔利不断地拓展逃逸线理论的广度与深度，将逃逸线与生成、解域化、块茎、装配等概念交织在一起，充分阐述了他们的生成论、多样性理论和内在性哲学。在三种线的交错运行中，逃逸线运行于“之间”或“中间”，在一种“与”的逻辑下不断地进行生成变化，颠覆了西方以存在为指向的形而上学。

特别值得注意的是，德勒兹与加塔利经常游走于哲学与文学艺术之间，他们从作家和作品中获得哲学运思的灵感，借此阐发各个独具特色的概念，逃逸线也是如此。他们也从文学世界出发探索逃逸线在文学作品中和作者身上呈现出的生成变化，指出写作就是为了划出逃逸线，从而把生命带到非个人的潜能状态。为此他们提出了基于生机论的哲学理论与文学观念：“符号、事件、生命与生机论之间存在着深刻的联系。这是一种非有机的生命的强力，这种强力存在于一条有关绘画、写作或音乐的线上……作品无不为生命指明出路，无不在铺路石之间划出道路。我写的一切东西都是生机论的——至少我希望如此，而且构成了一种有关符号与事件的理论。”[①]正是基于生命的力量，逃逸线才是一种创造线，才促进了文学、艺术与哲学的双向运动，才使我们有机会摆脱任何界域、任何编码，从能指的白墙与主体性的黑洞中逃逸而出，自我生成一条线、一条生机勃勃的逃逸线。

① Gilles Deleuze, *Pourparlers 1972—1990*, p. 196.

主要参考文献

一、法文重要文献

Alain Badiou, *Deleuze:* “*La clameur de l'être*”, Paris: Hachette, 1997.

Alain Badiou, *Petit manuel d'inesthétique*, Paris: Seuil, 1998.

Edmund Husserl, *L'origine de la géométrie*, introduction et traduction par Jacques Derrida, Paris: PUF, 1962.

François Jullien, *Figures de l'immanence: Pour une lecture philosophique du Yi King*, Paris: Grasset, 1993.

François Jullien, *La grande image n'a pas de forme ou du non-objet par la peinture*, Paris: Seuil, 2003.

François Jullien, *La valeur allusive: Des catégories originales de l'interprétation poétique dans la tradition chinoise*, Paris: École française d'Extrême-Orient, 1985.

François Jullien, *Le détour et l'accès: Stratégies du sens en Chine, en Grèce*, Paris: Grasset, 1995.

François Jullien, *Procès ou création: Une introduction à la pensée des lettrés chinois*, Paris: Seuil, 1989.

François Rabelais, *Gargantua et Pantagruel*, Tome III, Paris: Haye, 1789.

Gilles Deleuze, Claire Parnet, *Dialogues*, Paris: Flammarion, 1977.

Gilles Deleuze, *Critique et clinique*, Paris: Minuit, 1993.

Gilles Deleuze, *Deux régimes de fous: Textes et entretiens 1975—1995*, édité par David Lapoujade, Paris: Minuit, 2003.

Gilles Deleuze, *Différence et répétition*, Paris: PUF, 1968.

Gilles Deleuze, *Empirisme et subjectivité: Essai sur la nature humaine selon Hume*, Paris: PUF, 1953.

Gilles Deleuze, Félix Guattari, *Kafka: Pour une littérature mineure*, Paris: Minuit, 1975.

Gilles Deleuze, Félix Guattari, *L'Anti-Œdipe – Capitalisme et schizophrénie*, Paris: Minuit, 1972,

Gilles Deleuze, Félix Guattari, *Mille plateaux – Capitalisme et schizophrénie 2*, Paris: Minuit, 1980.

Gilles Deleuze, Félix Guattari, *Qu'est-ce que la philosophie?,* Paris: Minuit, 1991.

Gilles Deleuze, Félix Guattari, *Rhizome*, Paris: Minuit, 1976.

Gilles Deleuze, *Foucault*, Paris: Minuit, 1986.

Gilles Deleuze, *L'épuisé*, Paris: Minuit, 1992.

Gilles Deleuze, *La philosophie critique de Kant*, Paris: PUF, 1963.

Gilles Deleuze, *Le bergsonisme*, Paris: PUF, 1966.

Gilles Deleuze, *Le Pli: Leibniz et le baroque*, Paris: Minuit, 1988.

Gilles Deleuze, *Lettres et autres textes*, édité par David Lapoujade, Paris: Minuit, 2015.

Gilles Deleuze, *L'île déserte et autres textes: Textes et entretiens 1953—1974*, Paris: Minuit, 2002.

Gilles Deleuze, *Cinéma 1: L'image-mouvement*, Paris: Minuit, 1983.

Gilles Deleuze, *Cinéma 2: L'image-temps*, Paris: Minuit, 1985.

Gilles Deleuze, *Logique de la sensation*, Paris: Éditions de la Différence, 1981.

Gilles Deleuze, *Logique du sens*, Paris: Minuit, 1969.

Gilles Deleuze, *Nietzsche et la philosophie*, Paris: PUF, 1962.

Gilles Deleuze, *Pourparlers 1972—1990*, Paris: Minuit, 1990.

Gilles Deleuze, *Proust et les signes*, Paris: PUF, 1964.

Gilles Deleuze, *Spinoza et le problème de l'expression*, Paris: Minuit, 1968.

Gilles Deleuze, *Spinoza: Philosophie pratique*, Paris: Minuit, 1981.

Guy Debord, *La société du spectacle*, Paris: Buchet-Chastel, 1967.

Jacques Derrida, *De la grammatologie*, Paris: Minuit, 1967.

Jacques Derrida, *De l'esprit*, Paris: Galilée, 1990.

Jacques Derrida, *Échogrephies de la télévision: Entretiens filmés*, Paris: Galilée, 1996.

Jacques Derrida, *Éperons: Les styles de Nietzsche*, Paris: Champs Flammarion, 1972.

Jacques Derrida, *Feu la cendre*, Paris: Éditions des femmes, 1999.

Jacques Derrida, *Glas*, Paris: Galilée, 1974.

Jacques Derrida, *Heidegger et la question*, Paris: Flammarion, 1990.

Jacques Derrida, *Heidegger: La question de l'être et l'histoire* (Cours de l'ENS-Ulm 1964—1965), Paris: Galilée, 2013.

Jacques Derrida, Jean-Luc Nancy, *Le toucher*, Paris: Galilée, 1998.

Jacques Derrida, *La dissémination*, Paris: Seuil, 1972.

Jacques Derrida, *La vérité en peinture*, Paris: Champs Flammarion, 1978.

Jacques Derrida, *La voix et le phénomène*, Paris: PUF, 1967.

Jacques Derrida, *Le problème de la genèse dans la philosophie de Husserl*, Paris: PUF, 1990.

Jacques Derrida, *L'écriture et la différence*, Paris: Seuil, 1967.

Jacques Derrida, *Les arts de l'espace: Écrits et interventions sur l'architecture* (textes réunis et établis par Ginette Michaud et Joana Masó), Paris: Éditions de la Différence, 2015.

Jacques Derrida, *Mal d'archive*, Paris: Galilée, 1995.

Jacques Derrida, Marc Guillaume, *Marx en jeu*, Paris: Descartes & Cie, 1997.

Jacques Derrida, *Marges de la philosophie*, Paris: Minuit, 1972.

Jacques Derrida, *Mémoires – Pour Paul de Man*, Paris: Galilée, 1988.

Jacques Derrida, *Mémoires d'aveugle: L'autoportrait et autres ruines*, Paris: Réunion des Musées Nationaux, 1990.

Jacques Derrida, *Parages*, Paris: Galilée, 1986.

Jacques Derrida, *Penser à ne pas voir: Écrits sur les arts du visible 1979—2004* (textes réunis et établis par Ginette Michaud, Joana Masó et Javier Bassas), Paris: Éditions de la Différence, 2013.

Jacques Derrida, *Points de suspension, Entretiens*, Paris: Galilée, 1992.

Jacques Derrida, *Positions*, Paris: Minuit, 1972.

Jacques Derrida, *Spectres de Marx,* Paris: Galilée, 1993.

Jacques Derrida, *Sur parole: Instantanés philosophiques*, Paris: Editions de l'Aube, 1999.

Jacques Derrida, *Trace et archive, image et art: Suivi de* Hommage à Jacques Derrida *par Daniel Bougnoux et Bernard Stiegler*, Paris: Institut National de l'Audiovisuel (collection Collège iconique), 2014.

Jacques Rancière, *Aisthesis: Scènes du régime esthétique de l'art*, Paris: Galilée, 2011.

Jacques Rancière, *Le destin des images*, Paris: La Fabrique, 2003.

Jean Baudrillard, "Baudrillard: le sujet et son double", F. Ewald (interview), *Magazine littéraire*, n°264 (avril 1989).

Jean Baudrillard, *Amérique*, Paris: Grasset,1986.

Jean Baudrillard, *Cool Memories I, 1980—1985*, Paris: Galilée, 1987.

Jean Baudrillard, *Cool Memories II, 1987—1990*, Paris: Galilée, 1990.

Jean Baudrillard, *Cool Memories IV* , Paris: Galilée, 2000.

Jean Baudrillard, *Cool Memories V*, Paris: Galilée, 2005.

Jean Baudrillard, *De la seduction*, Paris: Galilée, 1980.

Jean Baudrillard, *Fragments, Cool Memories III, 1991—1995*, Paris: Galilée, 1995.

Jean Baudrillard, *L'échange impossible*, Paris: Galilée, 1999.

Jean Baudrillard, *L'échange symbolique et la mort*, Paris: Gallimard, 1976.

Jean Baudrillard, *La société de consommation*, Paris: Denoël, 1970.

Jean Baudrillard, *Le complot de l'art*, Paris: Sens & Tonka, 2000.

Jean Baudrillard, *Le complot de l'art: Illusion, désillusion esthétiques*, Paris: Éditions Sens et Tonka, 1997.

Jean Baudrillard, *Le crime parfait*, Paris: Galilée, 1995.

Jean Baudrillard, *Le miroir de la production*, Paris: Gallimard, 1985.

Jean Baudrillard, *Le paroxyste indifférent, entretiens avec Philippe Petit*, Paris: Grasset, 1997.

Jean Baudrillard, *Le système des objets: la consommation des signes*, Paris: Gallimard, 1968.

Jean Baudrillard, *Les stratégies fatales*, Paris: Grasset, 1983.

Jean Baudrillard, *Pour une critique de l'économie politique de signe*, Paris: Gallimard, 1972.

Jean Baudrillard, *Simulacres et simulation*, Paris: Galilée, 1981.

Jean-Francois Lyotard, *Discours, figure*, Paris: Klincksieck, 1971.

Jean-Luc Nancy, *Le regard du portrait*, Paris: Galilée, 2000.

Jean-Pierre Vernant, *Les origines de la pensée grecque*, Paris: CNRS, collection « Mythes et religions », 1962.

Jean-Pierre Vernant, *Mythe et pensée chez les Grecs*, Paris: Éditions Maspero, 1965.

Jean-Pierre Vernant, *Mythe et religion en Grèce ancienne*, Paris: Seuil, 1990.

Jean-Pierre Vernant, *Mythe et société en Grèce ancienne*, Paris: Éditions Maspero, 1974.

Jean-Pierre Vernant, *Oeuvres: Religions, rationalités, politique, II* , Paris: Seuil, 2007.

Maryvonne Saison (dir.), *La peinture de Manet, suivi de "Michel Foucault, un regard"*, Paris: Seuil, 2004.

Merleau-Ponty, *Le visible et l'invisible*, Paris: Gallimard, 1964.

Michel Foucault, *Ceci n'est pas une pipe*, Montpellier: Fata Morgana,1973.

Michel Foucault, *Dits et écrits I. 1954—1975*, Paris: Gallimard, 2001.

Michel Foucault, *Dits et écrits I. 1954–1969*, Paris: Gallimard, 2001.

Michel Foucault, *Dits et écrits II. 1976—1988*, Paris: Gallimard, 2001.

Michel Foucault, *Folie et déraison: Histoire de la folie à l'âge Classique*, Paris: Librairie Plon, 1961.

Michel Foucault, *L'archéologie du savoir*, Paris: Gallimard, 1969.

Michel Foucault, *Les mots et les choses*, Paris: Gallimard, 1966.

Michel Foucault, *L'ordre du discours*, Paris: Gallimard, 1971.

Michel Foucault, *Naissance de la clinique: Une archéologie du regard médical*, Paris: PUF, 1963.

Michel Foucault, *Surveiller et punir: Naissance de la prison*, Paris: Gallimard, 1975.

Paul Virilio, *La machine de vision*, Paris: Galilée, 1988.

Paul Virilio, *L'art à perte de vue*, Paris: Galilée, 2005.

Pierre Klossowski, *La ressemblance*, Marseille: Ryoän-ji, 1984.

Pierre Klossowski, *Le bain de Diane*, Paris: Pauvert, 1956.

Pierre Klossowski, *Nietzsche et le cercle vicieux*, Paris: Mercure de France, 1969.

Roland Barthes, *La chambre claire: Note sur la photographie*, Paris: Gallimard, 1980.

二、法文研究文献

Adnen Jdey (dir.), *Derrida et la question de l'art*, Nantes: Éditions Cécile Defaut, 2010.

Anne Sauvagnargues, *Deleuze et l'art*, Paris: PUF, 2005.

Arianna Sforzini, *Les scènes de la vérité: Michel Foucault et le théâtre*, Lormont: Le Bord de l'eau, 2017.

Augustin Dumont, Aline Wiame (dir.), *Image et philosophie*, Bruxelles: P. I. E. Peter Lang, 2014.

Barbara Cassin (dir.), *Nos Grecs et leurs modernes*, Paris: Seuil, 1992.

Catherine Clément, Michel Foucault, Pierre Klossowski, Jean-Noël Vuarne, *Gilles Deleuze*, Paris: Inculte editions, 2005.

Dupont Pieters, *Image, philosophie et médecine: Le corps en régards*, Paris: Ellipses, 2000.

Emmanuel Alloa (éd.), *Penser l'image*, Dijon: Les Presses du réel, 2010.

Eric Alliez (éd.), *Défaire l'image – De l'art contemporain*, Dijon: Les Presses du réel, 2013.

Eric Oudin, Cyril Morana, *L'art: De Platon à Deleuze*, Paris: Eyrolles, 2009.

Farqzaid, *L'image chez Roland Barthes*, Paris: Harmattan, 2010.

François Dagognet, *La philosophie de l'image*, Paris: Vrin, 1986.

François Zourabichvili, *Deleuze: Une philosophie de l'événement*, Paris: PUF, 1996.

Friedrich Nietzsche, *Par-delà bien et mal: La généalogie de la morale*, traduction par Cornelius Heim, Isabelle Hildenbrand et Jean Gratien, Paris: Gallimard, 1971.

Georges Didi-Huberman, *Devant l'image: Question posée aux fins d'une histoire de l'art*, Paris: Minuit, 1994.

Hélène Védrine, *Les grandes conceptions de l'imaginaire*, Paris: Livre de Poche, 1990.

Jacques Morizot, *Qu'est-ce qu'une image?*, Paris: Vrin, 2005.

Jean-Claude Gens, Pierre Rodrigo (éds.), *Puissances de l'image*, Dijon: EUD, 2007.

Jean Francois Mattéi, *La puissance du simulacre: Dans les pas de Platon*, Paris: François Bourin Éditeur, 2013.

Jean-François Mattéi, *Platon et le miroir du mythe: De l'âge d'or à l'Atlantide Thémis*, Paris: PUF, 1996.

Judith Revel, *Le vocabulaire de Foucault*, Paris: Ellipses, 2002.

Lydie Adolphe, *La dialectique des images chez Bergson*, Paris: PUF, 1951.

Platon, *La république*, traduction et notes par Robert Baccou, Paris: Garnier-Flammarion, 1966.

Platon, *Sophiste-Politique-Philèbe-Timée-Critias*, traduction et notes par Emile Chambry, Paris: Garnier-Flammarion, 1969.

Régis Debray, *Le stupéfiant image: De la grotte Chauvet au Centre Pompidou*, Paris: Gallimard, 2013.

Régis Debray, *Vie et mort de l'image: Une histoire du regard en Occident*, Paris: Gallimard, 1992.

Stéphanie Ménasé, *Passivité et création: Merleau-Ponty et l'art moderne*, Paris: PUF, 2003.

Thierry Lenain, *L'image, Deleuze, Foucault, Lyotard*, Paris: Vrin, 1997.

三、法文期刊文献

Arnaud Villani, “La Sophistique grecque et le renversement nietzschéen du platonisme”, *Les Études philosophiques*, n°3, PLATON (1995).

Catherine Kintzler, “La copie et l'original”, *Revue DEMéter*, décembre

(2003).

Catherine Millot, “Le fantasme de Foucault”, *Essaim*, n°10 (2002).

Frédéric Boutin, “*Différence et Répétition*, Œuvre de simulacre”, *Protée*, tome 27, n°3 (1999).

Georges Didi-Huberman, “Image, matière: immanence”, *Rue Descartes*, n°38 (2002).

Guicheteau Marcel, “L’art et l’illusion chez Platon”, *Revue Philosophique de Louvain*, Troisième série, tome 54, n°42 (1956).

Jehanne Dautrey, “Peindre sous l’image: Gérard Fromanger, un usage contemporain de la perspective”, *Communications*, n° 85 (2009).

Melinda Cooper, “Vitesses de l’image, puissances de la pensée: La philosophie épicurienne revue par Deleuze et Guattari”, *French Studies*, Vol. 56 (2002).

Monique Dixsaut, “Platon, Nietzsche et les images”, *Philopsis*, décembre (2007).

Philippe Sabot, “Foucault, Deleuze et les simulacres”, *Concepts,* n° 8 (mars 2004).

Philippe Sabot, “Le statut de l’ événement dans la pensée de Michel Foucault: *des Mots et les choses* à *L’Archeologie du savoir*”, http://hal.univ-lille3.fr/hal-01517790, accessible en 11 décembre 2022.

Serge Margel, “De l’ordre du monde à l’ordre de discours: Platon et la question du mensonge”, *Kairos*, n°19 (2002).

四、英文文献

Alfred N. Whitehead, *Process and Reality: An Essay in Cosmology*, New York: Free Press, 1978.

Anais Spitzer, *Derrida, Myth and the Impossibility of Philosophy*, London and New York: Continuum, 2010.

Anna-Teresa Tymieniecka (ed.), “The Visible and the Invisible in the Interplay between Philosophy, Literature and Reality”, *Analecta Husserliana*, 2002.

Anne O’Byrne, Hugh J. Silverman (eds.), *Subjects and Simulations: Between Baudrillard and Lacoue-Labarthe*, London: Lexinton Books, 2014.

Antoine de Baecque, Thierry Jousse, “Cinema and Its Ghosts: An Interview with Jacques Derrida”, Kamuf P. Peggy (tr.), *Discourse*, Winter/Spring 2015.

Arthur Danto, *Encounters and Reflections: Art in the Historical Present*, Berkeley: University of California Press, 1997.

Catherine H. Zuckert, *Postmodern Platos: Nietzsche, Heidegger, Gadamer, Strauss, Derrida*, Chicago: University of Chicago Press, 1996.

Charles Levin, *Jean Baudrillard: A Study in Cultural Metaphysics*, London: Prentice Hall, 1996.

Christopher Norris, *What’s Wrong with Postmodernism: Critical Theory and the Ends of Philosophy*, Hemel Hempstead: Harvester

Wheatsheaf, 1990.

D. N. Rodowick, *Gilles Deleuze's Time Machine*, Durham and London: Duke University Press, 1997.

Daniel W. Smith, *Essays on Deleuze*, Edinburgh: Edinburgh University Press, 2012.

David Appelbaum, *Jacques Derrida's Ghost: A Conjuration*, New York: State University of New York Press, 2009.

David B. Clarke, Marcus Doel, William Merrin, Richard G. Smith (eds.), *Jean Baudrillard: Fatal Theories*, London and New York: Routledge, 2009.

David Hopkins, *After Modern Art: 1945—2000*, Oxford: Oxford University Press, 2000.

David Macey, *Michel Foucault*, London: Reaktion Books, 2004.

Douglas Kellner, *Jean Baudrillard: From Marxism to Postmodernism and Beyond*, Stanford: Stanford University Press, 1989.

Eugene W. Holland, Charles J. Stivale, Daniel W. Smith (eds), *Gilles Deleuze: Image and Text,* London and New York: Continuum, 2009.

Forrest E. Baird (ed.), *From Plato to Derrida*, London and New York: Routledge, 2016.

Gary Genosko, *Baudrillard and Signs: Signification Ablaze*, London and New York: Routledge, 1994.

Gary Shapiro, *Archaeologies of Vision: Foucault and Nietzsche on Seeing and Saying*, Chicago & London: The University of Chicago Press,

2003.

Gray Kochhar-Lindgren, *Philosophy, Art, and the Specters of Jacques Derrida*, New York: Cambria Press, 2011.

Hugh J. Silverman (ed.), *Derrida and Deconstruction*, London and New York: Routledge, 1989.

J. M. Bernstein, *The Fate of Art: Aesthetic Alienation from Kant to Derrida and Adorno*, Cambridge: Polity Press, 1992.

James J. Winchester, *Nietzsche's Aesthetic Turn: Reading Nietzsche After Heidegger, Deleuze, and Derrida*, New York: State University of New York Press, 1994.

Jasper Neel, *Plato, Derrida and Writing*, Carbondale: Southern Illinois University, 1988.

Jean Baudrillard, "The Matrix Decoded: *Le Nouvel Observateur* Interview with Jean Baudrillard", *International Journal of Baudrillard Studies*, Vol. 1, No. 2 (July 2004), https://baudrillardstudies.ubishops.ca/the-matrix-decoded-le-nouvel-observateur-interview-with-jean-baudrillard/, accessed February 7, 2023.

Jean Baudrillard, *The Transparency of Evil: Essays on Extreme Phenomena*, London and New York: Verso, 1993.

Joseph J. Tanke, *Foucault's Philosophy of Art*, London & New York: Continuum, 2009.

Julian Pefanis, *Heterology and the Postmodern: Bataille, Baudrillard, and Lyotard*, Durham: Duke University Press, 1991.

Kas Saghafi, *Apparitions—Of Derrida's Other*, New York: Fordham University Press, 2010.

Kim Toffolettim, *Baudrillard Reframed: Interpreting Key Thinkers for the Arts*, New York: I. B. Tauris, 2011.

Kristine Stiles, Peter Selz (eds.), *Theories and Documents of Contemporary Art: A Sourcebook of Artist's Writings*, Berkeley: University of California Press, 1996.

M. W. Smith, *Reading Simulacra: Fatal Theories for Postmodernity*, New York: State University of New York Press, 2001.

Marnia Lazreg, *Foucault's Orient: The Conundrum of Cultural Difference, from Tunisia to Japan*, New York & Oxford: Berghahn Books, 2007.

Martin Jay, *Downcast Eyes: The Denigration of Vision in Twentieth-Century French Thought*, Berkeley-Los Angeles-London: University of California Press, 1993.

Mihail Evans, *The Singular Politics of Derrida and Baudrillard*, New York: Palgrave Macmillan, 2014.

Paul Hegarty, *Jean Baudrillard: Live Theory*, London and New York: Continuum, 2004.

Paul Patton, John Protevi (eds.), *Between Deleuze and Derrida*. London & New York: Continuum, 2003.

Plato, *Plato Complete Works*, ed. John M. Cooper, Indiana: Hackett Publishing Company, 1997.

Plato, *The Dialogues of Plato*, trans. Benjamin Jowett, Oxford: Oxford

University Press, 1892.

Richard G. Smith (ed.), *The Baudrillard Dictionary*, Edinburgh: Edinburgh University Press, 2010.

Richard J. Lane, *Jean Baudrillard*, London and New York: Routledge, 2000.

Rodolphe Gasché, *The Tain of the Mirror: Derrida and the Philosophy of Reflection*, Cambridge: Harvard University Press, 1986.

Ross Abbinnett, "The Spectre and the Simulacrum: History after Baudrillard", *Theory, Culture and Society*, Vol. 25 (2008).

Sarah Gendron, *Repetition, Difference, and Knowledge in the Work of Samuel Beckett, Jacques Derrida, and Gilles Deleuze*, New York: Peter Lang, 2008.

Sarah Wilson, *The Visual World of French Theory: Figurations*, New Haven: Yale University Press, 2010.

Scott Durham, "From Magritte to Klossowski: The Simulacrum, between Painting and Narrative", *October*, Vol. 64 (Spring 1993).

Scott Durham, *Phantom Communities: The Simulacrum and the Limits of Postmodernism*, Stanford: Stanford University Press, 1998.

Seán Burke, *The Death and Return of the Author: Criticism and Subjectivity in Barthes, Foucault and Derrida*, Edinburgh: Edinburgh University Press, 1988.

Stephen Gersh, *Being Different: More Neoplatonism after Derrida*, Leiden and Boston: Brill, 2014.

Stephen Gersh, *Neoplatonism after Derrida: Parallelograms*, Leiden and Boston: Brill, 2006.

Stephen Zepke and Simon O'Sullivan, *Deleuze and Contemporary Art*, Edinburgh: Edinburgh University Press, 2010.

Stephen Zepke, *Art as Abstract Machine: Ontology and Aesthetics in Deleuze and Guattari*, New York: Routledge, 2005.

Steven Burik, *The End of Comparative Philosophy and the Task of Comparative Thinking: Heidegger, Derrida, and Daoism*, New York: State University of New York Press, 2009.

Temenuga Trifonova, *The Image in French Philosophy*, Amsterdam-New York: Editions Rodopi BV, 2007.

Thomas M. Robinson (ed.), *Plato's "Sophist" Revisited*, Berlin: De Gruyter, 2013.

Veronique M. Foti, "Representation and the Image: Between Heidegger, Derrida, and Plato", *Man and World*, Vol. 18 (1985).

William Pawlett, *Jean Baudrillard: Against Banality*, London and New York: Routledge, 2007.

William Stearns, William Chaloupka (eds.), *Jean Baudrillard: The Disappearance of Art and Politics*, New York: Palgrave Macmillan, 1992.

Zeynep Direk, Leonard Lawlor (eds.), *A Companion to Derrida*, Oxford: Wiley-Blackwell, 2014.

五、中文文献

1. [美]F. S. 菲茨杰拉德，《崩溃》，黄昱宁、包慧怡译，上海：上海译文出版社，2011年。
2. [古希腊]柏拉图，《柏拉图对话集》，王太庆译，北京：商务印书馆，2004年。
3. [古希腊]柏拉图，《柏拉图全集》，王晓朝译，北京：人民出版社，2003年。
4. [古希腊]柏拉图，《柏拉图文艺对话集》，朱光潜译，北京：人民出版社，1963年。
5. [古希腊]柏拉图，《理想国》，顾寿观译，长沙：岳麓书社，2010年。
6. [古希腊]柏拉图，《泰阿泰德 智术之师》，严群译，北京：商务印书馆，1963年。
7. [古希腊]柏拉图，《智者》，詹文杰译，北京：商务印书馆，2012年。
8. [法]鲍德里亚，《生产之镜》，仰海峰译，北京：中央编译出版社，2005年。
9. 陈中梅，《柏拉图诗学和艺术思想研究》，北京：商务印书馆，1999年。
10. [法]程抱一，《中国诗画语言研究》，涂卫群译，南京：江苏人民出版社，2006年。
11. [美]道格拉斯·凯尔纳、斯蒂文·贝斯特，《后现代理论——批判性的质疑》，张志斌译，北京：中央编译出版社，1999年。
12. [法]德勒兹、加塔利，《资本主义与精神分裂（卷2）千高原》，姜宇辉译，上海：上海书店出版社，2010年。
13. 杜小真、张宁编译，《德里达中国讲演录》，北京：中央编译出版社，2003年。
14. 方维规主编，《思想与方法：全球化时代中西对话的可能》，北京：北京大学出版社，2014年。
15. [瑞士]费尔迪南·德·索绪尔，《普通语言学教程》，高名凯译，北京：商务印书馆，1980年。
16. 冯俊等，《后现代主义哲学讲演录》，北京：商务印书馆，2003年。
17. [法]弗朗索瓦·多斯，《从结构到解构：法国20世纪思想主潮》，季广茂译，北京：中央编译出版社，2004年。
18. [法]弗朗索瓦·于连、狄艾里·马尔塞斯，《（经由中国）从外部反思欧洲——远西对话》，张放译，郑州：大象出版社，2005年。
19. [法]弗朗索瓦·朱利安，《迂回与进入》，杜小真译，北京：商务印书馆，2017年。
20. 高宣扬，《当代法国哲学导论》，上海：同济大学出版社，2004年。
21. 耿幼壮，《破碎的痕迹——重读西方艺术史》，北京：中国人民大学出版社，2005年。
22. [德]海德格尔，《论真理的本质——柏拉图的洞喻和〈泰阿泰德〉讲疏》，赵卫国译，北京：华夏出版社，2008年。

23. [阿根廷]豪·路·博尔赫斯，《博尔赫斯全集》（散文卷·上），王永年、徐鹤林等译，杭州：浙江文艺出版社，2006年。

24. [阿根廷]豪·路·博尔赫斯，《博尔赫斯全集》（诗歌卷·上），林之木、王永年译，杭州：浙江文艺出版社，2006年。

25. [阿根廷]豪·路·博尔赫斯，《博尔赫斯全集》（小说卷），王永年、陈泉译，杭州：浙江文艺出版社，2006年。

26. [古希腊]荷马，《荷马史诗·伊利亚特》，罗念生译，北京：人民文学出版社，1994年。

27. 黄瑞祺主编，《再见福柯：福柯晚期思想研究》，杭州：浙江大学出版社，2008年。

28. [法]吉尔·德勒兹，《〈荒岛〉及其他文本：文本与访谈（1953—1974）》，[法]大卫·拉普雅德编，董树宝、胡新宇、曹伟嘉译，南京：南京大学出版社，2018年。

29. [法]吉尔·德勒兹，《差异与重复》，安靖、张子岳译，上海：华东师范大学出版社，2019年。

30. [法]吉尔·德勒兹，《德勒兹论福柯》，杨凯麟译，南京：江苏教育出版社，2006年版。

31. [法]吉尔·德勒兹，《电影I：运动–影像》，黄建宏译，台北：远流出版事业股份有限公司，2003年。

32. [法]吉尔·德勒兹，《电影II：时间–影像》，黄建宏译，台北：

远流出版事业股份有限公司，2003年。

33. [法]吉尔·德勒兹，《弗兰西斯·培根：感觉的逻辑》，董强译，桂林：广西师范大学出版社，2011年。

34. [法]吉尔·德勒兹，《福柯 褶子》，于奇智、杨洁译，长沙：湖南文艺出版社，2001年。

35. [法]吉尔·德勒兹，《康德与柏格森解读》，张宇凌、关群德译，北京：社会科学文献出版社，2002年。

36. [法]吉尔·德勒兹，《尼采与哲学》，周颖、刘玉宇译，郑州：河南大学出版社，2016年。

37. [法]吉尔·德勒兹，《批评与临床》，刘云虹、曹丹红译，南京：南京大学出版社，2012年。

38. [法]吉尔·德勒兹，《普鲁斯特与符号》，姜宇辉译，上海：上海译文出版社，2008年。

39. [法]吉尔·德勒兹，《斯宾诺莎的实践哲学》，冯炳昆译，北京：商务印书馆，2004年。

40. [法]吉尔·德勒兹，《斯宾诺莎与表现问题》，龚重林译，北京：商务印书馆，2013年。

41. [法]吉尔·德勒兹，《哲学与权力的谈判——德勒兹访谈录》，刘汉全译，北京：商务印书馆，2000年。

42. [法]吉尔·德勒兹、菲力克斯·迦塔利，《什么是哲学？》，张祖建译，长沙：湖南文艺出版社，2007年。

43. [法]吉尔·德勒兹、克莱尔·帕尔奈，《对话》，董树宝译，郑州：河南大学出版社，2019年。

44. 姜宇辉，《德勒兹身体美学研究》，上海：华东师范大学出版社，2007年。
45. [美]杰姆逊讲演，《后现代主义与文化理论》（精校本），唐小兵译，北京：北京大学出版社，2005年。
46. [英]克里斯托夫·霍洛克斯，《鲍德里亚与千禧年》，王文华译，北京：北京大学出版社，2005年。
47. [法]雷吉斯·德布雷，《图像的生与死：西方观图史》，黄迅余、黄建华译，上海：华东师范大学出版社，2014年。
48. 刘北成编著，《福柯思想肖像》，上海：上海人民出版社，2001年。
49. [美]罗森，《柏拉图的〈智术师〉——原物与像的戏剧》，莫建华、蒋开君译，上海：华东师范大学出版社，2016年。
50. [德]马丁·海德格尔，《柏拉图的〈智者〉》，熊林译，北京：商务印书馆，2015年。
51. [德]马丁·海德格尔，《尼采》，孙周兴译，北京：商务印书馆，2002年。
52. [德]马克思、恩格斯，《马克思恩格斯全集》（第三卷），北京：人民出版社，1960年。
53. [德]马克思、恩格斯，《共产党宣言》，中共中央马克思恩格斯列宁斯大林著作编译局译，北京：人民出版社，1964年。
54. [德]马克斯·霍克海默、西奥多·阿道尔诺，《启蒙辩证法：哲学断片》，渠敬东、曹卫东译，上海：上海人民出版社，2006年。

55. [法]马特，《柏拉图与神话之镜：从黄金时代到大西岛》，吴雅凌译，上海：华东师范大学出版社，2008年。

56. 麦永雄，《德勒兹与当代性——西方后结构主义思潮研究》，桂林：广西师范大学出版社，2007年。

57. [法]米歇尔·福柯，《词与物——人文科学考古学》，莫伟民译，上海：上海三联书店，2001年。

58. [法]米歇尔·福柯，《疯癫与文明：理性时代的疯癫史》，刘北成、杨远婴译，北京：生活·读书·新知三联书店，2004年。

59. [法]米歇尔·福柯，《福柯集》，杜小真编选，上海：上海远东出版社，1998年。

60. [法]米歇尔·福柯，《福柯文选I　声名狼藉者的生活》，汪民安编，北京：北京大学出版社，2015年。

61. [法]米歇尔·福柯，《福柯文选II　什么是批判》，汪民安编，北京：北京大学出版社，2015年。

62. [法]米歇尔·福柯，《福柯文选III　自我技术》，汪民安编，北京：北京大学出版社，2015年。

63. [法]米歇尔·福柯，《古典时代疯狂史》，林志明译，北京：生活·读书·新知三联书店，2005年。

64. [法]米歇尔·福柯，《规训与惩罚：监狱的诞生》，刘北成、杨远婴译，北京：生活·读书·新知三联书店，2003年。

65. [法]米歇尔·福柯，《临床医学的诞生》，刘北成译，南京：译林出版社，2001年。

66. [法]米歇尔·福柯，《马奈的绘画》，谢强、马月译，长沙：湖南教育出版社，2009年。

67. [法]米歇尔·福柯，《权力的眼睛——福柯访谈录》，严锋译，上海：上海人民出版社，1997年。

68. [法]米歇尔·福柯，《这不是一只烟斗》，邢克超译，桂林：漓江出版社，2012年。

69. [法]米歇尔·福柯，《知识考古学》，董树宝译，北京：生活·读书·新知三联书店，2021年。

70. 莫伟民、姜宇辉、王礼平，《二十世纪法国哲学》，北京：人民出版社，2008年版。

71. 牟宗三，《中国哲学的特质》，《牟宗三先生全集》（28），台北：联经出版事业有限公司，2003年。

72. [德]尼采，《悲剧的诞生：尼采美学文选》，周国平译，北京：生活·读书·新知三联书店，1986年。

73. [德]尼采，《查拉图斯特拉如是说》（详注本），钱春绮译，北京：生活·读书·新知三联书店，2007年。

74. [德]尼采，《论道德的谱系·善恶之彼岸》，谢地坤、宋祖良、刘桂环译，桂林：漓江出版社，2007年。

75. [德]尼采，《偶像的黄昏——或怎样用锤子从事哲学》，李超杰译，北京：商务印书馆，2009年。

76. [德]尼采，《权力意志》，孙周兴译，北京：商务印书馆，2007年。

77. [德]尼采，《善恶的彼岸》，魏育青、黄一蕾、姚轶励译，上海：华东师范大学出版社，2016年。

78. [德]尼采，《瓦格纳事件/尼采反瓦格纳》，卫茂平译，上海：华东师范大学出版社，2007年。

79. [英]尼古拉斯·布宁、余纪元编著，《西方哲学英汉对照辞典》，北京：人民出版社，2001年。

80. [法]帕特里克·莫迪亚诺，《青春咖啡馆》，金龙格译，北京：人民文学出版社，2010年。

81. [美]乔纳森·卡勒，《论解构》，陆扬译，北京：中国社会科学出版社，1998年。

82. [法]让·鲍德里亚，《符号政治经济学批判》，夏莹译，南京：南京大学出版社，2009年。

83. [法]让·鲍德里亚，《消费社会》，刘成富、全志钢译，南京：南京大学出版社，2014年。

84. [法]让·波德里亚，《断片集——冷记忆3》，张新木、陈旻乐、李露露译，南京：南京大学出版社，2009年。

85. [法]让·波德里亚，《冷记忆 1》，张新木、李万文译，南京：南京大学出版社，2009年。

86. [法]让·波德里亚，《冷记忆 2》，张新木、王晶译，南京：南京大学出版社，2009年。

87. [法]让·波德里亚，《冷记忆 4》，张新木、陈凌娟译，南京：南京大学出版社，2009年。

88. [法]让·波德里亚，《冷记忆 5》，张新木、姜海佳译，南京：南京大学出版社，2009年。

89. [法]让·波德里亚，《论诱惑》，张新木译，南京：南京大学出版社，2011年。
90. [法]让·波德里亚，《美国》，张生译，南京：南京大学出版社，2011年。
91. [法]让·波德里亚，《象征交换与死亡》，车槿山译，南京：译林出版社，2006年。
92. [法]让·波德里亚，《艺术的共谋》，张新木、杨全强、戴阿宝译，南京：南京大学出版社，2015年。
93. [法]让·博德里亚尔，《完美的罪行》，王为民译，北京：商务印书馆，2000年。
94. [法]让–保罗·萨特，《想象》，杜小真译，上海：上海译文出版社，2014年。
95. [法]让–皮埃尔·韦尔南，《希腊思想的起源》，秦海鹰译，北京：生活·读书·新知三联书店，1996年。
96. [法]让–皮埃尔·维尔南，《希腊人的神话和思想——历史心理分析研究》，黄艳红译，北京：中国人民大学出版社，2007年。
97. [美]瑞安·毕晓普、道格拉斯·凯尔纳等，《波德里亚：追思与展望》，戴阿宝译，郑州：河南大学出版社，2008年。
98. [英]莎士比亚，《哈姆雷特》，《莎士比亚全集》（五），朱生豪等译，北京：人民文学出版社，1994年。
99. [法]尚·布希亚，《拟仿物与拟像》，洪凌译，台北：时报文化出版公司，1998年。
100. 尚杰，《沉醉之路——变异的柏格森》，北京：人民出版社，2013年。

101. 尚杰，《德里达》，长沙：湖南教育出版社，1999年。
102. 尚杰，《法国当代哲学论纲》，上海：同济大学出版社，2008年。
103. 尚杰，《法国哲学精神与欧洲当代社会》，上海：同济大学出版社，2011年。
104. 尚杰，《归隐之路——20世纪法国哲学的踪迹》，南京：江苏人民出版社，2002年。
105. 尚杰，《图像暨影像哲学研究》，北京：中国社会科学出版社，2016年。
106. [美]斯蒂芬·贝斯特、道格拉斯·科尔纳，《后现代转向》，陈刚等译，南京：南京大学出版社，2002年。
107. [德]瓦尔特·本雅明，《启迪：本雅明文选》，[德，美]汉娜·阿伦特编，张旭东、王斑译，北京：生活·读书·新知三联书店，2008年。
108. 汪民安，《福柯的界线》，北京：中国社会科学出版社，2002年。
109. 汪民安、陈永国、马海良编，《福柯的面孔》，北京：文化艺术出版社，2001年。
110. 汪民安、陈永国、马海良主编，《后现代性的哲学话语——从福柯到赛义德》，杭州：浙江人民出版社，2001年。
111. 汪民安主编，《生产（第五辑）德勒兹机器》，桂林：广西师范大学出版社，2008年。
112. 汪堂家，《汪堂家讲德里达》，北京：北京大学出版社，

2008年。

113. 王柯平，《〈理想国〉的诗学研究》，北京：北京大学出版社，2005年。

114. [法]雅克·德里达，《多重立场》，佘碧平译，北京：生活·读书·新知三联书店，2004年。

115. [法]雅克·德里达，《胡塞尔〈几何学的起源〉引论》，方向红译，南京：南京大学出版社，2004年。

116. [法]雅克·德里达，《论精神——海德格尔与问题》，朱刚译，上海：上海译文出版社，2008年。

117. [法]雅克·德里达，《论文字学》，汪堂家译，上海：上海译文出版社，1999年。

118. [法]雅克·德里达，《马克思的幽灵——债务国家、哀悼活动和新国际》，何一译，北京：中国人民大学出版社，2008年。

119. [法]雅克·德里达，《声音与现象》，杜小真译，北京：商务印书馆，1999年。

120. [法]雅克·德里达，《书写与差异》，张宁译，北京：生活·读书·新知三联书店，2001年。

121. [法]雅克·德里达，《文学行动》，赵兴国等译，北京：中国社会科学出版社，2000年。

122. [法]雅克·拉康、让·鲍德里亚等，《视觉文化的奇观——视觉文化总论》，吴琼编，北京：中国人民大学出版社，2005年。

123. [古希腊]亚里士多德，《工具论》，李匡武译，广州：广东人民出版社，1984年。

124. [古希腊]亚里士多德，《物理学》，张竹明译，北京：商务印书馆，1982年。

125. 杨大春，《语言·身体·他者：当代法国哲学的三大主题》，北京：生活·读书·新知三联书店，2007年。

126. 杨凯麟，《分裂分析德勒兹：先验经验论与建构主义》，郑州：河南大学出版社，2017年。

127. 杨凯麟，《书写与影像：法国思想，在地实践》，台北：联经出版公司，2015年。

128. 仰海峰，《走向后马克思：从生产之镜到符号之镜——早期鲍德里亚思想的文本学解读》，北京：中央编译出版社，2004年。

129. 姚大志，《现代之后——20世纪晚期西方哲学》，北京：东方出版社，2000年。

130. 易英，《西方20世纪美术》，北京：中国人民大学出版社，2010年。

131. 余虹，《艺术与归家——尼采·海德格尔·福柯》，北京：中国人民大学出版社，2005年。

132. [法]余莲，《势——中国的效力观》，卓立译，北京：北京大学出版社，2009年。

133. 詹文杰，《真假之辩——柏拉图〈智者〉研究》，南京：江苏人民出版社，2012年。

134. 张劲松，《重释与批判：鲍德里亚的后现代理论研究》，上海：上海人民出版社，2013年。

135. 张一兵，《反鲍德里亚——一个后现代学术神话的祛序》，北京：商务印书馆，2009年。

136. [法]朱利安，《从存有到生活：欧洲思想与中国思想的间距》，卓立译，上海：东方出版中心，2018年。

137. [法]朱利安，《大象无形：或论绘画之非客体》，张颖译，郑州：河南大学出版社，2017年。

138. [法]朱利安，《淡之颂：论中国思想与美学》，卓立译，上海：华东师范大学出版社，2017年。

139. [法]朱利安，《功效：在中国与西方思维之间》，林志明译，北京：北京大学出版社，2013年。

140. [法]朱利安，《间距与之间：论中国与欧洲思想之间的哲学策略》，卓立、林志明译，台北：五南图书出版公司，2013年。

141. [法]朱利安，《进入思想之门：思维的多元性》，卓立译，北京：北京大学出版社，2014年。

142. [法]朱利安，《论“时间”：生活哲学的要素》，张君懿译，北京：北京大学出版社，2016年。

143. [法]朱利安，《论普世》，吴泓缈、赵鸣译，北京：北京大学出版社，2016年。

144. [法]朱利安，《美，这奇特的理念》，高枫枫译，北京：北京大学出版社，2016年。